中国哲学批评史论

张耀南 著

商务印书馆
2009年·北京

图书在版编目(CIP)数据

中国哲学批评史论/张耀南著.—北京:商务印书馆,2009

ISBN 978-7-100-04943-6

Ⅰ.中... Ⅱ.张... Ⅲ.哲学史—中国 Ⅳ.B2
中国版本图书馆 CIP 数据核字(2006)第 022975 号

所有权利保留。

未经许可,不得以任何方式使用。

中国哲学批评史论
张耀南 著

商务印书馆出版
(北京王府井大街36号 邮政编码 100710)
商务印书馆发行
北京瑞古冠中印刷厂印刷
ISBN 978-7-100-04943-6

2009 年 12 月第 1 版　　开本 880×1230　1/32
2009 年 12 月北京第 1 次印刷　印张 9⅙
定价:20.00 元

序

王守昌[*]

  张耀南先生的《中国哲学批评史论》是一部探索性、开创性的著作。
  "批评"一词本无贬义,本来指的是评论、分析、弄清是非,指出一种学术观点的合理性与不合理性,划清正确与错误的界限。就学术和科学而言,学者的自我批评和学者间的相互批评乃是学术和科学发展的动力之一。批评的对立面是独断和怀疑一切,这些都是不利于学术和科学发展的。中国近现代学术和科学的发展迟缓是与文化上的独断独行分不开的。
  写一部《中国哲学批评史论》有其必要性、可能性和现实性。之所以必要,是因为哲学无非是一种价值观念和思维方式。中国近现代学术和科学的落后,除了制度的和政治的原因外,最重要的原因是价值观念和思维方式的落后。例如中国传统的政治哲学和道德哲学中,没有权利、自由、民主、平等、正义和人权的概念。而没有这些概念和将这些概念内化为公民政治行为和外化为政治制度,中国就不可能进入现代社会。虽然中国儒家学术中有"义"(righteousness)的概念,但是它与西方人正义(justice)的概念有本质不同。前者只适用于个人道德品质的修养,后者却适用于公民间的平等自由关系;前者只适用于道德领域,而后者还适用于政治学、法学、经济学领域;前者相对的概念是利得

---

[*] 本序言作者为华南师范大学哲学研究所教授,中国现代外国哲学学会副理事长。

(gain),义利可以统一,后者相对的概念是恶(evil),是不可调和的;前者是等级制的基础(君子喻于义,小人喻于利),后者是平等自由制度的基础。(我在2001年北京举行的国际政治哲学讨论会上专门谈了这个问题。)又因为中国人习惯于经验归纳,甚至是简单枚举的归纳,而不习惯于逻辑分析。其实这两种认识方法所得来的知识是分等级的。前者得来的知识是或然性知识,而后者得来的知识才具有必然性。关于中国人必须改变价值观念和思维方式的必要性、实践意义及理论意义,我在《西学东渐对中国社会转型的作用》、《中国传统文化的危机和出路》、《西学东渐的回顾与展望》等文中有较详尽的论述,这里就不再赘述了。

　　写一部《中国哲学批评史论》是可能的。张耀南先生的大作就是将这种可能变成现实。中国哲学的批评,虽然有一个由盛到衰的过程,但从未间断过。先秦时代诸子百家之间的相互批评,导致了"百花齐放,百家争鸣"的学术兴旺局面;汉代董仲舒推出"罢黜百家,独尊儒术"的主张,但宋明时期理学与心学及其内部之争从未停止过;近现代随着"西学东渐"之势,有人试图用实证主义和实用主义改造中国哲学,有人试图用生命哲学改造中国哲学,出现了"科学与玄学"之争。这一切都为《中国哲学批评史论》提供了丰富史料。

　　写《中国哲学批评史论》必须明确应遵循的原则和目的。我以为必须遵守以下的原则:第一,历史的和逻辑的统一,这里所说的历史是指哲学史的、批评本身的历史;这里所说的逻辑是指批评史本身的范畴、方法和理论的演变,两者必须符合一致。第二,批判与继承的统一,也就是说,要看后人对前人有哪些否定,在否定过程中有哪些肯定。第三,继承与创新的统一,只有继承没有批判,学术不会发展;只有继承没有创新,学术更谈不上发展。第四,史料与观点的统一,观点必须建立在史料的基础上,史料必须说明观点。这里有一个解释学问题,因为对史料的解释总是受作者的历史成见和文化背景影响的,这就要看作者如何克服其局限性,如何达到批评史本身与作者的"视界融合"。恩格斯曾经说过,为了吸取思维的经验教训,除了学习哲学史,无其他行之有效的方法。我认为学习哲学批评史,也是服务于这一目的的,而且它比单纯学习哲学史是更有效的方法。

我个人粗读了一遍张耀南先生的《中国哲学批评史论》,觉得它是符合我讲的写批评史的原则和目的的。全书分序论、卷一、卷二、卷三、结语和附录六个部分。全书有以下特点:第一,从学科建设和学术发展的需要出发论述了创建中国哲学批评史的必要性和如何创建的问题,他指出,已有多种中国哲学史,但一直缺少中国哲学批评史。所以可以说张先生的著作是一部填补空白的著作。第二,在对中国哲学史料梳理的基础上,提出了中国哲学批评史的分期和格式,即原创格式期、佛禅格式期与西学格式期。原创格式期"指佛教文化传入中国以前,中国先人从事哲学批评共有的格式",其特征是"效用优先"或"唯效用论","尚德","尚善";佛禅格式期始自两汉之际佛学之输入,终自明末西学之输入,其特征是学理优先,"尚智","尚慧";第三期即西学格式期,起点可上溯至蒙元帝国时期直至现代,其特点是本体论优先,"尚强","尚力"。用这样新的视角来对中国哲学批评史进行分期并指出其特征,不能不说是《中国哲学批评史论》的一大特色。第三,在许多重大学术问题上,作者表明了自己的独到见解。《中国哲学批评史论》的作者是一位中年学者,如果不能发表自己的独立见解,就很难超越前人,很难有创造性。例如何兆武先生认为耶稣会传教士"夹带"或"夹杂"输入"希腊思想"到中国是有罪的、有过的,认为它妨碍了中国近代化。但张耀南先生认为,从中国哲学批评史的角度看,以希腊思想重构中国传统哲学是有功的,至少不能说是有罪的。第四,本书显示了如何利用西方哲学重新解释和理解中国哲学批评史的特点。根据我个人的观察,中国现代够资格称为哲学家的,不但中国哲学的修养很好,而且对西方哲学有很深的研究,外文也很好,例如冯友兰、胡适、金岳霖、贺麟、张东荪等人。

《中国哲学批评史论》的作者张耀南先生,开始是学习西方哲学的,是我指导的硕士研究生,后来在北京大学获中国哲学博士学位。他曾深有体会地说:"没有西方哲学的背景,我们也许还可以从事中国传统哲学的研究;但没有西方哲学的背景,我们却无法从事中国现代哲学的研究。因为中国现代哲学本身就是西方哲学的延伸","中国现代哲学的研究,无非两大内容:一是西方哲学的输入与探讨,二是传统思想的整理与诠释,两大内容都依赖于西方哲学。"这是作者的经验之谈。

《中国哲学批评史论》既然是一部探索性和开创性的著作,难免有不完美及可商榷的地方。希望它也受到批评,并希望有更多类似的批评史出现,不同观点和学派的相互批评和竞争是学术发展的重要途径。

是为序。

2003 年国庆节于广州

目 录

序论：关于创建"中国哲学批评史"的设想
　　——一论创建"中国哲学批评史" ················ 1
　一、为什么要创建"中国哲学批评史" ················ 1
　二、如何创建"中国哲学批评史" ···················· 5
　三、"中国哲学批评史"之地位的安排 ················ 12

卷一：论"原创格式"期的中国哲学批评
　　——再论创建"中国哲学批评史" ················ 16
　一、《庄子·天下》之批评格式 ······················ 16
　二、《墨子·非儒》之批评格式 ······················ 21
　三、孟子"辟杨墨"之批评格式 ······················ 23
　四、《荀子·非十二子》之批评格式 ·················· 26
　五、《韩非子·显学》之批评格式 ···················· 30
　六、《韩非子·解老》之批评格式 ···················· 33
　七、《礼记·经解》之批评格式 ······················ 38
　八、《吕氏春秋·不二》之批评格式 ·················· 40
　九、《淮南子·要略》之批评格式 ···················· 41
　十、《论六家之要指》之批评格式 ···················· 44
　十一、《盐铁论·论儒》之批评格式 ·················· 46
　十二、《扬子法言·五百》之批评格式 ················ 49
　十三、《汉书·艺文志·诸子略》之批评格式 ·········· 51

十四、"效用优先"格式之使用限度 ································ 56
十五、《白虎通义》之批评格式 ································ 60

卷二：论"佛禅格式"期的中国哲学批评
　　——三论创建"中国哲学批评史" ································ 68
一、"佛禅格式"之起点 ································ 68
二、《论衡·问孔》之批评格式 ································ 71
三、《理惑论》之批评格式 ································ 80
四、人物品评之格式的转换 ································ 86
五、《人物志》之批评格式 ································ 90
六、《沙门不敬王者论》之批评格式 ································ 94
七、《复性书》之批评格式 ································ 97
八、《原人论》之批评格式 ································ 100
九、"三教论争"中批评格式的乖戾 ································ 104
十、"判教"之格式 ································ 106
十一、《碧岩录》使"佛禅格式"取得压倒优势 ································ 111
十二、《伊洛渊源录》之批评格式 ································ 130
十三、《圣学宗传》之批评格式 ································ 132
十四、《理学宗传》之批评格式 ································ 137
十五、《明儒学案》之批评格式 ································ 141
十六、"佛禅格式"之局限 ································ 148

卷三：论"西学格式"期的中国哲学批评
　　——四论创建"中国哲学批评史" ································ 149
一、"西学格式"之起点 ································ 149
二、《天主实义》之批评格式 ································ 154
三、《三山论学纪》之批评格式 ································ 159
四、《主制群征》之批评格式 ································ 161

五、《性理真诠》之批评格式 …………………………………… 165
六、"西学格式"之内涵 ………………………………………… 167
七、"西学格式"之最早使用者 ………………………………… 169
八、明末清初的"四教论争" …………………………………… 173
九、清代学术与"西学格式" …………………………………… 174
十、吴虞反孔非儒之格式 ……………………………………… 175
十一、谢著《中国哲学史》之批评格式及其影响 ……………… 178
十二、《新理学》之批评格式 …………………………………… 183
十三、"张氏解读"的反驳 ……………………………………… 189
十四、两种解读之得失 ………………………………………… 194
十五、现代哲学史上历次"论战"之格式 ……………………… 202
十六、蔡、郭、贺诸先生之哲学批评 …………………………… 203
十七、20世纪哲学批评之主导格式："本体论居先" ………… 207
十八、"尚强"、"尚力"格式之一个例证 ……………………… 211
十九、未来哲学批评的一个可能方向："知识论居先" ……… 224
二十、"西学格式"之限度及其可能转换 ……………………… 232

结语：走出中国哲学批评的"连类"时代
——五论创建"中国哲学批评史" ……………………… 236
一、我们正处在"连类"中 ……………………………………… 237
二、走出"连类"的一种可能性 ………………………………… 240
三、走出以"本体论"比附中国哲学的误区 …………………… 243
四、走出以"实在论"比附中国哲学的误区 …………………… 247
五、走出以"主谓式句辞"比附中国哲学的误区 ……………… 251
六、走出"连类"不是不要"西学格式" ………………………… 257

附录：简论"西方哲学批评史"之创建 ………………………… 260
一、创建"西方哲学批评史"之理由 …………………………… 260

3

二、创建"西方哲学批评史"之方式 …………………… 264
三、"西方哲学批评史"之位置安排 …………………… 272
主要参考文献 …………………………………………… 274
后记 ……………………………………………………… 282

序论:关于创建"中国哲学批评史"的设想
——一论创建"中国哲学批评史"

在目前的"中国哲学"领域,还没有"中国哲学批评史"这样一门学科,在各大学哲学系也还没有开设"中国哲学批评史"这门课程,著者以为这是一个很大的欠缺。本书的目标是提出创建"中国哲学批评史"这门学科的任务以及一些初步设想,供方家批评。"中国哲学"的研究发展到今天,也该到了创建这门学科的时候了。

一、为什么要创建"中国哲学批评史"

创建"中国哲学批评史",当然有很多的理由,但主要的理由不外三项:

第一,可以完善"中国哲学"领域的学科建设。"中国哲学"学科的建设,起始于1916年9月谢无量先生《中国哲学史》一书的出版[①],其后陆续有胡适先生《中国哲学史大纲》(上册)、冯友兰先生《中国哲学史》

[①] 在此之前,日人远藤隆吉撰有一书,名曰《支那哲学史》,金范臣译为《中国哲学史》。该书撰成于1900年(明治三十三年四月),中译本刊行于1902年(清光绪二十八年十二月)。其基本架构是以先秦为"古代哲学",以汉至唐为"中古哲学",以宋以下为"近世哲学",核心是以西方哲学"本体—现象"等思维解读中国哲学。不知谢无量、胡适等是否研读过该书。

1

(上、下册)等书面世,得以进一步完善与拓展。这是就"中国哲学史"学科而言。但"中国哲学"领域的学科完善与拓展,却进展十分缓慢,除开断代史和个案研究,似乎仅有张岱年先生等少数前辈发起创建过"中国哲学史史料学"、"中国哲学史方法论"等学科,且响应者不多。这对"中国哲学"领域的深化,是非常不利的。

"中国文学"领域有一个专门的学科,叫做"中国文学批评史"或"中国文学理论批评史";"中国史学"领域也有一个专门的学科,叫做"中国史学史",实际就是"中国史学批评史"。这两门学问在其各自的领域,都是内容十分丰富、阵容十分强大的。相比较而言,文史哲三大领域中,唯独"中国哲学"这个领域缺少一门"中国哲学批评史"。这是不是因为哲学有不同于文学、史学的独特性呢?似又不是。黑格尔诚然是有"哲学即哲学史"之言,表明在哲学史之外不再有单独的哲学,但他并没有说"哲学史"就是"哲学批评史"。如贺麟先生的《当代中国哲学》,既不是一种"哲学",也不是一部"哲学史",而是一种"哲学批评"。可知"哲学批评史"是不能用"哲学史"去替代的,更不能用"哲学"去替代。所以,"中国哲学"在这一点上,并没有不同于"中国文学"、"中国史学"的独特性。"中国文学"领域可以有"中国文学批评史","中国史学"领域可以有"中国史学史","中国哲学"领域为什么就不能有"中国哲学批评史"呢?

第二,可以系统整理"中国哲学"领域实际上已经存在的众多"批评"材料。一部"中国哲学批评史",可以说早已实际存在于"中国哲学"领域,只是没有人关注、没有人整理罢了。从远的说,《庄子·天下》评论墨、道、名诸家,《荀子·非十二子》批判十二家学说,司马谈《论六家之要指》判分先秦诸家,以及《吕氏春秋·不二》、《淮南子·要略》等著述,甚至《春秋》三传("传"、"记"等其实就是一种"批评")等,可以说已经构成为"中国哲学批评史"的开端。从近的说,蔡元培先生1923年12月发表长文《五十年来中国之哲学》,评价那一时期"西洋哲学的介绍"与"古代哲学的整理"两方面的成败得失;郭湛波先生 1935 年 11 月出版《近五十年中国思想史》,评判那一时期西洋哲学思想的"介绍"与中国古代哲学的"整理与批评"两方面;贺麟先生 1945 年 5 月出版《当代中国哲学》,全面论述"西洋哲学的绍述与融会"、"中国哲学的调整与发扬"等方面;以及金岳霖等先生的《评冯友兰中国哲学史》等。这些文献,可以说构成了"中国哲学批判史"之结尾。有开端,有中间,有结尾,一部完整的"中国哲学批评史",已经存活于"中国哲学"领域许多年,只待出土、清理就行了。

中间像黄宗羲的《明儒学案》,黄宗羲、全祖望的《宋元学案》,严复的《辟韩》,章太炎的《訄书》、《检论》,梁启超的《清代学术概论》、《中国近三百年学术史》等文献,讲"中国哲学史"的人一般是不讲,或不细讲的,因为它不是一种"哲学",不在或不全在"中国哲学史"的范围之内。要细讲它们,分析其成败得失,就非得另创一门"中国哲学批评史"不可。只有"中国哲学批评史"才能恰当地容纳这些文献,才能提供一个空间让我们认真地检讨这些文献。这又从另一侧面证明了"中国哲学批评史"学科创建的紧迫性和必要性。

第三,就现实的角度说,"哲学批评"比"哲学"本身、研究"哲学批评"比研究"哲学"本身,更能影响现实,更具有现实针对性。"中国哲学批评史"是专门研究"哲学批评"的。对传统"哲学批评"的检讨,可以为今日的"哲学批评"与"哲学创造"提供良好的借鉴与契机,这正是其重要的现实意义之所在。"中国哲学"所讲的那些概念如道、理、心、性、仁、义等等,所讲的那些道理如克己复礼、道法自然、得意忘象、格物致知、民胞物与等等,直接拿到今天来,没有多少现实意义。要让它们有现实意义,就必须把它们放到新的时代背景上,重新解释或重新诠释。这是一个回炉重铸的过程,重铸成功,也就意味着它能与现实接气,旧的就能翻新,死的就能复活。"重铸"的方式有许多种,"中国哲学批评史"就是对于历朝历代形形色色之"重铸"方式的检讨与研究,它所提供的教训对于现实的意义,要比"重铸"本身大得多。就"中国哲学"的情形而言,基本上可以说,"哲学"本身是一种"重铸","哲学史"告诉你"重铸"的结果,"哲学批评史"则是对"重铸"方式的研究与检讨。

顾颉刚先生的《汉代学术史略》一书,专门有一章谈"通经致用"的问题。他说汉人使用的那一大堆经书,不仅对我们现在毫无用处("史料价值"除外),就是对汉朝当时之人也已经没有用处了:因为《诗经》里的诗已不能唱了,《易经》里的占卜不可信了,《礼经》与《礼记》中的许多琐碎礼节令人头痛,《春秋》中的褒贬予夺已失其效用,《尚书》里全知全能的上帝和祖先已不管用了。总之,经书对于汉人实际上已"没有用"[①],但汉人却可以使它们有用,并发生莫大的作用,甚至决定的作用。其中的关键就是"重释"或"重铸",以汉代当时的时代需要为背景"重释"或重铸。如《诗经》的一篇《关雎》,本只是一首单相思的情诗,和皇后夫人配至尊的事没有关系。但那时的经学家为达"通经致用"之目标,就可以把"淑"重释为"坚贞"、"窈窕"重释为"幽深",说如此之女子方可以与至尊之皇帝相匹配。又把《关雎》位列《诗经》之首解释为:人伦纲纪是最重要的,是教化的开端,因为若后夫人品行不合于天地,就没法接续神灵的统绪[②]。于是《雅》、《颂》里的赞美,变成为太平盛世的榜样;《国风》里的情诗,变成为"思贤才";整个一部活泼泼的《诗经》,变成一部"致用"的"谏书"[③]。这就是"重铸"的功用,本来无用的东西变得有用了。经书及其中的道理变成"天经地义",具有永久性与普遍

---

① 顾颉刚:《汉代学术史略》,亚细亚书局1935年版,第106页。
② 同上,第114—115页。
③ 同上,第115页。

必然性,现实中没有什么东西不可以从中找出来①。我们身处21世纪文明社会,虽然不能以汉人随意重释为榜样,但我们当知"重铸"的重要性,并通过总结历朝历代、国内国外"重铸"之经验教训,切切实实让传统文化、传统哲学与现实接轨。没有这样的工作,传统就只是一堆死的材料。

再如《荀子·非十二子》对十二家学说的批评,就是立于"致用"的立场,而非纯粹"学理"的立场。荀子认为,从"学理"的立场说,十二家学说都是"持之有故,言之成理"的;但从"致用"的立场说,却不无偏谬。墨翟、宋钘的偏谬是"不足以容辨异、悬君臣",慎到、田骈的偏谬是"不可以经国定分",惠施、邓析的偏谬是"不可以为治纲纪"等等,共同缺点是不能"致用"。而不能"致用"的学说,越是"持之有故,言之成理",就越是危害加大,越是"足以欺惑愚众"。这是一种典型的"致用批评法",即立足于"致用"进行批评,此类批评模式正是"中国哲学批评史"所要专门研究探讨的内容之一。张岱年先生谓其"表明了他的阶级立场"②,就是一种研究。"中国哲学批评史"对其可做,亦应做更深层的研究,看"致用批评法"以及其他批评法,各自之成败得失如何,以为今天"重铸"之借鉴。

二、如何创建"中国哲学批评史"

"中国哲学批评史"的创建,可以参照"中国文学批评史"、"中国史学史"的现有格局来进行,也可以别闯新路。本书现只提出一些初步的设想,抛砖引玉。

---

① 顾颉刚:《汉代学术史略》,第107页。
② 张岱年:《中国哲学史方法论发凡》,中华书局1983年版,第145页。

"中国文学批评史"一般将其内容分为古代文学批评、近代文学批评、现代文学批评三个阶段。古代文学批评又分为萌芽、形成、魏晋南北朝、唐宋、明清等几个时期;近代文学批评则述及龚自珍、黄遵宪、梁启超、王国维、鲁迅等人;现代文学批评论及胡适、李大钊、陈独秀、瞿秋白、鲁迅、毛泽东等人[①]。"中国史学史"的格局,大致相似。"中国哲学批评史"的分期,可以照章办理。但此种分期,是援引历史的分期而来的,历史分古代、近代与现代,所以"批评史"亦分古代、近代与现代。此自有其道理,但却完全没有照顾到中国文化本身的发展脉络。文化的分期与历史的分期,有时是对应不上的。如文艺复兴时期在历史的分期上,属于中古或中世纪;在文化的分期上,却早已是近代了。可知"批评史"除了援引历史的分期外,还可有别的分期方法。

本书就主张把"中国哲学批评史"分成"原创格式期"、"佛禅格式期"与"西学格式期"三个时期,当否,请方家指正。此种分期的理由是:(一)中国文化、中国思想、中国哲学的发展,大致经历了原创期、佛禅影响期、西学影响期三个时期,这三期是文化史、思想史的分期,与史学的分期并不绝对对应;(二)"批评"的关键是"批评格式"或"范式"或"框架"的使用,"批评"发展的关键是"格式"或"范式"或"框架"的转换,以上三期的划分就最能体现此种转换。当然这还只是著者的一个初步设想,未必就是正确的。

"原创格式期"在时间上,约当上古至两汉之际。这一时期所进行的所有哲学批评,都是在中国人自创的格式下进行的,故名"原创格式期"。如《庄子·天下》、《荀子·非十二子》、司马谈《论六家之要指》等等,无一不是援引本土"格式"批评各家之学说。然则本土"格式"是一种什么样的"格式"呢?一句话讲不清,但大致的内容还是可描述的。基本

---

① 参见《中国大百科全书·中国文学》,第1274—1278页。

的用词无非是"鬼神"、"术数"、"天"、"祖"、"阴阳"、"五行"、"五德终始"、"三统"、"三正"等等,基本的思维方式无非是"有阴阳之说以统辖天地、昼夜、男女等自然现象,以及尊卑、动静、刚柔等抽象观念;有五行之说,以木、火、土、金、水五种物质(按:应称五种符号——引者)与其作用统辖时令、方向、神灵、音律、服色、食物、臭味、道德等等,以至于帝王的系统和国家的制度"①。这种思维方式,是当时中国人的思想骨干,无论宗教、政治还是学术方面的批评,没有不援用此套"格式"的。而据顾颉刚先生的研究,"阴阳说"起源于《周易》,"五行说"起源于《洪范》,可知此套"格式"就是以《周易》、《洪范》为代表的思维方式。此种思维方式发端时间不详,但从战国开始"成为系统的学说",至汉代成为"这种学说的全盛时代"②。换言之,此种"格式"至汉代而定型,如果没有外来思想的冲击,此种定型了的"格式"是很难改版或升级的。

将此种"格式"用足用活、用到极端的,可能就是西汉末年王莽及其手下的一班人。这班人套用此种"格式"对他们之前的全部中国历史做了一次"系统的大整理",基调就是以为历史无非是走马灯,来了又去,去了又来,以为不如此"循环",便不成其为"历史"。于是"五德终始说"构成五个德的循环,"三统说"构成三个统的循环,"三正说"构成三个正的循环;最后落到实处,王莽构成周公的再生或循环,"新"朝构成周王朝的再现或循环③。如此则王莽一班人所作所为的合法性与正当性,就得到了彻底的证明。尽管王莽等最后在政治上失败了,但这套"格式","这个杜撰的古史系统却已立于不败之地"④,过了近两千年,"这

---

① 顾颉刚:《汉代学术史略》,第1页。
② 同上,第2页。
③ 同上,第141—142页。
④ 同上,第149页。

一个大黑幕方得揭开"①。以上是就此套"格式"运用于"历史批评"而言。以其运用于"哲学批评",情形大致相同。可知中国人自创的这套"格式",完全是出于实用的目的,是一种"致用的"或"最有利于致用"的"格式",它并不要求立于"学理"、"学术"的立场,并不要求立于"求真"的立场②,只要"重铸"得有利于维护现实或批判现实,就可以了。

"佛禅格式期"在时间上,约当东汉至明末,这是佛教思维方式,尤其是禅宗思维方式传入中国,并逐渐取得垄断地位的时期。杨东莼先生的《中国学术史讲话》一书,曾经论及佛教传入中国以后对中国学术的三大影响:促进了宋明理学的完成,促进了道教的完成,使中国文学(以及音乐、绘画、建筑、雕刻、塑像、地理学、医学等)发生变化③。这意味着若继续沿用中国人自创的本土"格式",宋明理学无法完成,道教无法完成,文学无法转进到新的方向。可知"佛禅格式"对中国文化的影响之大。

"佛禅格式"是一种什么样的"格式"呢?这里可以文学批评为例来进行描述。此时期文学批评所使用的概念,无非"风骨"、"风格"、"想象"、"神与物游"、"兴趣"、"妙悟"、"本色"、"别材"、"别趣"、"意趣"、"文气"、"风韵"等等,这些概念完全是在佛、禅的刺激下产生的。把此套"格式"运用于"文学批评",用足用活、用到极端的,要算是刘勰的《文心雕龙》及严羽的《沧浪诗话》。若说《文心雕龙》还融合有老、庄等中国本土思想,则《沧浪诗话》就是完全采用禅宗的"格式",尤其是南宋重振临济宗风的大禅师大慧宗杲(1089—1163年)的禅宗,进行"文学批判"了。没有禅学的"格式",没有宗杲禅学,就不可能有严羽的《沧浪诗话》;即使有,它也不可能成为一部"代表了中国古代诗学的成就和特色,堪称

---

① 顾颉刚:《汉代学术史略》,第150页。
② 同上,第118页。
③ 杨东莼:《中国学术史讲话》,北新书局1932年版,第217—221页。

中国诗话的高峰"①的著作。这是批评格式从"原创格式"转向"佛禅格式"以后,在"文学批评"领域所达到的最高成就。自此以后,"文学批评"若不转换"格式",便难有新的进展;转到"西学格式"以后,才有王国维等人把中国的"文学批评"推向另一种"格式"下的另一次高峰。

"哲学批评"亦然。宋明理学的萌芽,就是得益于"佛禅格式"的运用。学界一般把唐代李翱(772—841年)的"复性说",视为宋明理学的"先声",而其所以能成"先声",就在于他正式开始运用"佛禅格式"进行思维,运用"佛禅格式"打造自己的理论体系。《复性书》也许还夹杂有道家的思想,但其最关键的方面,还是吸取佛教理论,尤其是禅宗"见性成佛"之理论,来建立自己的人性论,以强化儒家学说之正统地位。因此杨东莼先生甚至直接把李翱的思想定性为"援释入儒"、"儒表佛里",认为其"在表面上固然挂着儒学的招牌,但骨子里面却全是释、老的思想"②。虽还夹杂道家思想,但"佛禅格式"无疑已经登上中国思想的舞台。至北宋,学界维持儒、释、道三教共融的格局;宋室南迁,此种格局就变成以"佛禅格式"为主,儒、释二教共融的格局了。"佛禅格式"在南宋以后的中国思想界,取得决定性的优势(政治领域除外)。马祖道一、汾阳无业、雪峰义存、丹霞天然、云门文偃等禅师在学者心目中之地位,已经比肩于孔孟,甚至"过于孔孟"了③;朱子教人"半日当和尚,半日当汉儒"(颜元评朱子语),实乃"阳儒阴禅";陆象山被朱子斥为"顿悟之禅宗"、"全是禅学"、"真正是禅";王阳明及其后学更是明目张胆地、直言不讳地融禅,讲究"吾人心体活泼,原来如此"等等,已完全是一副活脱

---

① 刘烜:《禅与严羽的〈沧浪诗话〉》,季羡林等:《禅与东方文化》,商务印书馆1996年版,第178页。
② 杨东莼:《中国学术史讲话》,第239页。
③ 释志磐:《佛祖统纪》卷四十五,《大正藏》,日本大正一切经刊行会1924—1934年版,第四十九卷,第415页。

脱禅家模样。总之,在那一时期,"哲学批评"的格式是完全变了,"文学批评"领域是如此,"哲学批评"领域同样是如此。前一时期的"原创格式",已经被自外输入的"佛禅格式"完全取代。取代的结果,是出现了中国文化与思想发展的又一次高潮,文学上有《文心雕龙》《沧浪诗话》等不朽之作出现,哲学上则有宋明"新儒学"的产生。

"西学格式期"在时间上,约当明末至现在。此种"格式"已经并还在取得决定性优势。"西学"的输入不始自明末,为什么要以明末为界?就因为在此之前,"西学格式"还没有输入完成,还没有产生影响。著者愿意把"西学东渐"的历史分为三期:第一期是蒙元王朝这个横跨欧、亚的空前大帝国与西方文化的交往,时间约当帝国的统一与瓦解(1279—1368年);第二期是明代中叶至清末西学的输入,时间约当15世纪末叶至19世纪末叶;第三期是清末以后。第一期虽有罗马教皇英诺森四世(InnocentⅣ)与元王朝的交往(1245—1247年间)、法兰西王路易九世与元王朝的交往(1253年)、罗马教皇尼古拉(Nicholas)的派人至燕京建立教堂(1293年)、意大利人马可·波罗(Marco Polo)的来华(1275年)并仕元十七年等,但西方思想的输入是很少的。且这一切又因蒙元帝国的瓦解以及欧洲本身因宗教改革无暇东顾而中绝,东西文化从此"彼此隔绝",故西学输入的成就不大。这一时期被杨东莼先生称为"西学东渐的发端"[①]。中断将近一个半世纪以后,中西文化交流进入第二期。此时在西方,哥伦布(Colombo)"发现"新大陆(1492年)、达·伽马(Vasco Da Gama)发现印度新航路(1497年)、麦哲伦(Magellon)环游地球一周再成功(1520年),西方世界完全换了一个新局面。在此背景下,葡萄牙人、西班牙人、荷兰人、英吉利人、法兰西人等,相继进取东方,中国成为它们的重要目标。自1563年葡人租借澳门,欧人传教等事业,就在中国

---

① 杨东莼:《中国学术史讲话》,第310页。

渐次展开,蓬勃发展。这一时期西学的输入,以天文历算、舆地测绘、农田水利、电化声光、学制矿政等物质科学为主,达到的最高境界是偏重物质科学,忽略社会科学为架构的"中学为体,西学为用"。但"西学格式"的输入,却是在这一时期完成的。

何为"西学格式"?就是西学的思维方式。西学的思维方式为何?著者以为就是发端于古希腊的形式逻辑的思维、因果关系的思维、本体论式的思维以及与此相关的进步、理性、平等等观念。这一套思维为中国原有文化所缺少,明代中叶以后终于慢慢地补充进来。输入此种"格式"的功臣,正是明代中叶以后,特别是利玛窦(Matteo Ricci,1552—1610年)以后来华传教的教士们。他们的目的是传教,但在传教的同时,却意外地把经院哲学中包裹着的希腊思想,如亚里士多德的逻辑学、四原素说、四因说、形式与质料学说等,传入中国[1]。梁启超先生曾有"明末有一场大公案"之言,认为其为"中国学术史上应该大笔特书者"[2]。为何要"大笔特书",原来想不通,现在看来,就因为它是"欧洲历算学之输入",其所输入的是"西学格式",而不是西学的皮毛。抓住了"西学格式",就等于抓住了蛇之七寸,可以进退自如了。所以"西学格式"的输入,就被梁先生尊为明末的"一场大公案",可知梁先生的学术史眼光,确是入木三分。

从明末到清末,约有两个半世纪。降至光绪二十四年(1898年)及光绪二十八年(1902年),终有康有为出面,撰成《孔子改制考》与《大同书》,正式开始系统而自觉地运用"西学格式"重新解释中国传统思想,"重铸"中国文化。自此"西学格式"正式登上中国思想舞台,取代"佛禅

---

[1] 参见张西平:《明清间入华传教士对亚里士多德哲学的介绍》,《江海学刊》2001年第6期。
[2] 梁启超:《中国近三百年学术史》,《梁启超论清学史二种》,复旦大学出版社1985年版,第99页。

格式"而成为占主导地位的思维方式。光绪二十五年(1899年)谭嗣同的《仁学》、光绪二十六年(1900年)章太炎的《訄书》、光绪三十一年(1905年)王国维的《静庵文集》、1915年章太炎的《检论》、1921年2月梁启超的《清代学术概论》、1929年梁启超的《中国近三百年学术史》等,都是自觉地运用"西学格式"批评传统思想的产物。胡适的《中国哲学史大纲》、冯友兰的《中国哲学史》、金岳霖的《论道》等著作,亦是运用"西学格式"重铸中国传统思想的典范。总之,从清末开始,中国思想就进入到"西学格式"占主导地位的时期,一切领域的思想家,都无不拜倒在这个"格式"之下,而以这个"格式"为"大柄"。这个时期正在进行,并将继续延续下去,直到一个新的、更好的"格式"出现,经过漫长的岁月,所有人都弃彼而就此、弃旧而就新,从而进入到另一个"格式期"。

"原创格式期"有许多经验教训要总结,"佛禅格式期"有许多经验教训要总结,"西学格式期"同样有许多经验教训要总结,这一方面证明"中国哲学批评史"亟待创建,另一方面亦说明"中国哲学批评史"这一学科的建设实在是任重而道远。

三、"中国哲学批评史"之地位的安排

"中国哲学"领域,目前已有"中国哲学史"、"中国哲学史方法论"、"中国哲学史史料学"等学科,相关的还有"中国学术史"、"中国解释学"等学科。如何安排"中国哲学批评史"在其中的地位,是一个必须要回答的问题。

"中国哲学批评史"与"中国哲学史"的区别,还是很明显的。如,若谓"中国哲学史"的重点是评述先秦十二子本身的思想,则"中国哲学批评史"的重点便是解读《荀子·非十二子》,而不是十二子本身。又如,若谓"中国哲学史"的重点是评述老子本人的思想,则"中国哲学批评史"

的重点便是解读《韩非子》的"解老"、"喻老"诸篇,评判其"解"其"喻"的成败得失。当然也可能有重叠的地方,如王阳明的《大学问》、陈确的《大学辨》等,既可以是"中国哲学史"的对象,也可以是"中国哲学批评史"的对象,但研究的重心还是不同。"中国哲学史"直接评述就行了,而"中国哲学批评史"的主要工作,是拿它们和先秦的《大学》作对比,看王阳明"问"得如何、陈确"辨"得怎样。这样的研究对人们加深理解中国哲学,意义重大。如陈确以"禅"辨《大学》,认为《大学》"必为禅学无疑",认为程朱表彰《大学》是"驱天下后世而之于禅也",这显然是受"佛禅格式"的影响而得出的结论。一般写"中国哲学史"的人,很少会注意到这一层。而"中国哲学批评史"就是专门研究这一层的,换言之,它专门研究中国哲学中普遍存在而又被人忽视的"解"、"喻"、"问"、"辨"、"传"(如《诗广传》)、"记"(如《礼记》)、"论"(如《明良论》)、"注"(如《张子正蒙注》)、"原"(如《原道》)、"通"(如《庄子通》)、"衍"(如《老子衍》)等概念本身。这些概念本身就是一种批评,"中国哲学批评史"研究它,便就是对于批评而下批评,是批评之批评。所以它和"中国哲学史"之间有明显的区别。

逮至现代,区别就更为明显了。如蔡元培的《五十年来中国之哲学》、郭湛波的《近五十年中国思想史》、孙道升的《中国现代哲学界之解剖》、贺麟的《当代中国哲学》等文献,一般"中国现代哲学史"是不讲或少讲的,至少不专门去讲。但它们却刚好是"中国现代哲学批评史"的最好素材,"中国现代哲学批评史"要对他们的总结、评论、分析进行批判,总结其中的经验教训,以便更好地促进现代哲学本身及现代哲学批评的健康发展。

"中国哲学史方法论"方面,张岱年先生给研究生讲授过"中国哲学史方法论"的课程,并著有《中国哲学史方法论发凡》(1983年)一书。就该书的格局看,张先生共分八章,分别为绪论、哲学与哲学史、对于哲学思想的阶级分析方法、对于哲学思想的理论分析方法、历史的与逻辑的统一、哲学遗产的批判继承、整理史料的方法(上)、整理史料的方法(下)。很明显,该书讲述的内容跟"中国哲学批评史"是不同的。

"中国哲学史史料学"方面,冯友兰先生著有《中国哲学史史料学初稿》(1962年)一书,张岱年先生著有《中国哲学史史料学》(1982年)一书。据《中国大百科全书》"哲学"卷的介绍,"中国哲学史史料学"是一门"收集、整理、研究、分析、鉴别和使用"中国哲学史史料的科学,主要任务是发掘、辑佚、鉴别、校勘与训诂。如此看,则"批评史"还是不同于"史料学"。另外就史学领域来说,它有一门"史料学",同时还有一门"史学史",且以为"史学史"可以包括"史料学"在内(同时包括历史哲学、历史编纂学、史料学、历史方法论等)①。虽说"中国哲学批评史"未必能包括"中国哲学史史料学",但至少它们是不可相互替代的。

"中国学术史"方面的著述就更多了。有通史性的,如杨东莼的《中国学术史讲话》等;有断代性的,如梁启超的《清代学术概论》、顾颉刚的《汉代学术史略》等。在范围上,"中国学术史"的范围自然要大于"中国哲学批评史",因为"哲学"只是"学术"之一种;在内容上,"学术史"与"批评史"自然有重叠的地方,但主体部分是不重叠的,"学术史"注重学术思想本身之研究,而"批评史"则注重学术思想之批判,即学术范式、学术规范、学术框架等等的研究,两者显然是不同的。

至于"中国解释学",目前正在建设中(由北京大学汤一介先生牵头)。著者以为它与"中国哲学批评史"属于同一范畴,性质与方法基本相同,只是范围有大小,因为"解释"只是"批评"的一种方式。至少就"中国哲学"而言,在"解释"之外,还有其他许多"批评"方式,如前面提到的"问"、"辨"、"原"、"衍"等等。这些方式都是"中国哲学批评史"的

---

① 《世界历史词典》,上海辞书出版社1985年版,第138页。

研究对象。故"中国解释学"的外延,是要小于"中国哲学批评史"的。

总之,"中国哲学批评史"在"中国哲学"领域,完全可成为一门独立的学科,承担其他学科所不能承担的职责,完成其他学科所不能完成的任务。如果用一句话来判定其地位,著者只能说,"中国哲学批评史"在"中国哲学"中之地位,至少等同于"中国文学批评史"在"中国文学"中之地位、"中国史学史"在"中国史学"中之地位。这就是结论。

卷一：论"原创格式"期的中国哲学批评
——再论创建"中国哲学批评史"

"中国哲学批评"是指"中国哲学"领域那些专门评点诸子百家的文字，如《墨子·非儒》、《庄子·天下》、《荀子·非十二子》、《韩非·解老》、司马谈《论六家之要指》、《汉书·艺文志·诸子略》、《论衡·问孔》等。"批评"总有一定的立场、观点和方法，此种立场、观点和方法，本书称之为"格式"，类似于美国科学哲学家库恩（T. S. Kuhn, 1922—）所谓的"范式"（Paradigm）。"范式"是一个科学共同体所共有的某种倾向，包括其成员公认的理论与方法，最概括的原理、定理、概念，及其共同特有的某种自然观、世界观等。"格式"亦然。在一定历史时期，某种"格式"支配着当时所有人所进行的"哲学批评"，形成某种特定的思维方式。中国哲学批评的"原创格式"，就是指佛教文化传入中国以前，中国先人从事哲学批评共有的"范式"或"格式"。此种"格式"是中国先人自创的，没有受到外来文化的影响或左右，故称"原创格式"。本卷之目标，即在分析此种"原创格式"之利弊得失，以为当今哲学批评之借鉴。

一、《庄子·天下》之批评格式

《庄子·天下》虽未必是庄子本人所撰，但其在中国哲学批评史上之奠基地位,却是不可动摇的。陈鼓应先生称其为"最早一篇中国学术史",谓"批评先秦各家学派的论著,以这一篇为最古"[1]。能在中国哲学批评史上占一个第一的位置,当然是很不容易的。

《庄子·天下》批评墨翟、禽滑厘、宋钘、尹文、彭蒙、田骈、慎到、关尹、老聃、庄周、惠施、桓团、公孙龙等各家思想,所持的是一种什么样的"格式"呢?著者以为就是"效用优先"的"格式":学理上都是一偏之见、一隅之真,是用不着批评的;可批评的是效用方面,各家在效用方面有各自之缺失,这才是问题的关键。《庄子·天下》开篇即谈到"方术",说"天下之治方术者多矣"[2]。何谓"方术"?著者以为就是一偏之见、一隅之真。一偏之见是相对于道之全而言的,道家能对宇宙人生作全面性、整体性的把握,故其学问被称之为"道术"。"道术"是全,"方术"是偏;"道术"是内圣、外王并举,"方术"则是内圣有偏且效用不足。在学理上,《庄子·天下》承认诸子百家均为一偏的现实,并未给予太多指责;《庄子·天下》重点批评的是效用,是外王,是诸子百家所可能产生的社会效果。这就是所谓"效用优先"的"格式"。

《庄子·天下》的最高理想是"内圣外王之道"[3],即以最全之学问而致最佳之效用。能够做到这一点的人,只有所谓"天人"、"神人"、"至人"、"圣人"等等,而这些却都只是理想中人物,在《庄子·天下》的理论系统中,他们不过是个设定,是个空名而已。现实中存在的,只是"一曲之士",只有"一曲之士"。他们"得一察焉以自好",就像耳目鼻口各自为战,虽各自有其"明",却"不能相通",这就导致"内圣外王之道"的"阇而不明,郁而不发"[4]。

---

[1] 陈鼓应:《庄子今注今译》,中华书局1983年版,第852页。
[2] 《庄子·天下》,《诸子集成》本。
[3] 同上。
[4] 同上。

《庄子·天下》批评"一曲之士",更多的是从效用方面进行的。说他们妨碍了"内圣外王之道"的彰明与发扬,是着眼于效用;说他们"犹百家众技也,皆有所长,时有所用"①,是着眼于效用;说"天下大乱,贤圣不明,道德不一",故天下多"一曲之士",是着眼于效用;说他们"各为其所欲焉以自为方",是着眼于效用;说"百家往而不反,必不合矣"②,同样是着眼于效用,其"不合"至少包含"不合"于学理与"不合"于效用两方面。

《庄子·天下》批评墨家学派,有肯定与否定两方面。肯定方面说他们是"备世之急",说他们是"才士"(陈鼓应先生释为"救世才能之士"③),显然是立足于效用的立场。其言曰:"不侈于后世,不靡于万物,不晖于数度,以绳墨自矫,而备世之急:古之道术有在于是者,墨翟、禽滑厘闻其风而说之。"④ 又说:"墨子真天下之好也,将求之不得也,虽枯槁不舍也,才士也夫!"⑤ 这是从效用的立场上肯定墨家的价值。否定墨家的文字,更是针对其效用。学理上墨家"不侈于后世,不靡于万物,不晖于数度,以绳墨自矫",并没有什么不好;问题出在效用方面,出在其"为之大过,已之大循"⑥,即实行得太过分、节止得太过分。学理上墨子主张"生不歌,死不服,桐棺三寸而无椁,以为法式",并没有什么不好;问题出在效用方面,出在其"以此教人,恐不爱人,以此自行,固不爱己"⑦ 方面,出在其"其道大觳"(即太苛刻)、"其行难为"(即难以实行)、"天下不堪"(即难以忍受)、"反天下之心"(即违反天下人心愿)、

---

① 《庄子·天下》,《诸子集成》本。
② 同上。
③ 陈鼓应:《庄子今注今译》,第 870 页。
④ 《庄子·天下》,《诸子集成》本。
⑤ 同上。
⑥ 同上。
⑦ 同上。

"离于天下"(即背离天下人)等方面,总之是效用方面。总之《庄子·天下》批评墨家是学理上肯定,效用上否定;学理上承认,效用上不承认。用其原话表达就是"之意则是,其行则非也"①,即主张很好,但做法太过分。由于《庄子·天下》采用的是"效用优先",即"效用压倒学理"的批评格式,故其对墨家的总体评价是"乱之上也,治之下也",即扰乱天下之罪多,治理天下之功少(宣颖说)。

《庄子·天下》批评名家(宋钘、尹文)同样采用"效用优先"之格式。如说他们"不累于俗,不饰于物,不苟于人,不忮于众,愿天下之安宁以活民命,人我之养毕足而止"②,是从肯定的、积极的方面讲其效用。说他们"见侮不辱,救民之斗,禁攻寝兵,救世之战。以此周行天下,上说下教,虽天下不取,强聒而不舍者也",也是从肯定的、积极的方面讲其效用。在这方面,《庄子·天下》盛赞名家是"救世之士哉"!由于救世心太强,所以其"弟子虽饥,不忘天下";由于救世心太强,所以他们根本不去做"无益于天下"的事;由于救世心太强,所以他们以"禁攻寝兵"为对外活动,以"情欲寡浅"为内在修养。他们唯一的缺陷是"其为人太多,其自为太少",不仅导致宋、尹本人"恐不得饱",且使弟子亦经常处在饥饿中。这是《庄子·天下》对名家提出的主要批评意见,这意见显然亦是基于效用立场。不同之处只在它是从否定的、消极的方面讲针对名家个人的效用。

《庄子·天下》肯定彭蒙、田骈、慎到等人之学说的积极效用是"笑天下之尚贤"、"非天下之大圣",且能做到"终身无誉";消极方面则批评他们"非生人之行而至死人之理",批评他们"常反人,不见欢",即常反天下之心,不为天下所欢(蒋锡昌说)。这当然指的是效用而非学理。

---

① 《庄子·天下》,《诸子集成》本。
② 同上。

《庄子·天下》对于关尹、老聃等人，则不仅肯定其"以本为精，以物为粗，以有积为不足，澹然独与神明居"之学理，而且肯定其学说之效用。认为他们"其行身也，徐而不费，无为也而笑巧"，并谓其"常宽容于物，不削于人"（即不侵削别人）。在学理和效用两方面，《庄子·天下》均以为关、老"可谓至极"，故其视关、老为"古之博大真人"。学理达"至极"，可谓之"博"；效用达"至极"，可谓之"大"。合而言之就是"博大"，能"博"且"大"，方可谓之"真人"。只能"博"而不能"大"，或只能"大"而不能"博"，均不得谓之"真人"。至于庄周，《庄子·天下》基本也以此立场批评之，学理上认为"其理不竭"、"未之尽者"，即道理没有穷尽；效用上认为它"稠适而上遂"，即能适应各方面而上成各事业。可知《庄子·天下》对于关、老、庄等道家人物，基本没有否定的批评。

对于惠施，《庄子·天下》的批评是"其道舛驳，其言也不中"。"道"偏重学理，"言"有些偏重效用方面。认为在效用方面惠施是"其于物也何庸"（对于万物有何用），是"以胜人为名"，是"与众不适"，是"骀荡而不得，逐万物而不反"。对于其他"辩者之徒"如桓团、公孙龙等人，《庄子·天下》依然重点从效用立场批评之，谓其"饰人之心，易人之意，能胜人之口，不能服人之心"，认为这正是"辩者"的局限（"辩者之囿"）。其局限显然只在效用方面："能胜人之口"是肯定其学理，"不能服人之心"是否定其效用。

总之，《庄子·天下》作为中国哲学批评史上最早的论著，其所确立的批评"格式"是"效用优先"的格式，即"效用压倒学理"的格式。就是说，它以为一种学说仅有学理上的自圆其说是不够的，它还必须有效用上的治平之功；学理上的自圆其说可以缺少，效用上的治平之功却是不可或缺的。换言之，《庄子·天下》确立的批评"格式"是以学理自圆为必要条件，而以治平之功为充分条件，前者可缺，而后者不可缺。此种"效用优先"之批评格式，对后世中国哲学批评产生了广泛而深远的影响。

二、《墨子·非儒》之批评格式

《庄子·天下》确立"效用优先"的批评格式以后或同时,中国哲学批评的格式朝两方面发展:一是向左,强化效用,甚至以效用吸收学理,把"效用优先"格式推向极端,变成"唯效用论";二是向右,强化学理,甚至以学理吸收效用,把"效用优先"格式推向另一个极端,变成"唯学理论"。后一种发展是中国哲学批评从"原创格式期"成功转换至"佛禅格式期"的关键。

《墨子·非儒下》是"效用优先"格式左向发展的代表。该篇贯彻墨家兼爱、勤作之主旨,批评儒家"亲疏尊卑之异"之观点。其立足点,是认为儒家"繁饰礼乐以淫人,久丧伪哀以谩亲,立命缓贫而高浩居,倍本弃事而安怠傲",均是批评其效用;其谓孔子言行"汙邪诈伪孰大于此",亦是批评其效用。

按照儒家的学说去做,是不是"逆",是不是"孝",这样的追问大体是属于学理的层面。《墨子·非儒下》也论及这个层面,但着墨不重。《墨子·非儒下》批评的重点在效用。它说"群吏信之,则怠于分职;庶人信之,则怠于从事。吏不治则乱,农事缓则贫"①,显然是从效用方面批评儒家之学说。它又指责儒者"贼天下之人",使天下之人"贪于饮食,惰于作务,陷于饥寒,危于冻馁"等等,更是基于效用的立场"非儒"。它又设定一个通贯"道术学业仁义"的"大以治人,小以任官,远施周偏,近以修身"的效用立场,然后拿"孔某之行"来做对比,认为"孔某之行"是"本与此相反谬也",实即批评他在效用上不成功。它又引晏婴之语批评"孔某之行"的无效用,谓其是"深虑同谋以奉贼,劳思尽知以行邪,劝

---

① 《墨子·非儒下》,《诸子集成》本。

下乱上,教臣杀君",这些都是既不"利人"也不"利己"的行为。

《墨子·非儒下》又借齐景公"欲封之以尼谿"之事批评"孔某"。齐景公曾就封"孔某"之事问于晏婴,晏婴说"不可",理由是:"孔某盛容修饰以蛊世,弦歌鼓舞以聚徒,繁登降之礼以示仪,务趋翔之节以观众。""孔某"的所作所为,不能有功于时局,故曰"不可"。"不可使议世"、"不可以补民"、"不可以期世"、"不可以导众"等评语,都是典型的"效用"语言。《墨子·非儒下》又借"孔某穷于蔡陈之间"之事批评"孔某",说他当时是"不问肉之所由来而食"、"不问酒之所由来而饮";而当"哀公迎孔子"之时,却又换了一副面孔,"席不端弗坐,割不正弗食"。两种行为截然相反。《墨子·非儒下》于是痛斥"孔某"是"夫饥约则不辞妄取以活身,赢鲍则伪行以自饰,汙邪诈伪,孰大于此",即指责其行是最大的欺诈与虚伪。这当然不关乎"孔某"之学理,重点是批评其效用。

《墨子·非儒下》最后从批评"孔某"延扩至批评"儒家",说"孔某所行,心术所至也,其徒属弟子,皆效孔某"。它举出的例证是"子贡季路,辅孔悝乱乎卫;阳货乱乎齐;佛肸以中牟叛;桼雕刑残莫大焉"等。最后得出结论:"夫为弟子后生,……必修其言,法其行,力不足知弗及而后已。今孔某之行如此,儒士则可以疑矣。"批评矛头指向全体"儒士"。

批评的正确与否,不是中国哲学批评史考察的重点。中国哲学批评史主要关心的是批评"格式"。《墨子·非儒》对"孔某"及儒家的批评,未必都是正确的;但其正确与否,却不影响我们对其批评"格式"的考察。以上《墨子·非儒》的批评"格式",显然是绝对偏于效用的,比《庄子·天下》更偏于效用。如果这两部著作是同时面世的,则可说它们共同奠定了中国哲学批评的"效用优先"格式;如果《庄子·天下》是先于《墨子·非儒》而面世,则可说《墨子·非儒》是向左的方面发展了《庄子·天下》开创的"效用优先"格式。从此"效用"渐次取得对于"学理"之优势,而居于中国早期哲学批评"格式"的最前沿。

三、孟子"辟杨墨"之批评格式

中国哲学批评之"效用优先"格式的另一个可能的奠基者,是孟子。孟子"辟杨墨",在中国哲学批评史上是很出名的。他以为在当时,"天下之言,不归杨则归墨"①,杨即杨朱,主张为我;墨即墨子,主张兼爱。两派观点本是相互对立的,势同水火,但孟子却合而批评之,说"杨墨之道不息,孔子之道不著,是邪说诬民,充塞仁义也"②,主张"距杨墨,放淫辞"。

孟子"辟杨墨"最集中的一段话,载于《孟子·滕文公下》,其言曰:"杨朱、墨翟之言盈天下,天下之言不归杨,则归墨。杨氏为我,是无君也;墨氏兼爱,是无父也。无父无君,是禽兽也。……杨墨之道不息,孔子之道不著,是邪说诬民,充塞仁义也。仁义充塞,则率兽食人,人将相食。吾为此惧,闲先圣之道,距杨墨,放淫辞,邪说者不得作。作于其心,害于其事;作于其事,害于其政。……能言距杨墨者,圣人之徒也。"③ 孟子批评杨墨,曾有丝毫顾及到"学理"的方面吗?答曰:完全没有。杨朱为我,墨子兼爱,在"学理"上都是无可指摘的,他们都能够自圆其说,都能够自成一家言。杨朱的中心思想是"拔一毛利天下不为"④,初看上去好象是完全的自私自利,其实不然。载于《列子》一书的杨朱的原话是:"伯成子高不以一毫利物,舍国而隐耕;大禹不以一身自利,一体偏枯。古之人损一毫利天下不与也,悉天下奉一身不取也。

---

① 《孟子·滕文公下》,《诸子集成》本。
② 同上。
③ 同上。
④ 同上。

人人不损一毫,人人不利天下,天下治矣。"① 这是一段多么优美而又饱含智慧的哲言。它完全不是个人主义、为我主义,因为它明确倡导"悉天下奉一身不取";但同时它却又是最为彻底的个人主义、为我主义,因为它又明确倡导"损一毫利天下不与",明确倡导"人人不损一毫,人人不利天下"。它的理论设定是:一个不需要任何人损毫,不需要任何人利他的社会,才是真正完美的社会;一个人人都能自我生存、自我发展、自我提高、自我成圣的社会,才是真正完美的社会。呼唤利他,需要利他,呼唤损毫,需要损毫,只是证明这个社会还不完满,还有缺陷,还没有达到"天下大治"。自此而言之,杨朱的理想是非常崇高的,说他是"禽兽",是完全没有根据的。一个"悉天下奉一身不取"的人,如何是"禽兽";一个追求"天下治矣"的人,如何是"无君"?

墨子讲兼爱,学理上亦很崇高。兼爱的体现者一是"兼士",二是"兼君";"兼士"相对于"别士"而言,"兼君"相对于"别君"而言。"兼士"的行为准则是"爱人利人";"别士"的行为准则是"恶人贼人"。"兼士"的人生观是关心他人比关心自己为重;"别士"的人生观则是关心自己比关心他人为重。"兼士"的人格是"言必行,行必果,使言行之合,犹合符节"②;"别士"的人格则是言不必行,行不必果,使言行不一。"兼君"要求更高,他的理想是"必先万民之身后为其身";他的做法是"退睹其万民,饥而食之,寒而衣之,疾病侍养之,死丧葬埋之"③。"别君"则刚好相反,他以"其身先万民之身"为理想,以"退睹其万民,饥即不食,寒即不衣,疾病不侍养,死丧不葬埋"为作为。一个"爱人利人"的人,一个关心他人重于关心自己的人,一个视人如己("为彼犹为己"④)的人,一

---

① 《列子·杨朱》,《诸子集成》本。
② 《墨子·兼爱下》,《诸子集成》本。
③ 同上。
④ 同上。

个"先万民之身后为其身"的人,一个反对"独知爱其身,不爱人之身"、"独知爱其国,不爱人之国"的人,一个主张"为其友之身若为其身,为其友之亲若为其亲"的人,如何能斥之为"无父",又如何能斥之为"禽兽"?!

可知孟子的批评杨墨,是丝毫不顾及所批对象的学理的。孟子批评的"格式",完全是"效用"。他指责杨墨,并非因为杨墨在学理上有什么错误,而是因为"他以为"杨墨欺骗了人民,阻塞了仁义;"他以为"阻塞了仁义,就等于率兽而食人,让人互相残害;"他以为"杨朱为我、墨子兼爱之"无父无君"思想是有害于行事的;"他以为"有害于行事,当然就有害于政治;"他以为"杨墨"邪说"不消灭,孔子"大道"就无以彰显;于是"他以为"能在言论上批驳杨墨"邪说"的人,就是"圣人之徒"。这里的批评,似比《庄子·天下》更注重于"效用"。如果说《庄子·天下》之批评格式是"效用优先,兼顾学理",则孟子"辟杨墨"之批评格式就是"只讲效用,不顾学理"。这是"效用优先"格式左向发展的极端,发展的结果就是"唯效用论"。

孟子以"唯效用论"批评杨墨,亦以"唯效用论"批评自耕派(以楚国许行为首),责其为"相率而为伪者"[①];批评儒者陈相(陈良之弟子)背师叛道之行,责其为"不善变"[②];批评"管子、晏子之功",认为其功绩卑微平凡,不足称道,故不屑与之相比[③];批评五霸,以其为"三王之罪人"[④];批评当时诸侯,以其为"五霸之罪人"[⑤];批评当时大夫,以其为"诸侯之罪人"[⑥];批评各种与战争有关的人,以其为"率土地而食人肉,

---

① 《孟子·滕文公上》,《诸子集成》本。
② 同上。
③ 《孟子·公孙丑上》,《诸子集成》本。
④ 《孟子·告子下》,《诸子集成》本。
⑤ 同上。
⑥ 同上。

罪不容于死",主张让其"服上刑"①;等等。诸如此类的所有批评,都是在"唯效用论"的格式下展开的。

在中国哲学批评史上,孟子可说是中国人原创之"效用优先"格式的最典型代表之一。

四、《荀子·非十二子》之批评格式

《荀子·非十二子》等篇,亦是中国哲学批评史上的名著。其批评诸子之说,目的在为建立中央集权的郡县制国家统一舆论。它分析先秦各学派代表人物它嚣、魏牟、陈仲、史鳝、墨子、宋钘、慎到、田骈、惠施、邓析、子思、孟轲十二子之思想,认为他们在学理上虽都"其持之有故,其言之成理",但在效用上却各有不足。《荀子·非十二子》本身的主张是:以"上则法舜禹之制,下则法仲尼、子弓之义"为总方针,以此为基础"总方略,齐言行,壹统类","如是则天下之害除,仁人之事毕,圣王之迹著"。

《荀子·非十二子》是中国哲学批评史上对某一学说之学理明确表达自己批评意见的首篇论著。该文开篇有言曰:"假今之世,饰邪说,文奸言,以枭乱天下,矞宇嵬琐,使天下混然不知是非治乱之所存者,有人矣。"②学理上它提到"饰邪说,文奸言",表示它至少承认各派思想表面上的正当性;效用上它提到"枭乱天下"、"使天下混然不知是非治乱之所存"等言,表示它批评的落脚点是在效用,是效用上的拨乱反正。肯定学理同时严斥效用,是《荀子·非十二子》特有的批评"格式"。

在学理上,《荀子·非十二子》肯定它嚣、魏牟之思想是"其持之有

---

① 《孟子·离娄上》,《诸子集成》本。
② 《荀子·非十二子》,《诸子集成》本。

故,其言之成理";但在效用上,却指责他们"纵情性,安恣睢,禽兽行,不足以合文通治",同时指责他们"足以欺惑愚众"①。在学理上,《荀子·非十二子》肯定陈仲、史鰌之思想是"其持之有故,其言之成理";但在效用上,却指责他们"忍情性,綦谿利跂,苟以分异人为高,不足以合大众,明大分",同时指责他们"足以欺惑愚众"②。在学理上,《荀子·非十二子》肯定墨翟、宋钘之思想是"其持之有故,其言之成理";但在效用上,却指责他们"不知壹天下建国家之权称,上功用,大俭约,而僈差等,曾不足以容辨异,县君臣",同时指责他们"足以欺惑愚众"③。在学理上,《荀子·非十二子》肯定慎到、田骈之思想是"其持之有故,其言之成理";但在效用上,却指责他们"尚法而无法,下修而好作,上则取听于上,下则取从于俗,终日言成文典,反紃察之,则倜然无所归宿,不可以经国定分",同时指责他们"足以欺惑愚众"④。在学理上,《荀子·非十二子》肯定惠施、邓析之思想是"其持之有故,其言之成理";但在效用上,却指责他们"不法先王,不是礼义,而好治怪说,玩琦辞,甚察而不惠,辩而无用,多事而寡功,不可以为治纲纪",同时指责他们"足以欺惑愚众"⑤。

《荀子·非十二子》视子思、孟轲为罪人("是则子思孟轲之罪也"),理由是他们唱和孔子的五常("五行")之说,蒙蔽无知儒生,让他们接受下来并传播开去,"以为仲尼子游为兹厚于后世"⑥。"厚于后世"就是对后世产生效用;没有对后世产生效用,却让后世以为产生了效用,这正是"子思孟轲之罪"。《荀子·非十二子》视仲尼、子弓为"圣人之不得执者",即未得权势之"圣人",评价很高,原因不在仲尼、子弓之学说本

---

① 《荀子·非十二子》,《诸子集成》本。
② 同上。
③ 同上。
④ 同上。
⑤ 同上。
⑥ 同上。

身,而在其效用,能收"总方略,齐言行,壹统类,而群天下之英杰,而告之以大古,教之以至顺"① 之效,能收社会安定、排除邪说之效。《荀子·非十二子》视舜、禹为"圣人之得执者",即得权势之"圣人",评价更高,理由更不在学理,而在功效。舜、禹所以高于仲尼、子弓者,不在他们创立了更高明的学说,而在他们建立了更伟大的功业:统一天下,裁配万物,养育人民,泽被天下("一天下,财万物,长养人民,兼利天下,通达之属,莫不从服");同时钳制异说,统一思想("六说者立息,十二子者迁化")。《荀子·非十二子》以为当世"仁人"的当务之急,就是"上则法舜禹之制,下则法仲尼子弓之义,以务息十二子之说"②,即把舜、禹一统天下之制度和仲尼、子弓一统天下之学说统一起来,以从根本上消灭异端思想。"如是则天下之害除,仁人之事毕,圣王之迹著矣"③。除害、毕事、著迹,有哪一件不是立于"效用"的立场而说的呢?《荀子·非十二子》虽不排除"学理",但却始终让"学理"服从于"效用"。

最能体现《荀子·非十二子》之"唯效用论"格式的一句话是:"言无用而辩,辩不惠而察,治之大殃也。"④ 言论没有实际效用却还要谈论,谈论不合急用却还要仔细分析,此乃治国平天下之最大祸患。于是辩有用之言、察能惠之辩,就成为《荀子·非十二子》评判历史人物和历史事件的唯一标准。说得很多,而且都合乎礼义的("多言而类"),是"圣人";说得不多,却都合乎法则的("少言而法"),是"君子";所说的不合乎礼义法则,虽说得头头是道("多少无法,而流湎然,虽辩"),依然是"小人"。可知决定"圣人"、"君子"、"小人"之身份的,不是学理,而是效用。《荀子·非十二子》以此将无用之事称为"奸事",无用之知称为"奸

---

① 《荀子·非十二子》,《诸子集成》本。
② 同上。
③ 同上。
④ 同上。

心",无用之说称为"奸说",认为这"三奸"是圣王当禁止的。("故劳力而不当民务,谓之奸事;劳知而不律先王,谓之奸心;辩说譬谕齐给便利而不顺礼义,谓之奸说。此三奸者,圣王之所禁也。")总之,"言辩而逆,古之大禁也"①,乃是《荀子·非十二子》从事哲学批评的根本"格式":学理上可行但效用上不合的学说,历来都在禁止之列。

《荀子·非相》批评"相人术",也是采用上述"格式",认为相貌不如相心,相心不如相用,说:"故相形不如论心,论心不如择术,形不胜心,心不胜术。术正而心顺之,则形相虽恶而心术善,无害为君子也;形相虽善而心术恶,无害为小人也。君子之谓吉,小人之谓凶,故长短小大,善恶形相,非吉凶也。"② 判断一个人的好坏,看外貌不如看心灵,看心灵不如看效用("术"即"道术",能带来实际效用之方法)。能带来实际效用的,就是"君子",如尧、舜等;不能带来实际效用的,就是"小人",如桀、纣等。效用有两方面,好的效用谓之吉,坏的效用谓之凶;坏的效用实际是无效用,故不得视之为用。《荀子·非相》又直接论及效用对于学理的重要性:"言而非仁之中也,则其言不若其默也,其辩不若其呐也。言而仁之中也,则好言者上矣,不好言者下也。故仁言大矣。"③ "仁之中"即有用,"非仁之中"即无用,无用之学理不若无之,言无用之学理不若不言;倡导有用之学理者为"上",不倡导有用之学理或倡导无用之学理者为"下"。这是对于学理的直接品评。

《荀子·解蔽》否认"蔽"即"一偏之见"的价值,主要是从"效用"上而非从"学理"上说的,因为在学理上,"一偏之见"几乎是无法克服的。它论及"昔人君之蔽者"(夏桀、殷纣),自然是立于"效用"的立场;论及"昔人臣之蔽者"(唐鞅、奚齐),亦是立于"效用"的立场;论及诸子之"蔽",

---

① 《荀子·非十二子》,《诸子集成》本。
② 《荀子·非相》,《诸子集成》本。
③ 同上。

同样以"效用"为品评标准。"墨子蔽于用而不知文",指其虽讲效用,但效用是负面的;"宋子蔽于欲而不知得",指其未产生效用("得"与"德"通);"慎子蔽于法而不知贤,申子蔽于执而不知知,惠子蔽于辞而不知实,庄子蔽于天而不知人"①,大部分是指责其效用不好。看问题的角度不同、立场不同,会有不同的结果,这就是"蔽",这就是"道之一隅"或"一偏之见"。《荀子·解蔽》否定"一偏之见",主要是因为这些"一偏之见""内以自乱,外以惑人,上以蔽下,下以蔽上",从而造成"蔽塞之祸"②,换言之,主要是因为它们引起的政治后果、社会后果、道德效果不好。这显然是在援引"效用优先"格式,批评各家学说。

著名哲学史家张岱年先生评论《荀子·非十二子》批评各家学说之"格式"云:"可见荀况认为仅仅持之有故,言之成理,还是不够的;他认为'经国定分'、'为治纲纪',才是最重要的。因为他是地主阶级思想家,所以认为墨宋二子'不足以容辨异、悬君臣'是一个严重缺陷。这表明了他的阶级立场。"③ "效用"立场总是和"阶级立场"密不可分,所以张先生的评论是有相当道理的。著者以为也可以把这个评论,应用到《荀子》的其他篇章,如"非相"、"解蔽"等。

五、《韩非子·显学》之批评格式

《韩非子·显学》在中国哲学批评史上,亦是较早概括、评判先秦主要学派的著作之一。其批评"格式"比《荀子·非十二子》等篇,更倾向于"效用"。换言之,其批评"格式"乃是《庄子·天下》以后"效用优先"格式向左倾方面的进一步发展。《荀子·非十二子》等篇,已有"唯效用论"的

---

① 《荀子·解蔽》,《诸子集成》本。
② 同上。
③ 张岱年:《中国哲学史方法论发凡》,中华书局1983年版,第145页。

苗头；至《韩非子·显学》诸篇，"学理"的地位就更趋近于零了。

《韩非子·显学》开篇即打击儒、墨两家（"世之显学，儒墨也"）在学理上的正当性。孔、墨之后，儒分为八，墨离为三，各自之立场、观点不同，但却都认自己是"真孔墨"，《韩非子·显学》认为孔、墨已逝，不可复生，根本无法定夺（"将谁使定后世之学乎"），此其一；孔、墨本人，俱道尧舜，各自之立场、观点不同，却都认自己是"真尧舜"，《韩非子·显学》认为尧舜已逝，不可复生，根本无法定夺（"将谁使定儒墨之诚乎"），此其二；殷周至当时七百余岁，虞夏至当时二千余岁，连"儒墨之真"都无法定夺，要想"审尧舜之道于三千岁之前"，肯定是行不通的（"意者其不可必乎"），此其三。孔、墨后学是不是真传孔、墨，无法定夺；孔、墨本人是不是真传尧、舜，无法定夺；尧、舜之道是不是真存于三千年前，同样无法定夺。有此三项，则《韩非子·显学》有如下断言："无参验而必之者，愚也；弗能必而据之者，诬也。故明据先王，必定尧舜者，非愚则诬也。愚诬之学，杂反之行，明主弗受也。"①"愚"着重于学理之批评，"诬"着重于效用之批评，《韩非子·显学》是从打击儒、墨学理上的正当性开始，否定其效用上的价值。

如果仅限于学理的层面，"杂反之学"是可以并存的；但若落实到效用，"杂反之学"就不能够两立。《韩非子·显学》采取的是"效用"立场，故它明确提出了禁止"杂反之学"如儒、墨"显学"的主张。墨家反厚葬，"世主以为俭而礼之"；儒家倡厚葬，"世主以为孝而礼之"。以墨子之俭，可以否定孔子之侈；以孔子之孝，又可以否定墨子之戾。"今孝戾侈俭俱在儒墨，而上兼礼之"②，显然是不行的。漆雕主张廉洁，"世主以为廉而礼之"；宋荣子主张宽容，"世主以为宽而礼之"。以漆雕之廉，可

---

① 《韩非子·显学》，《诸子集成》本。
② 同上。

以否定宋荣子之恕;以宋荣子之宽,又可以否定漆雕之暴。"今宽廉恕暴俱在二子,人主兼而礼之"① 显然是不行的。总之,不管是"愚诬之学",还是"杂反之辞","人主俱听之"显然是不行的。为什么不行?原因在效用不在学理。因为若如此,则"海内之士,言无定术,行无常议,……安得无乱乎"②?"乱","杂反之学"导致言论混乱、行为乖乱、社会动乱等等,这才是所以必须禁止的根本缘由。《韩非子·显学》谓:"夫冰炭不同器而久,寒暑不兼时而至,杂反之学不两立而治。今兼听杂学缪行同异之辞,安得无乱乎?听行如此,其于治人又必然矣。"③于效用而言,"杂反之学"势同水火、冰炭、寒暑,无论如何是不能"两立"的。

《韩非子·显学》不仅在批评"世之显学"方面持"效用"立场,在批评其他社会现象方面,同样持"效用"立场。它以为富裕者所以富裕,"非力则俭也";贫穷者所以贫穷,"非侈则惰也"。基于此它反对"征敛于富人以布施于贫家",因为这是"夺力俭而与侈惰"之举,根本达不到让民众"疾作而节用"的目的。它以为最高统治者"陈良田大宅,设爵禄"的目的,只在"易民死命"。由此它反对"世主"礼遇那些"不入危城,不处军旅,不以天下大利易其胫一毛"的人,反对最高统治者"贵其智而高其行",将他们视为"轻物重生之士"。因为最高统治者"尊贵轻物重生之士",根本就收不到让民众"出死而重殉上事"之效。它以为官吏之税、最高统治者"养学士"之费,均来自"耕者",耕者"重税",学士才能"多赏"。由此它反对"世主"礼遇那些"藏书策,习谈论,聚徒役,服文学,而议说"的人,因为这样做根本不可能收让民众"疾作而少言谈"之效。它又反对"世主"礼遇那些"立节参民,执操不侵,然言过于耳,必随之以

---

① 《韩非子·显学》,《诸子集成》本。
② 同上。
③ 同上。

剑"的所谓"自好之士"。因为这导致"斩首之劳不赏,而家斗之勇尊显",根本收不到让民众"疾战距敌而无私斗"之效。总之,基于"效用"的立场,《韩非子·显学》断言:"国平则养儒侠,难至则用介士,所养者非所用,所用者非所养,此所以乱也。"① 有"用"则治,无"用"则乱,"用"是决定治、乱之根本。《韩非子·显学》"宰相必起于州部,猛将必发于卒伍"之主张、"力多则人朝,力寡则朝于人"之主张、"威势之可以禁暴,而德厚之不足以止乱"之主张、"圣人之治国,不恃人之为吾善也,而用其不得为非也"之主张,以及"民智之不可用"、"民智之不足用"等主张,都是基于上述的立场提出来的。

对于各家学说,《韩非子·显学》主张"若是其言,宜布之官而用其身;若非其言,宜去其身而息其端"②,信者用之,不信者禁之。若相反,"以为是也而弗布于官,以为非而不息其端,是而不用,非而不息,乱亡之道也"③。关键在"乱亡",即效用。儒家游说"人主","不言今之所以为治,而语已治之功;不审官法之事,不察奸邪之情,而皆道上古之传,誉先王之成功"④,显然是在宣传"无用"之学,属于"说者之巫祝"。这样的"无用"之学,"有度之主不受也"。因此《韩非子·显学》规劝"明主""举实事,去无用,不道仁义,故不听学者之言"⑤,其"效用优先"或"唯效用论"之立场,昭然若揭。

六、《韩非子·解老》之批评格式

《韩非子》"解老"、"喻老"两篇之批评"格式",被学者称之为"援道

---

① 《韩非子·显学》,《诸子集成》本。
② 同上。
③ 同上。
④ 同上。
⑤ 同上。

入法"①。"援道入法"可以是"学理优先"的,也可以是"效用优先"的。前者谓主观上只从事学理方面的"援道入法",客观上却有"效用"(尽管未必有"效用");后者谓主观上只立足"效用""援道入法",客观上也有学理上的成就(尽管未必有学理上的成就)。所以同一种"援道入法",可以偏"效用",成为"效用优先型";也可以偏"学理",成为"学理优先型"。很明显,《韩非子·解老》之"援道入法",是属于"效用优先型",因为"学理优先"的格式,根本不合乎《韩非子》全盘思想的根本精神。

《韩非子·解老》被认为是现存最早的解释与发挥《老子》的论著。它按先《德经》、后《道经》的顺序(顺序与帛书本同),对《老子》若干章重新进行了解释。看上去是出于"学理"的目的,实际上是为了"效用"。它释"上德不德,是以有德"云:"德者内也,得者外也。上德不德,言其神不淫于外也。神不淫于外则身全,身全之谓得。得者,得身也。凡德者,以无为集,以无欲成,以不思安,以不用固。为之欲之,则德无舍,德无舍则不全。用之思之则不固,不固则无功,无功则生有德。德则无德,不德则有德。"②"上德不德,是以有德"是《老子》三十八章之首句,一般释为"最高统治者不以儒家所谓德治之德为德,就是一种德",这是基于反儒立场的解释。陈鼓应先生则释为"上'德'的人不自恃有德,所以实是有'德'"③。《韩非子·解老》的解释显然是立于"上"的立场,而为最高统治者现身说法;它讲"无为"、"无欲"、"不思"、"不用"等等,都是法家给最高统治者设计的惯用统治术。学理上反儒的言论,在《韩非子·解老》的解读之下,变成"人主"手中控制万民的统治术了。

再如《老子》三十八章"夫礼者,忠信之薄,而乱之首"一句,陈鼓应

---

① 《哲学大辞典·中国哲学史卷》,上海辞书出版社1985年版,第665、630页。
② 《韩非子·解老》,《诸子集成》本。
③ 陈鼓应:《老子注译及评介》,中华书局1984年版,第216页。

先生解释为"礼是忠信的不足,而祸乱的开端"①,亦只是反儒的意思。而《韩非子·解老》的解释则很复杂:"礼为情貌者也,文为质饰者也。夫君子取情而去貌,好质而恶饰。夫恃貌而论情者,其情恶也;须饰而论质者,其质衰也。……夫物之待饰而后行者,其质不美也。是以父子之间,其礼朴而不明,故曰:礼,薄也。凡物不并盛,阴阳是也;理相夺予,威德是也。实厚者貌薄,父子之礼是也。由是观之,礼繁者实心衰也。然则为礼者,事通人之朴心者也。众人之为礼也,人应则轻欢,不应则责怨。今为礼者,事通人之朴心,而资之以相责之分,能毋争乎?有争则乱,故曰:夫礼者忠信之薄也,而乱之首乎!"此处讲"君子",讲"阴阳",讲"威德"等等,亦跟统治术有关。

又如《老子》六十章"治大国,若烹小鲜"一句,陈鼓应先生的解释是"治理大国,好像煎小鱼"②,警示为政者要安静无扰,扰则害民。本身是带有统治术的意思,但和法家的统治术还是有区别的。至少老子是不主张极权主义的,法家则专恃极权主义。但在《韩非子·解老》的解读之下,老子立即变成为一位法家人物。其释"治大国,若烹小鲜"曰:"工人数变业则失其功,作者数摇徙则亡其功。一人之作,日亡半日,十日则亡五人之功矣。万人之作,日亡半日,十日则亡五万人之功矣。然则数变业者,其人弥众,其亏弥大矣。凡法令更则利害易,利害易则民务变,民务变谓之变业。故以理观之,事大众而数摇之,则少成功;藏大器而数徙之,则多败伤;烹小鲜而数挠之,则贼其宰。治大国而数变法,则民苦之。是以有道之君,贵虚静而重变法。"本来老子讲"烹小鲜"也许是包括"数挠"之义的,但《韩非子·解老》基于法家立场,却解读成反对"数挠",即强调"法令"与"利害"的前后一致或连续性。可知《韩非子·

---

① 陈鼓应:《老子注译及评介》,第216页。
② 同上,第300页。

解老》对于老子思想之批评是主张"六经注我",而非"我注六经"。

再如《老子》第一章"道可道,非常道"一句,陈鼓应先生解释为"可以用言词表达的道,就不是常'道'"①,这一解释好像只涉及语言哲学的问题,而与社会、政治功用无关。但《韩非子·解老》的解读不同,它必须和"圣人"等挂上钩。其言曰:"凡理者,方圆短长粗靡坚脆之分也,故理定而后物可得道也。故定理有存亡,有死生,有盛衰,夫物之一存一亡,乍死乍生,初盛而后衰者,不可谓常。唯夫与天地之剖判也俱生,至天地之消散也不死不衰者,谓常。而常者无攸易,无定理。无定理非在于常,是以不可道也。圣人观其玄虚,用其周行,强字之曰道,然而可论。""常道"变成为亘古不易之"道",与"定理"相对。"定理"不是"常道",所以是"不可道"的,只因"圣人""观"之、"用"之、"强字"之,它才勉强变成"可道"的。此处凸显"圣人",是落实"援道入法"的关键。

关于《韩非子·解老》,陈鼓应先生曾有一个评价,除肯定其为现存解释《老子》思想著作中"最古的一篇文字"之地位外,亦分析了其批评立场。他认为韩非"只重视老子的人生哲学和政治哲学",说"在《解老》的文字中,并不重视老子的形而上学的思想。韩非重功效,所以在《解老》中发扬了老子这一面的思想"②。说《韩非子·解老》"重功效"而不重"学理",如形而上学思想,就是对《韩非子·解老》之批评"格式"的深层分析。著者以为这个分析是对的。其"重功效",重到一个什么程度呢? 重到为达目的不惜进行"显著的曲解"与"显著的误解"。陈先生举例说,《韩非子·解老》认为老子主张"重变法",就是"显著的曲解"之例;把《老子》五十章"生之徒十有三,死之徒十有三"一句中的"十有三"释为四肢与九窍,以及得"道"以死、得"道"以败等说法,就是"显著的误

---

① 陈鼓应:《老子注译及评介》,第62页。
② 同上,第365页。

解"之例①。"误解"是无意的。其实"唯效用论"的批评格式极有可能让批评者"故意"去"误解"。

《解老》之外,《韩非子》中还有《喻老》一篇,也被认为是"与《解老》同为解释《老子》的名篇",批评格式同样是"援道入法",目标同样是"借以论证其国君必须独擅权势的法治主张"②,但陈鼓应先生却对《喻老》一篇评价不高,认为"《解老》的文字还值得一读,《喻老》一文则尽多误说",认为《喻老》全用历史故事去附会《老子》,出现了许多"最严重的曲解",并说:"……韩非假想《老子》所引申出来的几种法术,都是讲求驾驭阴谋的诈术,完全曲解老子的原意。老子思想可说没有一点儿权谋诈术的成分在内,老子是最反对机智巧诈的。很不幸,这点却造成后人普遍的误解,而《喻老》作者则是误解老子的第一人(今人钱穆,在《庄老通辨》中反复误解《老子》讲权谋,这都是没有深究老学的缘故,只是对老子所使用的特设语句作字面的猜认,而且对于老子整个哲学系统及其建构哲学的立意茫然无知所致)。"总之,陈先生认为《喻老》是"一篇曲尽误解《老子》原义的作品"③。

陈鼓应先生对《解老》、《喻老》,尤其是后者的分析批评,代表了相当部分学者的意见,在学理上自然是对的。但陈鼓应先生忽略了一个事实,就是在中国哲学批评的早期,中国人自创的批评"格式",本身就是"效用优先"甚至"唯效用论"的;在这种批评"格式"下,"曲解"与"误解"不仅是允许的,而且是受到鼓励的。换言之,不仅"曲解"是"故意"而非"无意"的,而且"误解"也不是"误"而是"正",是"故意"造成的"误解"。研究中国哲学批评史,我们必须正视这一现象,不能仅以"纯学理"的标准苛求古人。儒家的孟子可以为了证明自己的观点改写历史

---

① 陈鼓应:《老子注译及评介》,第365—366页。
② 《哲学大辞典·中国哲学史卷》,第630页。
③ 陈鼓应:《老子注译及评介》,第367—368页。

（如否定周武王伐纣时杀人多至"血之流杵"之事实等），法家的韩非为什么就不能为了证明自己的观点"曲解"老子呢？笔者既肯定"效用优先"之批评"格式"的价值与地位，当然就对哲学批评史上层出不穷的"曲解"与"误解"，不作全盘的否定。相反认为，此种"格式"至今仍然有效。

七、《礼记·经解》之批评格式

《礼记·经解》阐释了《诗》、《书》、《礼》、《乐》、《易》、《春秋》六经在中国古代教育中之不同目的与效果，在中国哲学批评史上占有重要地位。

《礼记·经解》开篇即说："孔子曰：入其国，其教可知也。其为人也温柔敦厚，诗教也；疏通知远，书教也；广博易良，乐教也；洁静精微，易教也；恭俭庄敬，礼教也；属辞比事，春秋教也。"[①] 这是从正面肯定六经之"效用"。又曰："故诗之失，愚；书之失，诬；乐之失，奢；易之失，贼；礼之失，烦；春秋之失，乱。"[②] 这是从反面指出六经之失去"效用"。又曰："其为人也温柔敦厚而不愚，则深于诗者也；疏通知远而不诬，则深于书者也；广博易良而不奢，则深于乐者也；洁静精微而不贼，则深于易者也；恭俭庄敬而不烦，则深于礼者也；属辞比事而不乱，则深于春秋者也。"[③] 这是合正、反两方面而界定六经之"效用"。

这样严整的逻辑推理，著者还只在《大学》一书中见过。《大学》先言正面，谓"古之欲明明德于天下者，先治其国，欲治其国者，先齐其家，欲齐其家者，先修其身……"；次言反面，谓"……身修而后家齐，家齐而后国治，国治而后天下平"；最后言正、反之综合，谓"其本乱而末治者否

---

① 《礼记·经解》，《十三经注疏》本。
② 同上。
③ 同上。

矣,其所厚者薄而其所薄者厚,未之有也"①。正面之陈述在逻辑上,属于充分条件假言推理;反面之陈述在逻辑上,属于必要条件假言推理;综合之陈述在逻辑上,属于充分必要条件假言推理。亦就是逻辑上的"等值",用符号表示就是(A→B)+(B→A) = A ←→B。

《礼记·经解》的逻辑格式,与《大学》完全相同。其正面之陈述,是谓从"效用"可推知六经,即 A→B;其反面陈述,是谓从六经可推出"效用",即 B→A;其综合之陈述,是谓六经与"效用"等同或"效用"与六经等同,即 A ←→B。推论的结果,是六经与"效用"等值,六经即"效用","效用"即六经。这在中国哲学批评史上,是最为彻底的"唯效用论"之批评"格式"。由于《礼记》在中国思想史上具有无可争辩的正统与"经典"地位,其"唯效用论"之批评"格式"也就成为中国早期哲学批评的正统与"经典"格式,对中国哲学批评之发展产生了深远影响。

《礼记·经解》完全从"效用"的立场解释"礼",称"以奉宗庙则敬,以入朝廷则贵贱有位,以处室家则父子亲兄弟和,以处乡里则长幼有序";又完全从"效用"立场分论各"礼",称"朝觐之礼所以明君臣之义也,聘问之礼所以使诸侯相尊敬也,丧祭之礼所以明臣子之恩也,乡饮酒之礼所以明长幼之序也,昏姻之礼所以明男女之别也";又直接从"效用"立场解释"礼"的产生,称"礼,禁乱之所由生,犹坊止水之所自来也",并称"以旧坊为无所用而坏之者,必有水败,以旧礼为无所用而去之者,必有乱患";更从"效用"立场指出"废礼"之后可能产生的后果,认为废婚姻之礼则"夫妇之道苦,而淫辟之罪多",废乡饮酒之礼则"长幼之序失,而争斗之狱繁",废丧祭之礼则"臣子之恩薄,而倍死忘生者众",废聘觐之礼则"君臣之位失,诸侯之行恶,而倍畔侵陵之败起"②。《礼记·经解》

---

① 《礼记·大学》,《十三经注疏》本。
② 《礼记·经解》,《十三经注疏》本。

的重点在批评《礼》,但其批评"格式"却是适用于《礼》之外的其他五经的。后来又增加到七经、十三经等等,其哲学批评,著者以为没有反对"唯效用论"之批评"格式"者。

八、《吕氏春秋·不二》之批评格式

《吕氏春秋·不二》总结百家之言,提出"齐万不同,愚智工拙皆尽力竭能,如出乎一穴"之主张,是中国哲学批评史上的重要文献。其批评"格式"也是"效用优先型"的:出发点和最终归宿,都只在为统一的郡县制帝国的建立提供理论依据。

《吕氏春秋·不二》开篇即论统一思想的重要性:"听群众人议以治国,国危无日矣。"① 又通过统一金鼓以"一耳"、统一法令以"一心"、统一智愚巧拙以"一众"、统一勇惧先后以"一力"等事例,说明"一"对于治国的重要性:"一则治,异则乱;一则安,异则危。"

对于思想而言,"一"就是"一家独尊","异"就是"百花齐放"。纯就学理而言,《吕氏春秋·不二》并没有断定"一"就是好的,"异"就是不好的。关键是效用,在效用方面,在国家治理方面,它认为"一"要好于"异"。它有批评诸子的言论谓:"老耽贵柔,孔子贵仁,墨翟贵廉,关尹贵清,子列子贵虚,陈骈贵齐,阳生贵己,孙膑贵势,王廖贵先,兒良贵后。"在纯学理的角度,《吕氏春秋·不二》并未对它们的"异"即"百花齐放"予以否定,相反认为这十人"皆天下之豪士",皆能成一家之言。

"不二"就是一,就是统一,就是一律,就是一致;于思想、学术而言,就是文化上的高压。因此《吕氏春秋》又有《执一》一篇,开篇即论"一"的重要性:"王者执一,而为万物正。军必有将,所以一之也;国必有君,

---

① 《吕氏春秋·不二》,《诸子集成》本。

所以一之也;天下必有天子,所以一之也;天子必执一,所以抟之也。一则治,两则乱。"① "一则治,两则乱",这就是《吕氏春秋》批评各家学说的"格式"。"今御骊马者,使四人人操一策,则不可以出于门闾者,不一也。"② 这就是《吕氏春秋》批评各家学说的"格式"。

九、《淮南子·要略》之批评格式

《淮南子·要略》是中国哲学批评史上的一家之言。《汉书·艺文志·诸子略》主张"诸子之学出于王官",《淮南子·要略》则主张"诸子之学源于救时之弊"。"王官说"与"救弊说",被并称为"古代关于诸子思想源流二说"③。著者以为就批评"格式"而言,"王官说"偏"学理",而"救弊说"偏"效用"。

《淮南子·要略》"救弊说"的主要内容是:"儒者之学"源于"周公受封于鲁,以此移风易俗,孔子修成康之道,述周公之训,以教七十子,使服其衣冠,修其篇籍";"墨子之学"源于"学儒者之业,受孔子之术,以为其礼烦扰而不说,厚葬靡财而贫民,服伤生而害事,故背周道而用夏政";"管子之书"源于"桓公忧中国之患,苦夷狄之乱,欲以存亡继绝,崇天子之位,广文武之业";"晏子之谏"源于"齐景公内好声色,外好狗马,猎射亡归,好色无辨,作为路寝之台,族铸大钟,撞之庭下,郊雉皆呴,一朝用三千钟赣,梁邱据子家哙导于左右";"纵横修短"之学源于"晚世之时,六国诸侯,谿异谷别,水绝山隔,各自治其境内,守其分地,握其权柄,擅其政令,下无方伯,上无天子,力征争权,胜者为右,恃连与国,约重致,剖信符,结远援,以守其国家,持其社稷";"刑名之书"源于"晋国

---

① 《吕氏春秋·执一》,《诸子集成》本。
② 同上。
③ 《哲学大辞典·中国哲学史卷》,第475页。

之故礼未灭,韩国之新法重出,先君之令未收,后君之令又下,新故相反,前后相缪,百官背乱,不知所用";"商鞅之法"源于"秦国之俗,贪狼强力,寡义而趋利,可威以刑,而不可化以善,可劝以赏,而不可厉以名,被险而带河,四塞以为固,地利形便,畜积殷富,孝公欲以虎狼之势,而吞诸侯"①;等等。总之,"救弊说"的根本意思,是以为"诸子之学"是源于匡当时之政,救当时之弊,是出于当时政治、社会与道德等等的现实需要。此处对"诸子之学"的批评,采用的当然是"效用优先"的格式。

但《淮南子·要略》也并不忽视"学理"的价值。它开篇总论"书论"之意义与价值,认为它们的目的是"纪纲道德,经纬人事,上考之天,下揆之地,中通诸理"②,其中若谓"纪纲道德,经纬人事"是偏于"效用",则"上考之天,下揆之地,中通诸理"无疑是偏重"学理"了。《淮南子·要略》接着又讲到"观始终",讲到"语不剖判纯朴,靡散大宗",讲到"多为之辞,博为之说"等等,也是偏于"学理"的层面。它的一个总的批评原则,是"学理"与"效用"并重,以其原话言之,就是"言道而不言事,则无以与世浮沉;言事而不言道,则无以与化游息"③。"道"指"学理","与化游息"指"学理";"事"指"效用","与世浮沉"指"效用"。可知"学理"与"效用"并重,乃是《淮南子·要略》哲学批评的原则,更是《淮南子》全书的根本精神。于是紧接上段话才有"故著二十篇"五字,以宣示《淮南子》全书均依上述精神而作。

《要略》本着上述"学理"与"效用"并重之原则,全面解释《淮南子》"二十篇"各篇之含义。认为《原道》篇"卢牟六合,混沌万物,象太一之容,测窈冥之深",此言"学理";又认为《原道》篇目的在"托小以苞大,守约以治广,使人知先后之祸福,动静之利害",又在"应待万方,览耦百

---

① 《淮南子·要略》,《诸子集成》本。
② 同上。
③ 同上。

变"、"转丸掌中,足以自乐"等,此言"效用"。认为《俶真》篇"穷逐终始之化,嬴垺有无之精,离别万物之变,合同死生之形",此言"学理";又认为《俶真》篇之目的在"使人遗物反己,审仁义之间,通同异之理,观至德之统,知变化之纪",此言"效用"。认为《天文》篇是"和阴阳之气,理日月之光,节开塞之时,列星辰之行",此言"学理";又认为《天文》篇之目的,在使人"知逆顺之变,避忌讳之殃,顺时运之应,法五神之常",在使人"有以仰天承顺,而不乱其常者",此言"效用"。认为《地形》篇是"穷南北之修,极东西之广,经山陵之形,区川谷之居,明万物之主,知生类之众,列山渊之数,规远近之路",此言"学理";又认为《地形》篇之目的,在"使人通回周备,不可动以物,不可惊以怪",此言"效用"。认为《时则》篇是"上因天时,下尽地力,据度行当,合诸人则,形十二节,以为法式,终而复始,转于无极",此言"学理";又认为《时则》篇之目的,在使人"因循仿依,以知祸福",在使君"发号施令,以时教期……知所以从事",此言"效用"。认为《览冥》篇、《精神》篇、《本经》篇、《主术》篇、《缪称》篇、《齐俗》篇、《道应》篇、《范论》篇、《诠言》篇、《兵略》篇、《说山说林》篇等,皆俱"学理"与"效用"两方面。

关于《人间》篇的"学理"方面,《淮南子·要略》认为是"观祸福之变,察利害之反,钻脉得失之迹,标举终始之坛……分别百事之微,敷陈存亡之机";关于《人间》篇的"效用"方面,《淮南子·要略》认为是使人"知祸之为福,亡之为得,成之为败,利之为害"等。关于《修务》篇的"学理"方面,《淮南子·要略》认为是为了解决"塞于大道"的问题;关于《修务》篇的"效用"方面,《淮南子·要略》认为是"所以使学者孳孳以自几也"。关于《泰族》篇的"学理"方面,《淮南子·要略》认为是"横八极,致高崇,上明三光,下和水土,……总万方之指,而归之一本"等;关于《泰族》篇的"效用"方面,《淮南子·要略》认为是"经古今之道,治伦理之序"以及"经纬治道,纪纲王事"等。总之,《要略》对《淮南子》全书二十篇的总的批评意见是:"……故著书二十篇,则天地之理究矣,人间之事接矣,帝王之道备矣。"① 究天地之理,是为"学理";接人间之事,是为"效用";备帝王之道,是为最终目标。整部《淮南子》之编纂的最终目标,不是"学理"的,而是"效用"的,接人间之事是"效用",备帝王之道同样是"效用"。所以"效用优先"是淮南王等人编纂《淮南子》二十篇之"格式",同样是《淮南子·要略》批评各家学说、从事哲学批评之"格式"。

十、《论六家之要指》之批评格式

前文言《淮南子·要略》主"救弊说",偏"效用";比较而言,司马谈《论六家之要指》以"务为治者"为六家学说殊途同归之所,似更偏重于"效用"。

《论六家之要指》又名《论六家要旨》,西汉司马谈撰,载于《史记·太史公自序》及《汉书·司马迁传》。在中国哲学批评史上,它是第一部以"学派"而非"诸子"为批评对象的论著,因而意义十分重大。它首次将先秦、汉初"诸子"划分成学术上的六个主要派别,即阴阳、儒、墨、名、法、道德是也。它评论各家特征,认为阴阳家之得在"序四时之大顺",其失在"大祥而众忌讳,使人拘而多所畏";认为儒家之得在"序君臣父子之礼,列夫妇长幼之别",其失在"博而寡要,劳而少功,是以其事难尽从";认为墨家之得在"强本节用",其失在"俭而难遵,是以其事不可遍循";认为法家之得在"正君臣上下之分",其失在"严而少恩";认为名家之得在"正名实",其失在"使人俭而善失真";认为道家之得在"使人精神专一,动合无形,赡足万物",其特点是"因阴阳之大顺,采儒墨之善,撮名法之要,与时迁移,应物变化,立俗施事,无所不宜,指约而易操,事

---

① 《淮南子·要略》,《诸子集成》本。

少而功多"①。其批评最崇道家,理由是"事少而功多";最抑儒家,理由是"劳而少功"。

可知"功"之多与少,乃是《论六家之要指》品评各家高下的最根本标准,"功"多者为上,"功"少者为中,无"功"者为下。它解释阴阳家之得,是得在有功用,曰"此天道之大经也,弗顺则无以为天下纲纪";又解释阴阳家之失,亦是失在无功用,曰"各有教令,顺之者昌,逆之者不死则亡,未必然也"。它解释儒家之得,是得在有功用,曰君臣父子之礼、夫妇长幼之别"虽百家弗能易也";又解释儒家之失,亦是失在无功用,曰"累世不能通其学,当年不能究其礼"。它解释墨家之得,是得在有功用,曰强本节用、人给家足之道"虽百家弗能废也";又解释墨家之失,是失在无功用,曰"举音不尽其哀"、"尊卑无别也"。它解释法家之得,是得在有功用,曰"尊主卑臣,明分职不得相逾越,虽百家弗能改也";又解释法家之失,是失在无功用,曰亲亲尊尊之恩绝"可以行一时之计,而不可长用也"。它解释名家之得,是得在有功用,曰"控名责实,参伍不失";又解释名家之失,是失在无功用,曰"使人不得反其意,专决于名而失人情"。它解释道家之得,是得在有功用,曰"其实易行",曰"能究万物之情",曰"能为万物主",曰"群臣并至,使各自明",曰"奸乃不生,贤不肖自分,白黑乃形",曰"在所欲用耳,何事不成"② 等等;它未论及道家之失,因为它认为道家不存在"无功用"之一端。

《论六家之要指》开篇即引《易传》"天下一致而百虑,同归而殊途"之言,说明以上六家殊途而同归的情形。同归何处?司马谈的回答是:"夫阴阳、儒、墨、名、法、道德,此务为治者也,直所从言之异路,有省不省耳。"③ 同归之所,在"务为治者",是为平治天下服务的;差别只在

---

① 《史记·太史公自序》,中华书局1959年版,第3288—3289页。
② 同上,第3290—3292页。
③ 同上,第3288—3289页。

功用之多与少、施功之难与易、得功之省与费。此处"省"字不可释为"传习省察"①,只可释为"捷"即"直捷"取得功用;能"直捷"取得功用就是"省",不能"直捷"取得功用就是"不省"。各家之言论、思路不同,其"省"与"不省"之程度亦就不同。此为著者在"效用优先"之批评"格式"下,对"省与不省"所作的新解释;此种解释不见于前人,因而尚待方家指正。著者认定《论六家之要指》所采取的批评格式是"效用优先型",甚至是"唯效用论"的,故认定只有这样的解释才是配套的,才是逻辑自圆的。释"省"为"省察",与"效用优先"之批评格式,扞格不入。

十一、《盐铁论·论儒》之批评格式

《盐铁论·论儒》记载的,是西汉昭帝时期(约公元前 81 年)御史大夫和贤良文学之间有关儒学的争论,争论的焦点是儒学究竟有没有效用。故其批评的格式,依然是"效用优先型"的。

御史大夫认为儒学的根本问题是"安国尊君,未始有效也",即不能对政治、社会产生"效用"。理由是:(一)"孔子修道鲁卫之间,教化洙泗之上,弟子不为变,当世不为治,鲁国之削滋甚";(二)"齐宣王褒儒尊学,孟轲、淳于髡之徒受上大夫之禄,不任职而论国事。盖齐稷下先生,千有余人,……弱燕攻齐,长驱至临淄,湣王遁逃,死于莒而不能救。王建禽于秦,与之俱虏而不能存"②。

贤良文学则认为儒学是可以产生"效用"的,只是没有发挥出来。理由是:(一)"无鞭策,虽造父不能调驷马,无世位,虽舜禹不能治万民";(二)"韬车良马,无以驰之,圣德仁义,无所施之。齐宣之时,不显

---

① 《史记·太史公自序》,第 3289 页之注[二]。
② 《盐铁论·论儒》,《诸子集成》本。

贤进士,国家富强,威行敌国;及滑王奋二世之余烈,南举楚淮,北并巨宋,苞十二国,西摧三晋,却强秦,五国宾从。邹鲁之君,泗上诸侯皆入臣,矜功不休,百姓不堪,诸儒谏不从,各分散,慎到、捷子亡去,田骈如薛,而孙卿适楚,内无良臣,故诸侯合谋而伐之。王建听流说,信反间,用后胜之计,不与诸侯从亲以亡国,为秦所禽,不亦宜乎?"[1] 不是因为用儒学而无"功效",而是因为未用儒学而无"功效"。

御史大夫对上述说法提出反对意见,认为(一)不存在"不从"、"不行"的问题,"伊尹以割烹事汤,百里以饭牛要穆公,始为苟合,信然与之。霸王如此,何言不从,何道不行?"(二)不存在用了儒学而产生"效用"的问题,"商君以王道说孝公,不用,即以强国之道,卒以就功。邹子以儒术干世主,不用,即以变化始终之论,卒以显名。"(三)存在着用儒学而未产生"功效"的大量事例,"孟轲守旧术,不知世务,故困于梁宋。孔子能方不能圆,故饥于黎丘。今晚世之儒,勤德时有乏匮,言以为非,困此不行。自周室以来,千有余岁,独有文武成康,如言必参一焉。取所不能及而称之,犹躄者能言远,不能行也;圣人异途同归,或行或止,其趣一也。"(四)存在着不用儒学而能产生"功效"的大量事例,"商君虽革法改教,志存于强国利民;邹子之作变化之术,亦归于仁义。祭仲自贬损以行权,时也,故小枉大直,君子好之。今硁硁然守一道,引尾生之意,即晋文之谲诸侯,以尊周室不足道,而管仲蒙耻辱以存亡,不足称也"[2]。总之,御史大夫的根本主张是"马效千里,不必胡代;士贵成功,不必文辞"[3],"成功"才是衡量一种理论好坏善恶的根本标准。

贤良文学对上述说法的回答是:(一)所举"成功"之例乃是"苟合而以成霸王",儒者不能这样做,"伊尹之干汤,知圣主也;百里之归秦,知

---

[1]《盐铁论·论儒》,《诸子集成》本。
[2] 同上。
[3] 同上。

明君也。二君之能知霸王,其册素形,于已非暗,而以冥冥决事也。孔子曰名不正则言不顺,言不顺则事不成,如何其苟合而以成霸王也。"(二)所举"成功"之例乃是"枉道以求容",儒者不能这样做,"君子执德秉义而行,故造次必于是,颠沛必于是。孟子曰居今之朝,不易其俗,而成千乘之势,不能一朝居也。宁穷饥居于陋巷,安能变已而从俗化?阖庐杀僚,公子札去而之延陵,终身不入吴国;鲁公杀子赤,叔肸退而隐处,不食其禄,亏义得尊,枉道取容,效死不为也。闻正道不行,释事而退;未闻枉道以求容也。"①

御史大夫提出反驳,认为在儒家内部也存在着大量的"苟合而以成霸王"及"枉道以求容"的行为。他们举例说:"季氏为无道,逐其君,夺其政,而冉求、仲由臣焉。礼,男女不授,不交爵,孔子适卫,因嬖臣弥子瑕以见卫夫人,子路不说。子瑕,佞臣也,夫子因之,非正也;男女不交,孔子见南子,非礼也。礼义由孔氏,且贬道以求容,恶在其释事而退也?"②

贤良文学于是又提出辩解,认为那是儒者的不得已之举:"天下不平,庶国不宁,明王之忧也;上无天子,下无方伯,天下烦乱,贤圣之忧也。是以尧忧洪水,伊尹忧民,管仲束缚,孔子周流,忧百姓之祸而欲安其危也。是以负鼎俎囚拘匍匐以救之。故追亡者趋,拯溺者濡。今民陷沟壑,虽欲无濡,岂得已哉?"③

除《论儒》篇外,《盐铁论》又有《论邹》一篇,记载御史大夫和贤良文学之间有关邹衍的不同批评。贤良文学在批评邹衍"误惑六国之君以纳其说"的同时,提出了"无补于用者,君子不为;无益于治者,君子不

---

① 《盐铁论·论儒》,《诸子集成》本。
② 同上。
③ 同上。

由"①之重要命题,进一步强化了《盐铁论》哲学批评的"效用优先"格式。

《论儒》、《论邹》之外,《盐铁论》又有《申韩》、《非鞅》、《大论》等篇,均是中国哲学批评史的重要材料。

十二、《扬子法言·五百》之批评格式

《扬子法言》,西汉哲学家扬雄(公元前53—公元18年)仿《论语》体例而作,简称《法言》,十三卷。成书于汉哀帝元寿元年(公元前2年)。全书的主旨,在捍卫、弘扬儒家学说。其捍卫、弘扬的方式是改造,是赋予传统儒学以新的生命。

《扬子法言·五百》站在儒家立场,总结先秦百家理论,认为诸子均有偏颇处,唯仲尼之道"关百圣而不惭,蔽天地而不耻",具有强大生命力。该篇可以说是中国哲学批评史的重要一环。

《扬子法言·五百》开篇即对儒家提出的"五百岁而圣人出"之观点(孟子、史迁均有此言)提出自己的看法,认为尧、舜、禹是并立的三君臣,文、武、周公是并处的三父子,其间并未间隔五百岁;而汤、孔子又数百岁而生。可知"因往以推来,虽千一不可知也"②。故它对"五百岁而圣人出"一问题的回答是"不可知"。对于"圣人有诎乎"一问题的回答是"有",并谓"仲尼于南子,所不欲见也;阳虎,所不欲敬也。见所不见,敬所不敬,不诎如何"③。有人问:"卫灵公问陈,则何以不诎?"《扬子法言·五百》回答说:"诎身,将以信道也。如诎道而信身,虽天下不为也。圣人重其道而轻其禄,众人重其禄而轻其道。圣人曰于道行与,众人曰

---

① 《盐铁论·论邹》,《诸子集成》本。
② 《扬子法言·五百》,《诸子集成》本。
③ 同上。

于禄殖与。昔者齐鲁有大臣,史失其名,曰何如其大也。"①请注意《扬子法言·五百》在这里的批评"格式":它说"不可知",而未说"不可用";它主张重"道行",而不主张重"禄殖"。它显然并非以有无"效用"为批评诸说的唯一标准。

关于"用"与"不用"的问题,《扬子法言·五百》曾记载如下的讨论。有人问:"叔孙通欲制君臣之仪,征先生于齐鲁,所不能致者二人,曰若是,则仲尼之开迹诸侯也,非邪?"《扬子法言·五百》回答说:"仲尼开迹,将以自用也,如委己而从人,虽有规矩准绳,焉得而用之?"② 仲尼开迹是为了"自用",而不是为了"他用",不是为了他人曲己而从之。换言之,《扬子法言·五百》以为"效用"不是仲尼开迹的最初出发点。有人问:"孔子之时,诸侯有知其圣者与?"《扬子法言·五百》回答说:"知之。"问:"知之,则曷为不用?"《扬子法言·五百》回答说:"不能。"问:"知圣而不能用也,可得闻乎?"《扬子法言·五百》回答说:"用之,则宜从之,从之,则弃其所习,逆其所顺,强其所劣,捐其所能,冲冲如也,非天下之至,孰能用之?"③ 孔子之"圣"是有"用"的,但却不能"用"或无有能"用"之者,可知"用"并非孔子之"圣"的唯一规定性。有人问:"孔子知其道之不用也,则载而恶乎之?"《扬子法言·五百》回答说:"之后世君子。"问:"贾如是,不亦钝乎?"答:"众人愈利而后钝,圣人愈钝而后利。关百圣而不慙,蔽天地而不耻。能言之类,莫能加也,贵无敌,富无伦,利孰大焉?"④

孔子之道不见"用"于当时,并不损害其道之价值,可知以见"用"与否而批评孔子之道,《扬子法言·五百》以为是不恰当的。它以为理论上

---

① 《扬子法言·五百》,《诸子集成》本。
② 同上。
③ 同上。
④ 同上。

的自圆自足("莫能加也")乃是孔子之道最大的"利",即使不"利"于当时,也完全可以"利"于"后世君子"。于是孔子完全不会因为"知其道之不用"而放弃其道,因为"用"与"不用"丝毫无损于"道"之意义与价值。照这样的思路推演下去,《扬子法言·五百》对于儒家的批评格式,就不可能是"效用优先"的。它是不是采用了"学理优先"的格式,尚待考察;但它肯定没有以"效用优先"的格式为唯一格式,甚至主要格式。

对其他诸家,《扬子法言·五百》的总的批评是:"庄杨荡而不法,墨晏俭而废礼,申韩险而无化,邹衍迂而不信。圣人之材,天地也,次山陵川泉也,次鸟兽草木也。"[①] 因文字太简略,故很难判定其确切的批评格式。

《五百》篇之外,《扬子法言》还有"寡见"等篇,也跟哲学批评有关。《寡见》篇提出"多闻见而识乎正道"[②]之命题,视"多闻见而识乎正道"为"至识",即最高智慧;视"多闻见而识乎邪道"为"迷识",即最低智慧。认为不知道者无远见,认为知识有预见未来及防患未然之功能,强调知识之重要性。故它在中国哲学批评史上,具有强化"学理优先"之批评格式的重要价值。

十三、《汉书·艺文志·诸子略》之批评格式

《汉书·艺文志·诸子略》亦是中国哲学批评史上的一家言。其主要观点是"诸子之学出于王官"说,这是诸子起源问题上的两大学说之一。《汉书·艺文志·诸子略》是研究儒、道、阴阳、法、名、墨、纵横、杂、农、小说十家学说之性质、要旨、起源、分化、著述及其与经学、政治之关系的

---

① 《扬子法言·五百》,《诸子集成》本。
② 《扬子法言·寡见》,《诸子集成》本。

重要著述,在中国哲学批评史上占有特殊地位。

前文已言,在《淮南子·要略》之"救弊说"与《诸子略》之"王官说"之间,"救弊说"偏重于"效用",而"王官说"则偏重于"学理"。此一说法只是在一定限度内是对的;以更广大的视野去看,"王官说"其实也是偏于"效用"的,尽管其"学理"的成分要比"救弊说"更多一点。

《诸子略》论儒,认为就产生而言,"儒家者流,盖出于司徒之官,助人君顺阴阳明教化者也"①,显然是出于"效用"。是为了"助人君顺阴阳明教化",才有儒家的出现。但这并不是说儒家就没有"学理"上的价值,《诸子略》"游文于六经之中,留意于仁义之际,祖述尧舜,宪章文武,崇师仲尼,以重其言,于道最为高"② 一段话,就是讲其"学理"上的价值的。此处既讲"效用",又讲"学理",我们要判定《诸子略》的批评格式是"效用优先"还是"学理优先",就要看《诸子略》是以"效用"证"学理"(有用才有理),还是以"学理"证"效用"(有理方有用)。《诸子略》引孔子"如有所誉,其有所试"之言,"言于人有所称誉者,辄试以事,取其实效也"(颜师古注语),说明《诸子略》是以"效用"证"学理",因而其批评格式显然是"效用优先"的。它以往事证儒学"效用"之有,说:"唐虞之隆,殷周之盛,仲尼之业,已试之,效者也。"③ 它又以当时之事证儒学"效用"之无,说:"惑者既失精微,而辟者又随时抑扬,违离道本,苟以诪众取宠,后进循之,是以五经乖析,儒学寖衰,此辟儒之患。"④

《诸子略》论道,认为道家的产生也是出于"效用"上的需要,"道家者流,盖出于史官,历记成败存亡祸福古今之道,然后知秉要执本,清虚

---

① 《汉书·艺文志·诸子略》,中华书局1962年版,第1728页。
② 同上。
③ 同上。
④ 同上。

以自守,卑弱以自持,此君人南面之术也。"① "君人南面之术",无疑就是政治上的"效用"。《诸子略》对道家的总体批评,是认为道家长于"学理"而短于"效用"。其"合于尧之克攘,易之嗛嗛,一谦而四益,此其所长也"② 之言,是论其长于"学理"的一面;其"及放者为之,则欲绝去礼学,兼弃仁义,曰独任清虚可以为治"③ 之言,则是论其短于"效用"的一面。这里的批评格式,还是"效用"重于"学理"。

《诸子略》论阴阳,认为阴阳家的产生,"盖出于羲和之官",认为它的长处在"敬顺昊天,历象日月星辰,敬授民时",认为它可能出现的短处是"牵于禁忌,泥于小数,舍人事而任鬼神"④。"舍人事而任鬼神",是指"效用"方面,可知《诸子略》对阴阳家的批评,是在肯定其"学理"的同时,认为其"效用"不足。

《诸子略》论法,认为法家的产生,"盖出于理官"。认为其长处,在"信赏必罚,以辅礼制";其可能产生的短处,在"无教化,去仁爱,专任刑法而欲以致治,至于残害至亲,伤恩薄厚"⑤。此处短处是偏于"效用"方面,长处也是偏于"效用"方面,可知《诸子略》对法家的批评,重在"效用"。

《诸子略》论名,认为名家的产生,"盖出于礼官"。认为其长处是正名、顺言、成事,根据名位的不同调整礼数;认为其可能产生的短处,是"苟钩析乱而已"⑥,即导致社会上下错位、四分五裂。此处对名家的批评,亦是重在"效用"。

《诸子略》论墨,认为墨家的产生,"盖出于清庙之守"。认为其长

---

① 《汉书·艺文志·诸子略》,第1732页。
② 同上。
③ 同上。
④ 同上,第1734—1735页。
⑤ 同上,第1736页。
⑥ 同上,第1737页。

处,在"贵俭"、"兼爱"、"上贤"、"右鬼"、"非命"、"上同"等方面;而其可能产生的短处,则在"见俭之利,因以非礼,推兼爱之意,而不知别亲疏"①。推"俭"而至于"非礼",推"兼爱"而至于"不知别亲疏",就是推"学理"至极端而使"学理"失去"效用"。可知此处的批评是肯定墨家之"学理",同时担心其失去"效用"。

《诸子略》论纵横,认为纵横家之产生,"盖出于行人之官"。认为其长处在"权事制宜,受命而不受辞",即以完成使命为上,不必受概念的约束;认为其可能产生的短处,是"上诈谖而弃其信"②。其引孔子"诵诗三百,使于四方不能专对,虽多亦奚以为"之言,以明"人不达于事,诵诗虽多,亦无所用"(颜师古注语)之理,讲"效用"重于"学理"。可知《诸子略》批评纵横家之格式,完全是"效用优先"的。

《诸子略》论杂,认为杂家的产生,"盖出于议官"。认为其长处在"兼儒墨,合名法,知国体之有此,见王治之无不贯",认为其可能产生的短处是"漫羡而无所归心"③。此处之批评格式,兼有"效用"与"学理"。

《诸子略》论农,认为农家之产生,"盖出于农稷之官"。认为其长处在"播百谷,劝耕桑,以足衣食","食"、"货"是其重心;认为其可能产生的短处是"以为无所事圣王,欲使君臣并耕,悖上下之序"④。此处对农家之批评,完全立于"效用"立场。

《诸子略》论小说,认为小说家之产生,"盖出于稗官"。认为王者立稗官,以知街谈巷语,道听途说,闾巷风俗,完全是出于"效用"的目的。它引孔子"虽小道,必有可观者焉,致远恐泥,是以君子弗为也"之言,说明君子虽"弗为"小道之言,但亦"弗灭"小道之言,可知"闾里小知"亦不

---

① 《汉书·艺文志·诸子略》,第 1738 页。
② 同上,第 1740 页。
③ 同上,第 1742 页。
④ 同上,第 1743 页。

是完全无价值,其间或有"一言可采"①。《诸子略》对小说家的批评,格式不明确。

合并以上十家,《诸子略》得出四点结论:第一,诸子之学皆起源于当时的社会需要。其言曰:"诸子十家,其可观者九家而已。皆起于王道既微,诸侯力政,时君世主,好恶殊方,是以九家之说(术)蜂出并作,各引一端,崇其所善,以此驰说,取合诸侯。"② 第二,诸子之学在学术渊源上都跟"六经"有关。其言曰:"其言虽殊,辟犹水火,相灭亦相生也。仁之与义,敬之与和,相反而皆相成也。……今异家者各推所长,穷知究虑,以明其指,虽有蔽短,合其要归,亦《六经》之支与流裔。"③ 第三,诸子之学皆有潜在的治国平天下之"效用"。其言曰:"使其人遭明王圣主,得其所折中,皆股肱之材已。"④ 第四,诸子之学可以取长补短,共同构成一更广大的学说。其言曰:"仲尼有言:礼失而求诸野。方今去圣久远,道术缺废,无所更索,彼九家者,不犹瘉于野乎?若能修六艺之术,而观比九家之言,舍短取长,则可以通万方之略矣。"⑤

就批评格式而言,著者以为第一、三两项偏重于"效用",第二、四两项偏重于"学理"。这是就总体批评而言。可知《诸子略》批评各家学说之格式,在分论部分是以"效用优先"为主,而在总论部分则是以"效用与学理并重"为主。

关于《诸子略》之学术地位,贺圣迪先生曾言:"……不仅是图书目录学的开端,而且也是诸子学与思想史学形成的标志,经后代学者的努

---

① 《汉书·艺文志·诸子略》,第1745页。
② 同上,第1746页。
③ 同上。
④ 同上。
⑤ 同上。

力,终于发展成为中国思想史与中国哲学史学科。"[①] 此种说法有相当道理。但同样我们也可以说,从《诸子略》完全可以发展出"中国哲学批评史"这一学科。

十四、"效用优先"格式之使用限度

"效用优先"格式在一定的限度里,是有效的;但若超出一定的限度,就会失效。所谓失效,就是把哲学批评变成完全没有标准的东西,批评者可以为所欲为。"效用优先"格式是最容易滑向为所欲为的。

"效用优先"格式奠基于先秦时期,经秦、汉的发扬,至两汉之际而臻极境,走入末路了。经学的产生,是这一格式走向鼎盛及衰落的关键。经学就是对于经典的批评,西汉武帝"罢黜百家,独尊儒术"后,立五经博士,实际就是确立批评五经的官方标准。西汉董仲舒以阴阳五行说重释《春秋公羊传》,开创今文经学,以孔子为始祖,以"效用"为目标。之所以要以孔子为始祖,就因为孔子是以删定"六经"作托古改制之手段,从而立万世不易之法的。换言之,就因为孔子之批评格式完全是"唯效用论"的。之所以谓其以"效用"为目标,就因为其阐发经文之"微言"、"大义",完全是出于现实政治的需要,完全是为了论证"大一统"政治格局的合理性,为其背书,而非出于"学理"的探讨。

西汉末,以古文字写成的经书被陆续"发现",于是刘歆请立学官,与太常博士们争经学正宗,开古文经学与今文经学争论之先河。至王莽建新朝,采纳刘歆建议,立古文经学博士,而与今文经学分庭抗礼。今文经学盛行于西汉,古文经学盛行于东汉;今文经学重"微言"、"大

[①] 周谷城、潘富恩主编:《中国学术名著提要·哲学卷》,复旦大学出版社1992年版,第186页。

义",古文经学重名物训诂;今文经学重师承家法,古文经学重经籍记载;今文经学之流弊为诞妄,古文经学之流弊为烦琐。表面看去,今文经学与古文经学似乎迥然不同,甚至势同水火;实际上,从它们批评经典的格式去考察,它们使用的格式是相同的,都是"效用优先"或"唯效用论"的。

先秦思想家创立的"效用优先"格式,被两汉经学完全接纳进来,并发挥至极境。此种做法,顾颉刚先生称为"通经致用"[①]:"通经"是为了"致用","通经"而不"致用",否矣;"致用"而不"通经",亦否矣。顾先生在其名著《汉代学术史略》中,曾谈到刘歆在经典批评上的"为所欲为",说他"不是客观的整理古书,而是主观的改编古书,使得许多材料真伪混杂,新旧错乱,他随意一动笔,害我们费了不知多少工夫才得纠正",并说"他的作伪的痕迹是很显然的"[②]。不要以为古文经学就是客观的。今文经学讲"微言"、"大义"不客观,古文经学讲名物训诂同样不客观。这都是因为要迁就"通经致用"的目标:能达"通经致用"之目标的,就可以说它真;不能达"通经致用"之目标的,就可以说它假。真假应视"效用"而定。

先秦经典直接拿到今天,是完全无用的,因为《诗经》里的诗不能唱了,《易经》里的占卜不管用了,《礼经》、《礼记》中琐碎礼节失效了,《春秋》的善恶褒贬过时了,《尚书》中的"上帝"和"祖先"早死了。这些经典已完全无用于今天的现实。顾颉刚先生认为,不独于今天,就是于汉代的现实,也已经完全无用。经学的使命就是通过经学家们对经典的批评,将经典变得有用,变得能够对汉代当时的政治、社会现实产生影响。而把本已无用的经典变得有用的办法很多,其中关键的一条,就是采用

---

① 顾颉刚:《汉代学术史略》,亚细亚书局1935年版,第106页。
② 同上,第103页。

"效用优先"甚至"唯效用论"的批评格式,让经典完全彻底地为批评者服务,而非让批评者为经典服务。至于汉代经学家的办法,顾颉刚先生列举了三例:以《春秋》决狱、以《禹贡》治河、以《三百篇》即《诗经》当谏书。以《春秋》决狱,就是直接拿《春秋》中的原话作为判案的依据,如此则《春秋》便立即变得有用了;以《禹贡》治河,就是直接拿《禹贡》之记载作治水的根据,如此则《禹贡》便立即变得有用了;以《诗经》当谏书,就是用道德观点把全部《诗经》拉到一种训诫目标下,让书中的每句话都成为他们谏书的材料。总之经学的所谓"学问"的基础,顾先生认为"不建筑在求真上"[①]。

西汉末年,经学家刘歆和政治家王莽联手,对此前的中国文化进行了全面大整理,整理的目标是让这个新的文化系统合乎现实政治的需要。具体办法是重排邹衍的五德终始表。一方面把邹衍所说的代系延长,邹衍创五德终始说时只从黄帝说起,黄帝之后是夏,夏之后是商,商之后是周,尧、舜等不单独成代;刘歆、王莽等则在黄帝之前加上神农,神农之前加上伏羲,于是五德终始的代系就延长了。董仲舒本已有三王、五帝、九皇之说,从当时往上数到第九代,最近三代称"王",稍远五代称"帝",最远一代称"皇",时代愈远,称号愈尊。刘歆、王莽等大致沿袭了这些说法。另一方面,邹衍原用的主要是五行相胜说,而刘歆、王莽等则改用五行相生说。他们就根据延长的代系和五行相生说这两种工具,重建新的文化系统。他们以为帝王应从木德开始(因《易经》中有"帝出乎震"之言,震为东方之卦,东方属木),最古的帝王是伏羲,故伏羲应属木德;木生火,火生土,伏羲之后的神农属火德,神农之后的黄帝属土德;神农种田,应属土,长出的庄稼应属木,不能算火德,他们于是让炎帝与神农合一,称"炎帝神农氏",神农于是就可以属火了。他们已

---

① 顾颉刚:《汉代学术史略》,第118页。

定汉高帝之祖先为尧,尧属火德,根据木生火之原理,尧之上一代帝喾自应属木德,又据水生木之原理,帝喾之上一代颛顼自应属水德。颛顼之上就是黄帝,黄帝之土德不能更改,则黄帝以其土生不出颛顼之水,颛顼以其水亦无以上承黄帝之土。其间缺一个"金",土生金,金生水,才是通顺的。于是刘歆、王莽等就在黄帝与颛顼之间,插进一个少皞,赋其名为"金天氏",赋予其金德,于是由黄帝而少皞,由少皞而颛顼,古史系统换成另一个样子。这样改窜的地方还有很多。如秦为水德,乃是秦始皇依邹衍五德终始说明白宣布了的,而依刘歆、玉莽等新的五德终始表,汉之火德直接上承周之木德,秦的地位被取消了。他们对此解释说:秦以水介于周、汉之木火间,失其五行次序,故享国不永,只能视为"闰统"。在邹衍相胜式五德终始表中本是"正统"的秦,在他们相生式五德终始表中成了"闰统"。

刘歆、王莽等为何要这样"为所欲为"地改窜中国上古史及上古文化系统?目的当然只有一个,就是证明自己之政治地位的合法性。王莽为帝的政治现实是一个中心,一切都得围绕这个中心而改换其面目;一切都得迁就,一切都可以改变,唯独这个中心是绝对不能改变的。于是以王莽为中心的新的古史系统和新的古文化史系统,就出笼了。王莽当上皇帝,下诏封姚恂为初睦侯,奉黄帝后;封梁护为修远伯,奉少皞后;封皇孙功隆公王千,奉帝喾后;封刘歆(非国师刘歆)为祁烈伯,奉颛顼后;封刘叠为伊休侯,奉尧后;封妫昌为如睦侯,奉舜后。又封夏后姒丰为章功侯,殷后孔弘为章昭侯,位为"恪";封周后姬党为章平公,与已封之汉后定安公刘婴一起,位为"宾"。[①] 于是新造古史系统与文化系统,就跟现实政治发生了密切关系。本为证明现实而臆想的东西,反成为现实的依据。

---

① 以上参考顾颉刚:《汉代学术史略》,第141—151页。

王莽在政治上的失败,并没有使这个杜撰的古史系统和文化系统消失,相反这个系统在王莽之后"已立于不败之地","把人们欺骗了近二千年"①。直到康有为作《新学伪经考》,指出黄帝、颛顼间本没有少皞一代,崔适作《史记探源》,指出王莽所以这样排列,只是为了证明新之禅汉位正如舜之禅尧位;直到此时,"这一个黑幕方得揭开"②。而帮助王莽摆下这迷魂阵的,康有为、崔适、顾颉刚等先生都以为,就是经学家刘歆。

从中国哲学批评史的角度说,刘歆"造伪书伪史",是把"效用优先"之批评格式推向极端的最早理论家;王莽"杜撰"古史系统与古文化系统,是把"效用优先"之批评格式推向极端的最早政治家。若是分开运作,有理论家与政治家相互监督,"造伪"与"杜撰"还容易识破;若两者联手,有理论家与政治家相互庇护,则"造伪"与"杜撰"就极有可能变成"真理",对"学理"与"效用"均产生深远影响。奠基于先秦的"效用优先"格式,是在刘歆、王莽等人的手中登峰造极,并走向末路的。以后的中国文化,若没有新的刺激,就只能等死;以后的中国哲学批评,若没有新的格式参与进来,也只能等死。这是"效用优先"格式可能产生的最严重后果。

十五、《白虎通义》之批评格式

若谓刘歆是将"效用优先"格式推入绝境的首位理论家、王莽是将"效用优先"格式推入绝境的首位政治家,则《白虎通义》便是将此格式推入绝境的首部代表性著述。

---

① 顾颉刚:《汉代学术史略》,第150页。
② 同上。

《白虎通义》本身就是一部考订五经异同、以正经义、确立经义之官方标准的批评性著述。批评则有批评之格式,在各种不同的经义间("经义"就是对经典的解释),《白虎通义》如何品评高下、判分真伪呢?一般的品评可以有三种方式,一是从"学理"上进行,二是从"学理"与"效用"的结合上进行,三是从"效用"上进行。《白虎通义》采取的完全是第三种方式,它所谓成为"通义"(不是代表某一家之看法,而是统一的、可以通行天下的)的那些"经义",肯定是当时对朝廷最有用的"经义";对现实政治无用的那些"经义",肯定是不可能让其成为"通义"的。

　　判决的方式决定了"学理"格式的无效:统一经义的事是汉章帝下诏召集会议才开始的;与会者都是"吃皇粮"的有关官吏和学者(御用学者);会议期间应讨论的问题的提出者是皇帝(由魏应负责传达);各家的看法、讨论的情况及最后的结论需上奏章帝(由淳于恭上奏);议而不能决的问题,则由章帝作出最后决断。此即"使五官中郎将魏应承制问,侍中淳于恭奏,帝称制临决"[1]。当时之奏章及皇帝之批答被编辑成一书,名曰《白虎议奏》,系原始资料汇编;班固以此为依据,将所产生之统一看法、皇帝之决断等撰成一书,即所谓《白虎通义》。这样出来的"通义",以这样的方式产生的"通义",可以是"学理"的,但"学理优先"的可能性很小,甚至根本就不可能。古今中外无数的事实,已经不止一次地证明了这一点。

　　《白虎通义·五经》是对《周易》、《尚书》、《诗经》、《礼记》、《春秋》五部儒家经典的批评,同时亦涉及《孝经》、《论语》等相关著述。共七部分,主题分别为"孔子定五经"、"论《孝经》、《论语》"、"论文王演易"、"论伏羲作八卦"、"论五经象五常"、"论五经之教"、"论书契所始"。其批评格式如何呢?著者以为基本上是"唯效用论"的。

---

[1] 陈立:《白虎通疏证》之"出版说明",中华书局1994年版。

第一部分"孔子定五经"实际回答两个问题,一是"孔子所以定五经者何",二是"孔子未定五经如何",前者回答孔子定五经之原因何在,后者描绘孔子未定五经之后果如何。所谓的原因是:"孔子居周之末世,王道陵迟,礼乐废坏,强陵弱,众暴寡,天子不敢诛,方伯不敢伐,闵道德之不行,故周流应聘,冀行其道德。"① 此种出发点,完全不含"学理"的成分。"自卫反鲁,自知不用,故追定五经,以行其道。"② 孔子自卫国返回鲁国后,自知不可能见用于当时,才退而从事著述的;且从事著述的目的依然不是为了"学术",而是为了"行其道",是为了"效用"。至于"后果",《白虎通义》是这样描述的:"周衰道失,纲散纪乱,五教废坏,故五常之经咸失其所,象易失理,则阴阳万物失其性而乖。"③ 用现在的话来讲,就是"乱了套"。孔子不定五经,社会就会"乱套",这就是后果,"效用"方面的后果。

第二部分"论《孝经》、《论语》"实际也是回答两个问题,一是孔子为何作《孝经》,二是孔子之弟子为何记《论语》。第一个问题的答案是:"欲专制正。"④ 即"崇人伦之行",纠正行为方面的偏差。第二个问题的答案是:"见夫子遭事异变,出之号令足法。"⑤ 即充分展示孔子一生救世而不得的真相,以为后人借鉴。两个问题的回答,都是基于"效用"的立场。

第三部分"论文王演易"要回答周文王为何要演易这个问题,《白虎通义》的答案是:"商王受不率仁义之道,失为人法矣。己之调和阴阳尚未,故演易,使我得卒至于太平日月之光明,则如易矣。"⑥ 为着一个十

---

① 陈立:《白虎通疏证》之"五经",中华书局1994年版,第444—445页。
② 同上,第445页。
③ 同上,第445页。
④ 同上,第446页。
⑤ 同上,第446页。
⑥ 同上,第446页。

分具体的实用目的而演易,为着纠正商王受之偏失而演易,这就是《白虎通义》给周文王演易事业的定位。这个定位是否准确,只有天知道。但其"唯效用"之立场,却是昭然若揭。

第四部分"论伏羲作八卦"是回答伏羲为何要作八卦这个问题,《白虎通义》的答案是:"伏羲始王天下,未有前圣法度,故仰则观象于天,俯则观法于地,观鸟兽之文,舆地之宜,近取诸身,远取诸物,于是始作八卦,以通神明之德,以象万物之情也。"① "未有前圣法度",需要从零开始创造"法度",这就是伏羲作八卦的根本目的。这个目的含不含有"学理"的成分呢? 从"以通神明之德,以象万物之情"这两句话看,似也含有"学理"的成分,至少是"效用"与"学理"并重,前句重"效用",后句重"学理"。这与《白虎通义》"唯效用论"的批评格式,似略有出入。

第五部分"论五经象五常"又完全回到"效用"的立场。此部分回答经为何有五这个问题说:"经,常也,有五常之道,故曰五经。"② 先有五常之道,然后才有五经,五经是应五常之道而生的。什么是五常之道呢? 就是仁、义、礼、智、信。因应仁之道而有《乐》,因应义之道而有《书》,因应礼之道而有《礼》,因应智之道而有《易》,因应信之道而有《诗》。此处五经之名与前几部分有出入,但却完全是用"唯效用论"的格式,解释五经之起源。它解释圣人创制五经的动机说:"人情有五性,怀五常不能自成,是以圣人象天五常之道而明之,以教人成其德也。"③ "教人成其德"是很少含有"学理"的成分的。

第六部分"论五经之教"更是完全从"效用"的角度解读五经。此部分引《礼记·经解》中的话以明五经之效用,说:"温柔宽厚,《诗》教也;疏通知远,《书》教也;广博易良,《乐》教也;洁静精微,《易》教也;恭俭庄

---

① 陈立:《白虎通疏证》之"五经",第447页。
② 同上。
③ 同上。

敬,《礼》教也;属词比事,《春秋》教也。"① 五教就是五种效用,"五经之教"就是五种经典所可能带来的五种效用,五种政治的、经济的、社会的、道德的等等好的效果。

第七部分"论书契所始"论及全部典籍的起源与作用。《白虎通义》引《周易》中的话说:"上古结绳而治,后世圣人易之以书契,百官以理,万民以察。"② 图书的起源是为了"治",其作用亦在"治"。上古"治"之方式是结绳,后世圣人"治"之方式换成了"书契";总之"书契"不过是后世圣人治理天下的一种工具。同时也是"百官"和"万民"治理相关领域的一种工具,百官以之"理",万民以之"察"。这是《白虎通义》"唯效用论"的图书观。

"五经"之外,《白虎通义》又有"五行"一篇,以"唯效用论"之格式批评此前的"五行说"。亦为七部分,分别为"总论五行"、"论五行之性"、"论五味五臭五方"、"论阴阳盛衰"、"论十二律"、"论五行更王相生相胜变化之义"、"论人事取法五行"。第一部分论"水",认为"水之为言准也,养物平均,有准则也"③;论"木",认为"木之为言触也,阳气动跃触地而出也"④;论"金",认为"金之为言禁也"⑤;论"土",认为"土主吐含万物,土之为言吐也"⑥。"之为"就是"之效用",《白虎通义》认为五行之为五行,就在于它们对于人类各有其"效用",水之效用为"准",木之效用为"触",火之效用为"化",金之效用为"禁",土之效用为"吐"。这是《白虎通义》对五行的总体认识。

---

① 陈立:《白虎通疏证》之"五经",第 448 页。
② 同上,第 449 页。
③ 同上,第 167 页。
④ 同上。
⑤ 同上,第 168 页。
⑥ 同上。

第七部分把"五行"和"人事"打通,回答"天子所以内明而外昧,人所以外明而内昧何"等问题,认为"子不肯禅"是效法于"四时火不兴土而兴金","父死子继"是效法于"木终火王","兄死弟及"是效法于"夏之承春","善善及子孙"是效法于"春生待夏复长","恶恶止其身"是效法于"秋煞不待冬","主幼臣摄政"是效法于"土用事于季、孟之闲","子复仇"是效法于"土胜水,水胜火","子顺父,妻顺夫,臣顺君"是效法于"地顺天","男不离父母"是效法于"火不离木","女离父母"是效法于"水流去金","娶妻亲迎"是效法于"日入,阳下阴","君让臣"是效法于"月三十日,名其功","善称君,过称己"是效法于"阴阳共叙共生,阳名生,阴名煞","臣有功,归功于君"是效法于"归明于日","臣谏君"是效法于"金正木","子谏父"是效法于"火揉直木","臣谏君不从则去"是效法于"水润下达于土","君子远子近孙"是效法于"木远火近土","亲属臣谏不相去"是效法于"木枝叶不相离","父为子隐"是效法于"木之藏火","子为父隐"是效法于"水逃金","君有众民"是效法于"天有众星","王者赐,先亲近后疏远"是效法于"天雨高者先得之","长幼"是效法于"四时有孟、仲、季","朋友"是效法于"水合流相承","父母生子养长子"是效法于"水生木长大","子养父母"是效法于"夏养长木,此火养母","不以父命废王父命"是效法于"金不畏土而畏火","阳舒阴急"是效法于"日行迟,月行疾","有分土,无分民"是效法于"四时各有分,而所生者道","君一娶九女"是效法于"九州,象天之施","不娶同姓"是效法于"五行异类乃相生","子丧父母"是效法于"木不见水则憔悴","丧三年"是效法于"三年一闰,天道终","父丧子,夫丧妻"是效法于"一岁物有终始,天气亦为之变","年六十闭房"是效法于"六月阳气衰","人有五藏六府"是效法于"五行六合","人目"是效法于"日月明,日照昼,月照夜","人目所不更照"是效法于"日亦更用事","王者监二王之后"是效法于"木须金以正,须水以润","明王先赏后罚"是效法于"四时先生后煞"①。总之，人世间的所有行为规范，都是效法"五行"而生的。在这里，"五行说"彻底成为维护人间规范的工具，完全失去其"学理"上的意义与价值。这是表现《白虎通义》之"唯效用论"批评格式的较典型的一章。

"五经"、"五行"篇之外，《白虎通义》还有"三教"一篇，回答"王者设三教者何"等问题。答案是："承衰救弊，欲民反正道也。"② 王者创设三教，完全是为了"有用"；"夏人之王教以忠，其失野，救野之失莫如敬；殷人之王教以敬，其失鬼，救鬼之失莫如文；周人之王教以文，其失薄，救薄之失莫如忠。"③ 设"忠教"是为了救"文教"之失，设"敬教"是为了救"忠教"之失，设"文教"是为了救"敬教"之失，总之都是为了很具体的实用目的。该篇又有"教者，所以追补败政，靡弊涸浊，谓之治也"④ 之言，认定理论的目的全在于应用。该篇更有"教者，效也，上为之，下效之，民有质朴，不教而成"⑤ 等言，明确地把理论等同于效用、效果、效法。"学理"在这里，被明确地简称为"效用"，"教"被规定为"效"！

任继愈先生在其主编的《中国哲学史》中，曾指出一个事实，就是白虎观讨论会在章帝主持下，曾大量引用纬书作为论断的依据。如论"诸侯袭爵"，曾引《尚书中候》；论"三纲六纪"，曾引《礼含文嘉》；论"闰月"，曾引《谶曰》；等等。任先生以为这是在"隆重的一次御前学术会议中，把纬书提到合法的地位，利用政治力量，法定程序来肯定纬书法典化，纬书被抬高到和经学具有同等的神圣崇高的地位"⑥。

将纬书合法化、神圣化，实际就是将"为所欲为"的批评格式合法

---

① 陈立:《白虎通疏证》之"五经"，第194—198页。
② 同上，第369页。
③ 同上。
④ 同上，第370页。
⑤ 同上，第371页。
⑥ 任继愈:《中国哲学史》第二册，人民出版社1979年版，第99页。

化、神圣化,因为纬书作为对经典(《诗》、《书》、《礼》、《乐》、《易》、《春秋》等)的解释,其所采取的格式就是"为所欲为"的。"经"是天经地义,不得增一字,不得减一字;"纬"是对"经"的解释,"经"中不能"乱来"的一切,在"纬"中可以"乱来"。故任继愈先生称纬书之出现是"为了取得篡改经典的权力"[①]。

"为所欲为"的批评格式,是"效用优先"格式走入末路的表现。纬书"为所欲为",恰恰表明中国原创的"效用优先"格式,已经走向末路。《白虎通义》以完全彻底的"唯效用论"之格式,品评"经义"之高下,判分"经义"之真伪,登其峰而造其极,因而其在中国哲学批评史上之地位,可以二分:它是"效用优先"格式之终点,同时又是"学理优先"格式之起点。戴洪才先生评《白虎通义》为"我国哲学思想发展史中由神学转入魏晋玄学的一个重要环节"[②],著者以为恐怕就是指这个新格式的起点而言。

---

① 任继愈:《中国哲学史》第二册,第 96 页。
② 《中国学术名著提要·哲学卷》,第 190 页。

卷二：论"佛禅格式"期的中国哲学批评
——三论创建"中国哲学批评史"

中国哲学批评的第一期,始自上古,终自两汉之际,覆盖基督纪元之前的全部中国文化。其所采用的格式,是"效用优先型"的或"唯效用论"的,批评的重点是看一个理论是否有"用"于当时的政治、社会与道德建设。这个格式形成于外来文化进入中国之前,故著者视其为"原创格式"。

中国哲学批评的第二期,始自两汉之际佛学之输入,终自明末西学之输入(西方所谓"地理大发现"时期),跨度近一千六百年。其所采用的格式,以"佛禅格式"为主。这个格式与"原创格式"比较起来,有两点显著的差异:"原创格式"以"效用优先"或"唯效用论"为特征,"佛禅格式"则以"学理优先"或"唯学理论"为特征,此其一;"原创格式"讲"效用",一项重要的内容就是道德,可说是"尚德"的,而"佛禅格式"讲"学理",可说是"尚智"的,此其二。

一、"佛禅格式"之起点

著者以"佛禅"二字命名一种格式,并非谓此种格式就是"佛禅"的,而只是要说明:(一)"学理优先"的思维方式是在"佛禅"的刺激下产生的,(二)"尚智"的思维方式亦是在"佛禅"的刺激下产生的。

著者以佛学之输入为"佛禅格式"之起点,亦正是基于上述的理由。佛学的输入中国,约在两汉之际,因而两汉之际亦就是中国哲学批评"佛禅格式"的起点。杨东莼先生《中国学术史讲话》以为中国人诵佛经之始,当汉哀帝元寿元年(公元前2年);中国人祀佛之始,当东汉明帝永平八年(65年);中国帝王奉佛之始,当东汉桓帝延熹七年(164年);中国人译佛经之始,约当东汉灵帝时期(168—189年);中国人建佛塔造佛像之始,约当195年;中国人西行求法之始,亦即中国人出家之始,约当魏甘露五年(260年)。于是杨先生得出结论:"……可知佛教输入中国,当在西汉之末。到了晋世,佛教就渐次发达起来了。"① 这个时期,亦正是中国哲学批评之"佛禅格式"在中国生根的时期。

"佛学"当然跟"佛教"有区别,但此处我们不必刻意强调此区别。佛学输入中国,究竟对中国文化与学术产生过何等重要的影响,杨先生一段话可谓一语道破。他说:"我们可以说:中国学术界几百年来的僵冻状态,检(简)直是因佛教的影响才苏醒过来。这是中国学术思想史上的一大关键,研究中国学术思想史的人,决不可看轻这个关键。"②他以为佛学在中国学术史上的影响,除了音乐、绘画、建筑、雕刻、塑像、地理学、医学等方面外,还有三点需特别指出:(一)佛学促进了宋明理学的完成,这是其最大影响;(二)佛学促进了道教的完成,这是其次重要的影响;(三)佛教翻译文学使中国文学发生变化③。关于佛学之影响,冯友兰先生亦谓"是中国历史中最重大的事件之一",谓其"在宗教、哲学、文学、艺术方面有其特殊影响"④。冯先生甚至断言"自此以后,

---

① 杨东莼:《中国学术史讲话》,第196—197页。
② 同上,第195页。
③ 参同上,第217—221页。
④ 冯友兰:《中国哲学简史》,北京大学出版社1985年版,第279页。

以至宋初,中国之第一流思想家,皆为佛学家"①,可见佛学影响之深远。

就中国哲学批评史的角度说,著者以为佛学的最大影响,就是刺激并促进了"佛禅格式"的产生与成长。在儒、佛、道三教的长期争论中,"佛禅格式"不断抬头,并最终取得占优势的地位。魏晋以后,佛、道二教同时盛行,势不两立,自不能不争;儒、佛二教之争,始立论于夷夏,次立论于学理,终立论于伦理。南朝齐学者顾欢撰《夷夏论》,视老子为佛、道二教之共同祖先,并以此为基础,肯定佛、道二教之一致性,谓"道则佛也,佛则道也"②。但一致只在其"道",而不在其"俗","道"即道理,无夷、夏之分,但"俗"即风俗习惯(如削发旷衣、弃妻绝嗣等)却有严格的夷、夏之别,绝不能混淆。于是"道同俗异论"就成为顾欢处理佛、道二教关系之基本立足点。依此立足点,中国人对佛教最好是取其道而弃其俗,"理之可贵者,道也;事之可贱者,俗也","道固符合矣"、"俗则大乖矣"③,"佛道实贵,故戒业可遵;戎俗实贱,故言貌可弃"④。总之顾欢是主张在习俗方面不可丢掉本民族的文化传统,不可"舍华效夷",不可"滥用夷礼"。

《夷夏论》出,则争论起。谢镇之撰《与顾道士析夷夏论》,朱昭之撰《难顾道士夷夏论》,朱广之撰《疑夷夏论谘顾道士》,释慧通撰《驳顾道士夷夏论》,释僧愍撰《戎华论析顾道士夷夏论》,明僧绍撰《正二教论》,等等,从夷夏立论,争论不休。⑤从学理立论而相争的,有南齐竟陵王子良(武帝之子)的有佛论与范缜的无佛论,等等。从伦理立论而相争

---

① 冯友兰:《中国哲学史》,中华书局1961年版,第661页。
② 《南齐书》卷五十四《顾欢传》,中华书局1972年版,第931页。
③ 同上,第932页。
④ 同上,第934页。
⑤ 僧祐:《弘明集》卷六、卷七,上海古籍出版社1991年版。

的,有梁刘勰《灭惑论》的"违孝失敬"论与佛教徒的"不违其孝"、"不失其敬"论,等等。① 儒、佛、道三教各是其是,各非其非,长期争执,不得定论。但暗地里毕竟是"佛禅"抬头,中国哲学批评之格式,亦是借了"佛禅"的刺激,而转换到另一个更高的境界。

二、《论衡·问孔》之批评格式

中国哲学批评之第一、二期之间的界限,并不是截然分明的。相反,第一期之尾与第二期之头,是相重叠的。在第一期的"极致"之作《白虎通义》出笼之前,第二期的起点——佛学之输入——就已经开始了。这样的情形,也将出现在中国哲学批评的第二、三期之间,在"佛禅格式"达于极致之前,"西学格式"的起点——西方哲学之输入——就已经开始了。这就是著者所谓的"文化叠进论"。

就"学理优先"的角度说,《论衡》中的《问孔》、《非韩》、《刺孟》诸篇,乃是"佛禅格式"成长中的重要一环。尽管我们至今还不能肯定王充是否受到过佛学的影响,但他却无疑完成了从"效用优先"格式向"学理优先"格式的转变,至少他启动了这个转变。没有佛学的刺激,这个转变也许同样可以启动;但没有佛学的刺激,这个转变的启动一定只是偶然的。

《论衡·问孔》是中国哲学批评史上的重要作品。其出发点是认为圣贤之言"上下多相违,其文前后多相伐者",认为记载孔、孟之言的儒家典籍不可尽信;其方法是通过问难,揭露孔子言行中自相矛盾之处;其理论依据是学理必自圆,"苟有不晓解之问,造难孔子,何伤于义? 诚有传圣业之知,伐孔子之说,何逆于理?"学者一般认为《论衡·问孔》"体

---

① 参杨东莼:《中国学术史讲话》,第 221—223 页。

现了唯物主义者的战斗批判精神"①;其实从中国哲学批评史的角度说,"战斗批判"不重要,重要的是"战斗批判"的格式。《论衡·问孔》的贡献在于它启动了一个新"格式"。

这个新格式的精神,《论衡·非韩》谈得最清楚,就是两句话,一句是"道无成效于人,成效者须道而成",另一句是"事或无益而益者须之,无效而效者待之"②。两句话的逻辑结构相同,就是认为"学理"可以无"效用",但"效用"却不可以不以"学理"为依据;"理论"可以无"益"、无"效",但"益"与"效"却不可以不以"理论"为依据。(此处指释"道"、"事"为"学理"、"理论"。)换言之,"效用"只是"学理"的必要条件,而非充分条件;"学理"却是"效用"的充分条件,而非必要条件。"效用优先"格式是以"效用"为"学理"的充分条件,"学理优先"格式是以"学理"为"效用"的充分条件。这是两种格式的根本差异,也是王充在中国哲学批评史上所实现的"格式"转换。这种新格式,字面上虽只出现于"非韩"篇,但却同样是"问孔"、"刺孟"诸篇的批评格式。

《论衡·问孔》开篇有言:"世儒学者,好信师而是古,以为贤圣所言,皆无非专精讲习,不知难问。夫贤圣下笔造文,用意详审,尚未可谓尽得实,况仓卒吐言,安能皆是? 不能皆是,时人不知难,或是而意沉难见,时人不知问。案贤圣之言,上下多相违,其文前后多相伐者,世之学者不能知也。"③ 开篇即亮出新格式:不再以"有用"、"无用"品评"贤圣所言";而是以"是"与"不是"、"实"与"不实"以及上下文之间是否"相违"、前后文之间是否"相伐"为标准,去品评贤圣之"言"与"文"。言论有"是"与"不是"的问题,考察"是"与"不是",曰"难";文章有"实"与"不实"的问题,考察"实"与"不实",曰"问";言论和文章在逻辑上都存在

---

① 《哲学大辞典·中国哲学史卷》,第265页。
② 王充:《论衡·非韩》,《诸子集成》本。
③ 王充:《论衡·问孔》,《诸子集成》本。

"相违"、"相伐"与否,即自相矛盾与否的问题,考察"相违"与"相伐"等,曰"知"。在"是"与"实"与"知"的拷问之下,"用"退居到次要的地位。

对于"孔门之徒,七十子之才,胜今之儒"之观点,《论衡·问孔》判为"妄"。理由是:孔子为师,所收门徒本经选拔,其才高于同时诸人,但并非高于后世之"异才"。后世所谓"英杰",即是孔子之时的所谓"圣神"。后世若有孔子为师,则学者皆可成颜闵之徒;若无孔子为师,则当时七十子之徒之成绩,亦不会高于后来之儒生。要证明这一点,只需知道七十子之徒在当时就不能"极问"孔子之学、不能"尽解"圣人之言、说道陈义时不能"辄形"就够了。"不能辄形,宜问以发之;不能尽解,宜难以极之",所以"造难孔子"没有错,"伐孔子之说"亦没有错。《论衡·问孔》此处根本就没有涉及"有用"与"无用"的问题,只说"学问之法,不为无才,难于距师核道实义,证定是非也"[①]。"核道"、"实义"、"证定是非"等,讲的都是"学理",跟"有用"与否没有关系。

孟懿子问孝,孔子答以"毋违";孟武伯问孝,孔子答以"父母唯其疾之忧"。懿子违礼,故孔子告以"毋违";武伯忧亲,故孔子告以"父母唯其疾之忧"。回答不同,但都是"攻其短"。《论衡·问孔》以为这是"违周公之志,攻懿子之短,失道理之宜"[②],并质问到了如此地步,"弟子不难,何哉"[③]?这是"学理"上的追问。对于孔子"富与贵,是人之所欲也,不以其道得之,不处也;贫与贱,是人之所恶也,不以其道得之,不去也"之言,《论衡·问孔》提出的问题是:"贫贱,何故当言得之?顾当言贫与贱是人之所恶也,不以其道去之,则不去也。当言去,不当言得。得者,施于得之也。今去之,安得言得?独富贵当言得耳!"[④] 就"去"、

[①] 王充:《论衡·问孔》,《诸子集成》本。
[②] 同上。
[③] 同上。
[④] 同上。

"得"等字义上追问,当然亦是一种"学理"上的追问。对于宰我昼寝,孔子讥曰"朽木不可雕也,粪土之墙不可圬也,于予,予何诛"一事,《论衡·问孔》的评判是"过",即"太过分了",曰:"昼寝之恶也,小恶也;朽木粪土败毁不可复成之物,大恶也。责小过以大恶,安能服人?"① 若宰我性不善,如朽木粪土般,便不宜入孔子之门,排在四科之列;如若其性善,"孔子恶之,恶之太甚,过也"②。这是孔子的过错,因为过分的指责不仅达不到教育的目的,还会引起混乱。此处《论衡·问孔》的立场,基本上还是"学理"的。

子张问孔子如何评价令尹子文"三仕为令尹无喜色、三已之无愠色"一事,孔子答以"忠矣"。子张又问可否视为"仁",孔子答以"未知,焉得仁",并谓子文曾举楚子玉代已位而伐宋,以百乘败而丧其众,其不"知"如此,安得为"仁"? 对此《论衡·问孔》质问:子文举子玉是不知人,"智"与"仁"不相干,有"不知之性"者,何妨有"仁之行"? 仁义礼智信五常之道,五者是各自独立的,"不相须而成",或"智人"或"仁人"或"礼人"或"义人","人有信者未必智,智者未必仁,仁者未必礼,礼者未必义"③。子文虽"智"蔽于子玉,其"仁"何毁? 谓其为"仁"又有何不可? 况且"忠"就是"厚","厚"就是"仁",子文有"仁"之实,孔子却视其为"忠"而反对视其为"仁",就如谓"父母"非"二亲"、"配匹"非"夫妇"般不合逻辑。此处整段批评,《论衡·问孔》都严守"学理"的立场,没有说视子文为"忠"后果如何坏,亦未说视子文为"仁"后果如何好,只讲其概念上的混乱与逻辑上的悖论,这在中国哲学批评的第一期,是很少见到的。不仅如此,此段批评还提出了与"学理优先"格式相关的重要命题,如"智与仁不相干也"、"智者未必仁"等。"智"属于"学理","仁"属于

---

① 王充:《论衡·问孔》,《诸子集成》本。
② 同上。
③ 同上。

"效用","理论"未必有"效用";"理论"即使无"效用",亦不失其为一种好的"理论"。

孔子见南子,子路不悦。南子是卫灵公夫人,聘用孔子,子路责孔子"淫乱"。孔子对天发誓,说绝不会出现子路所担心的情况。《论衡·问孔》对此提出的问题是:"孔子自解,安能解乎?"[1] 倘使天真曾厌杀有鄙陋之行者,则孔子"可引以誓",子路也"可信以解"。问题是还没有出现过"天厌之"的情况,则子路如何肯信?"今引未曾有之祸,以自誓于子路,子路安肯晓解而信之"[2]? 此处未谈"效用",完全是在以"学理"的态度分析孔子的起誓与子路的怀疑。此段批评说"子路入道虽浅,犹知事之实,事非实,孔子以誓,子路必不解矣"[3],是讲"实"的重要性;又说"人之死生,自有长短,不在操行善恶也,……子路入道虽浅,闻孔子之言,知生死之实"[4] 等等,亦是强调"实"的重要;又说孔子以"天厌之"起誓,"子路以天厌之终不见信,不见信,则孔子自解,终不解也"[5],是强调"信"的重要。总之《论衡·问孔》在此处讲"实"讲"信",唯独不讲"用"。

孔子欲居九夷,有人问"陋,如之何",孔子的回答是"君子居之,何陋之有",意思是以君子之道,居而教之,"陋"亦可变为"不陋","鄙陋无礼义"亦可变成"文明有礼义"。《论衡·问孔》对此提出的问题是:孔子欲之九夷,是出于什么动机? 很明显,是出于"道不行于中国"之动机。"夫中国且不行,安能行于夷狄?"[6]"夷狄之有君,不若诸夏之亡",讲的就是夷狄难而诸夏易,不能行于易,难道能行于难? 孔子曾有"以君

---

[1] 王充:《论衡·问孔》,《诸子集成》本。
[2] 同上。
[3] 同上。
[4] 同上。
[5] 同上。
[6] 同上。

子居之者,何谓陋邪"之言,不知道是强调修君子之道以自容,还是强调以君子之道以教人?《论衡·问孔》质问:"如修君子之道苟自容,中国亦可,何必之夷狄? 如以君子之道教之,夷狄安可教乎? 禹入裸国,裸入衣出,衣服之制,不通于夷狄也。禹不能使裸国衣服,孔子何能使九夷为君子?"① 这就从"学理"上驳倒了孔子居九夷之说。剩下的只有两种可能:一是孔子"实不欲往",只是担心道不行,故意出此言论;二是孔子明知夷狄之"陋",但担心别人问难,故意说"何陋之有",以避开别人的谏言。对此二种情况,《论衡·问孔》都持否定态度:"实不欲往,志动发言,是伪言也。君子于言,无所苟矣;如知其陋,苟欲自遂,……以佞也。"② 言是"伪言",行是"佞行",都是不"诚"、不"实"的一种表现,这才是《论衡·问孔》批评的重点。这不是品行的问题,而是"学理"的问题。

　　子贡问政,孔子答以"足食足兵民信之",子贡问万不得已去其一何者为先,孔子答以"去兵";又问万不得已再去其一何者为先,孔子答以"去食",理由是"自古皆有死,民无信不立"。对此《论衡·问孔》提出批评说:"使治国无食民饿,弃礼义,礼义弃,信安所立?"③ 仓廪实知礼节,衣食足知荣辱,让生于有余,争生于不足,以去"食"而存"信","信"安得成?《论衡·问孔》举春秋时交战国饥饿,易子而食,析骸而炊,口饥不食,不暇顾恩义之事为例,说明"去信存食,虽不欲信,信自生矣;去食存信,虽欲为信,信不立矣"④ 之道理,认为"食"乃是"信"所以得存的前提条件。这就把孔子当时说此话的"效用"背景(即为了当时发生"效用",故意如此强调)完全撤去了。孔子往卫国,冉子跟随,孔子对冉子

---

① 王充:《论衡·问孔》,《诸子集成》本。
② 同上。
③ 同上。
④ 同上。

有"先富后教"之训诫,《论衡·问孔》以为此训诫和"去食存信"的训诫是相矛盾的,故质问:"语冉子先富而后教之,教子贡去食而存信,食与富何别,信与教何异?二子殊教,所尚不同,孔子为国,意何定哉?"① 追问究竟以哪一种训诫为准。这也是完全撤去了孔子当时说话的"效用"背景。在"效用优先"的格式下,出现上下相违、前后相伐的情况,是允许的;但在"学理优先"的格式下,则不允许。所以若问孔子"意何定哉",可答曰"意无定",甲最有"效用"就"定"甲,乙最有"效用"就"定"乙。

《论衡·问孔》末尾有一段评论"孔子之言"的话,说:"孔子之言,无定趋也。言无定趋,则行无常务矣。周流不用,岂独有之乎?阳货欲见之不见,呼之仕不仕,何其清也;公山佛肸召之,欲往,何其浊也!公山弗扰与阳虎俱畔,执季桓子,二人同恶,呼召礼等,独对公山,不见阳虎,岂公山尚可,阳虎不可乎?子路难公山之召,孔子宜解以尚及佛肸,未甚恶之状也。"② "未甚恶之状也",即问还有什么行径比这更丑陋、更令人恶心?《论衡·问孔》也许不知道,"言无定趋"、"行无常务"恰好就是持"效用优先"格式者常具的状态;它厌恶这种状态,根本上就是厌恶哲学批评的"效用优先"格式。这也从反面证明了《论衡·问孔》的确是实现了批评格式的转换。

《问孔》之外,《论衡》中还有《非韩》、《刺孟》等篇,都是中国哲学批评史上的名篇。《非韩》篇以"学理优先"之格式批评韩非,提出了"道无成效于人,成效者须待道而成"、"事或无益而益者须之,无效而效者待之"、"事或可以德怀,或可以力摧"、"闻善必试之,闻恶必考之,试有功乃加赏,考有验乃加罚"以及"以耳定实"、"以口问立诚"③ 等重要命

---

① 王充:《论衡·问孔》,《诸子集成》本。
② 同上。
③ 王充:《论衡·非韩》,《诸子集成》本。

题。《刺孟》篇以"学理优先"格式批评孟子，提出了在是非之间"君子必居一于此矣"① 等观点，及"孟子无以验效也"、孟子"违道理之实也"等批评意见。这些篇章在中国哲学批评史上，都堪称典范之作。

冯友兰先生《中国哲学史》论王充，曾专列一小节谈王充"对于当时一般人见解之批评"，认为《论衡》之批评是要"对于当时'世书俗说'之'虚实'，作为有系统之'考论'"②。此言一语中的。即《论衡》不是要追问各家学说之"效用"，而是要"考论"各家学说之"虚实"；"虚实"与"效用"有联系，但不可混为一谈。王充的基本立场是"疾虚妄"③，而不是"疾无用"，所以他对于各家学说，必得不厌其烦地反复"考论"，以为持论者须在事实上有根据，立论时须列举事实以为证明，此之谓"等类众多，行事比肩，略举较著，以定实验"④。王充曾有"事莫明于有效，论莫定于有证"⑤ 之言，可能有学者以为"效"就是"效用"，其实不然。"效"与其说是"效用"不如说是"效验"，即通过实验证明之意。有关事实的命题，以实验证明之；有关理论的命题，以逻辑证明之。这就是王充那句话的本义。换言之，王充主张判断是非，必以"效"与"证"共证之，否则就会出差错。他说："夫以耳目论，则以虚象为言。虚象效，则以实事为非是。故是非者，不徒耳目，必开心意。墨议不以心而原物，苟信闻见，则虽效验章明，犹为失实。失实之义难以教，虽得愚民之欲，不合知者之心。"⑥ 耳目闻见，就是所谓"效"；"心意"、"心"，就是所谓"证"。

---

① 王充：《论衡·刺孟》，《诸子集成》本。
② 冯友兰：《中国哲学史》，第590页。
③ 王充：《论衡·佚文》："诗三百，一言以蔽之，曰思无邪；《论衡》篇以十数，亦一言也，曰疾虚妄。"
④ 王充：《论衡·遭虎》，《诸子集成》本。
⑤ 王充：《论衡·薄葬》，《诸子集成》本。
⑥ 同上。

两方面结合,才能定是非;墨家的缺失就是缺了"心意",而仅以耳目闻见为"虚实"之标准。可见"效用"在王充的哲学批评中,基本上是没有地位的。

在"学理优先"的格式下,我们看到中国人的历史观发生了变化。"古优于今"之史观被"今优于古"之史观取代,"今不如昔"之史观被"昔不如今"之史观取代,"好高古而下今,贵所闻而贱所见"① 之史观被"好高今而下古,贵所见而贱所闻"之史观取代,"称圣泰隆,……称治亦泰盛"② 之史观被"圣卓而无迹,……太平绝而无续"③ 之史观取代。总之,在"效用优先"格式下行之有效的那套历史观念,在新的"学理优先"格式中变成"乱码",谁也无法识别。

王充及其《论衡》的学说,被著名学者钱穆视为"晚汉之新思潮"④,认为此新思潮"影响于当时之学术界者甚大"⑤,王符撰《潜夫论》、仲长统撰《昌言》、崔寔撰《政论》、刘劭撰《人物志》、应劭撰《风俗通义》等等,均受其影响,"外如蔡邕、王朗、孔融、王粲、曹植、阮籍,其人言论行事,皆足以鼓荡一世,为人心所归仰;而莫不舍两汉之旧风,慕王氏之新趋;则其魔力之大,为如何矣?"⑥ 著者以为钱氏所言极是。并以为从中国哲学批评史的角度说,王充及其《论衡》所以"影响甚大",所以"魔力"甚大,正在于他是批评格式的转换者。自此"效用优先"格式虽时有冒头,但已是身处"佛禅格式"的汪洋中,很难再有翻身的希望。

---

① 王充:《论衡·齐世》,《诸子集成》本。
② 王充:《论衡·宣汉》,《诸子集成》本。
③ 同上。
④ 钱穆:《国学概论》,商务印书馆 1997 年版,第 122 页。
⑤ 同上,第 134 页。
⑥ 同上,第 134—138 页。

三、《理惑论》之批评格式

"佛禅格式"至少包含两方面的内容,一是"学理优先",二是"尚智"。"尚智"实含"智"与"慧"两方面,"智"在本土有迹可寻,"慧"则为本土所无,只能挟佛学而东来。"佛"本质上就是一种"慧",一种"悟",一种"觉",以西方哲学术语言之,就是一种"直觉"(insight)[①]。此种"慧"之成为中国哲学批评之格式的重要内容,应归功于印度佛学的输入中国。"学理优先"的起点在王充《论衡》,"尚智"的起点则在牟子《理惑论》;若谓《论衡》是"佛禅格式"之起点,则《理惑论》同样是"佛禅格式"之起点。至少《理惑论》是"佛禅格式"成长的关键一环。

《理惑论》全称为《牟子理惑论》,亦称《牟子》。全书共三十七章。牟子一作牟子博,讹传牟融。牟子生当东汉末三国初,是中国由习儒转向信佛之第一人。他曾博览经传及神仙家书,但以为均虚诞不可信;于是改志佛学,"背五经而向异道"。众人非之,牟子乃作《理惑论》以答辩。这是中国较早介绍早期佛教思想的重要著作之一,也是中国最早的倡导儒、佛、道三教一致的重要论著。

这里首先要明确《理惑论》是不是一部批评性论著。若不是,不应放在《中国哲学批评史论》中讲;若是,则可为《中国哲学批评史论》之材料。《理惑论》既是一部答辩书,当然带有批评的性质,至少应是"准批评"的,如此则放到《中国哲学批评史论》中来讲,亦无不可。它既是批评书,就当有批评的对象,其批评的对象就是"异道论"(即认佛教为异道);又当有批评的"格式",其批评的"格式"就是"学理优先"(即从"学

[①] 不以主谓式句辞推论而得之知识,在西方哲学中被称为"直接知识",其生物学基础为"直觉"。中国全体知识均不由主谓式句辞推论而来,故在西方哲学的框架下,全是"直接知识",全属"直觉"。是全新的一种知识体系。

理"上证明佛教不是"异道")。"欲争则非道,欲默则不能,遂以笔墨之间,略引圣贤之言证解之"①,"引圣贤之言证解"佛学,是以"学理"证之,而非以"效用"证之。

"理惑"即解除疑惑。《理惑论》共答三十七问,即解三十七惑,终证佛教非"异道"。一问佛之出生、家境、施行与状类等,答曰"积累道德,数千亿载不可纪记",又曰佛教之"威仪进止与古之典礼无异",亦与老子"孔德之容,唯道是从"相类②。二问"佛为何谓",答曰"佛者,谥号",与中国三皇神、五帝圣相类,又曰"佛之言觉也"③。三问"何谓之为道",答曰"道之言导","导人致于无为,牵之无前,引之无后,举之无上,抑之无下,视之无形"之类④。又问佛道"何与圣人言异乎",答曰佛之道与孔子五经之"道教"无异。四问佛经卷以万计、言以亿数,犹"瓦砾多而贱",答曰"多多益具,众众益富",绝非"烦而不要"⑤。五问如何得众佛经之要而弃其余,说众佛经之实而除其华,答曰"佛经虽多,其归为一",无余可弃、无华可除。六问佛道既至尊至大,尧舜周孔为何不修之、七经为何不载之,答曰"五经事义,或有所阙,佛不见记,何足怪疑"。七问佛之相貌、喜好为何大异于人,答曰尧舜、皋陶、文王、禹、周公、伏羲、仲尼、老子等皆有异相,"佛之相好,奚足疑哉"。八问沙门剃头毁身"违圣人之语,不合孝子之道",答曰"沙门捐家财,弃妻子,不听音不视色,可谓让之至也,何违圣语不合孝乎"。九问沙门捐财货,终身不娶,无货无后,"违福孝之行",答曰孔子不曾讥许由、伯夷、叔齐等"无后无货","沙门修道德,以易游世之乐;反淑贤,以贷妻子之欢",如何当讥。

---

① 牟子:《理惑论》,《弘明集》卷第一,上海古籍出版社 1991 年影印本。
② 同上。
③ 同上。
④ 同上。
⑤ 同上。

十问沙门剃头发披赤布,见人无跪起之礼仪,无盘旋之容止,乃"违貌服之制,乖搢绅之饬",答曰有德无须章黻之冠,允信不须曲裘之饬。又问佛道既善,黄帝、尧、舜、周、礼之俦是否"弃而不足法",答曰一在"修世事",一在"无为志",或出或处,或默或语,各有所用,"何弃之有"。

十一问佛有"人死当复更生"之言,是否可信,答曰身虽可朽烂,"魂神固不灭",老子亦有如是言论。又问修佛道死,不修亦死,无有不同,答曰"道与不道,如金比草,善之与福,如白方黑,焉得不异"。十二问佛家辄说生死、鬼神,"殆非圣喆之语",答曰圣喆如周公、孔子等亦曾言鬼神、生死。十三问舍自小所习尧舜周孔之道而改学"夷狄之术",不亦惑乎,答曰"金玉不相伤,随碧不相妨",可同时"尊而学之",不必舍此而就彼。十四问佛家不敬其亲而敬他人,不爱其亲而爱他人,是否"悖礼"、"悖德"之举,答曰成佛之后"父母兄弟皆得度世",就是孝,就是仁。十五问沙门有"耽好酒浆,或畜妻子,取贱卖贵,专行诈绐"等现象存在,似不合佛道"无为"之旨,答曰圣人能授道却无法使人尽"履而行之",有学通七经而迷于财色者,不能谓即是"六艺之邪婬"。十六问"佛家以空财布施,为名尽货,与人为贵",焉得有"福",答曰"倾家财发善意,其功德巍巍如嵩泰,悠悠如江海",必得"福"报。十七问"佛经说不指其事,徒广取譬喻",似有不妥,答曰孔子、老子、《诗经》等"莫不引譬取喻",佛经为何不能? 十八问沙门"被赤布,日一食,闭六情,自毕于世"是否无聊,答曰"柳下惠不以三公之位易其行,段干木不以其身易魏文之富,许由巢父栖木而居自谓安于帝宇,夷齐饿于首阳自谓饱于文武,盖各得其志而已,何不聊之有乎"? 十九问佛经既善,何必还要"学经传读诸子",答曰经传诸子为源,佛道为流,"渴不必待江河,而饮井泉之水,何所不饱"。二十问"汉地始闻佛道"起于何日,答曰起于"孝明皇帝"之时。

二十一问沙门有至道,本可坐而行之,为何还"谈是非论曲直",答曰众人尚未得道,当然要"言",能行能言是最好的。二十二问可否只言而不行,答曰一方面须"学辨达,修言论",一方面更得"治情性,履道德",不可"当言论而不行"。二十三问为何世人学士多指责佛道"辞说廓落难用,虚无难信",答曰见和璧而名之石,非璧之贱,乃视者之不明,"大道无为,非俗所见,不为誉者贵,不为毁者贱,用不用自天也,行不行乃时也,信不信其命也"。二十四问"以经传理佛之说"是否有些勉强,答曰不是。又问"见博其有术乎",答曰"由佛经",五经是"华",佛经为"实",五经是"溪谷",佛经为"天井",五经是"丘垤",佛经为"嵩岱"。二十五问为何不引佛经而引《诗》、《书》等回答问题,答曰众人不习佛经,若引之答问,是对牛弹琴耳。二十六问为何儒林均不以"修佛道"为贵、"自损容"为上,答曰至道荡荡,非"窥墙之士,数仞之夫"所能行。二十七问以经传之辞、华丽之说而"褒赞佛行,称誉其德",是否言过其实,答曰"吾之所褒,犹以尘埃附嵩泰,收朝露投江海","吾所褒不能使佛高,子之毁不能令其下"。二十八问神仙"长生之事"是否与佛经同,答曰完全不同,它们之间的差别犹"五霸之与五帝,阳货之与仲尼",亦犹"丘垤之与华恒,涓渎之与江海",亦犹"虎鞹之与羊皮,班紵之与锦绣"。二十九问佛道"以酒肉为上戒而反食谷"是否太过"乖异",答曰"物类各自有性,犹磁石取铁不能移毫毛矣"。三十问"谷"是否可绝,答曰"欲服食辟谷,求无穷之寿",乃是"愚惑"之举。

  三十一问"何以佛家有病而进针药",答曰武王、仲尼、神农、黄帝等圣人"皆有病",不可能"不御针药而愈"。三十二问分别罗列儒、佛、道是否"费而无益",答曰分别是为强调各自之个性,以免"日月非不明,众阴蔽其光;佛道非不正,从私掩其公"。三十三问佛在异域,如何使人信其真,答曰不必凡事都"足履目见",观华即可知实,视影即可审形。三十四问为何有许多沙门道人改志而移意,唯独子不改,答曰改志移意者,必为"学未浃,见未博"之人,"未闻仲尼追盗跖,汤武法桀纣者矣"。三十五问佛道是否不如神仙之术"可尊而贵",答曰这是"以鸱枭而笑凤凰,执蝼蚁而调龟龙"。三十六问为何道家谓尧舜周孔七十二弟子"皆不死而仙",而佛家却说"人皆当死",答曰前者是"妖妄之言,非圣人所语也"。三十七问为何所解"止著三十七条",答曰是因为"佛经之要有三十七品,老氏道经亦三十七篇",故仿效之①。

　　读《理惑论》全篇,足见其乃站在佛教一边,竭力为佛教辩护之论著,是"捍佛"之作。后世之论《理惑论》,主要有两条:一曰《理惑论》"主张佛教与儒、道思想一致"②;二曰《理惑论》"是从中国传统观点来理解佛教的"③。此两点均有商榷之余地。儒、佛、道"三教一致",一致到何处?一致到儒,一致到道,还是一致到佛?读《理惑论》可断言,它是主张一致到佛,即"三教一致"的基础是佛。为何有此断言?理由就是:《理惑论》始终以佛为最高。其隆佛之言论比比皆是:谈到仁与孝的问题,它说沙门的行为是"让之至"④;谈到佛、儒之高下,它说"吾既睹佛经之说,览《老子》之要,守恬惔之性,观无为之行,还视世事,犹临天井而窥溪谷,登嵩岱而见丘垤矣。五经则五味,佛道则五谷矣。吾自闻道以来,如开云见白日,炬火入冥室焉"⑤;谈到佛与诸家之关系,它说"道有九十六种,至于尊大,莫尚佛道也"⑥,说"众道丛残,凡有九十六种,澹泊无为,莫尚于佛"⑦;谈到佛与神仙之术的关系,它说两者相比是"以鹪枭而笑凤凰,执蝼蚁而调龟龙",一为"菖蒲",一为"桂姜",一为"甘露",一为"酢浆",一为"毫毛",一为"泰山"⑧。"至"、"天井"、"嵩

---

① 牟子:《理惑论》,《弘明集》卷第一,上海古籍出版社1991年影印本。
② 《哲学大辞典·中国哲学史卷》,第586—587页。
③ 郭建庆语,《中国学术名著提要·哲学卷》,第225页。
④ 牟子:《理惑论》,《弘明集》卷第一。
⑤ 同上。
⑥ 同上。
⑦ 同上。
⑧ 同上。

岱"、"莫尚"、"泰山"等词,都是形容词中的"最高级",都是指"最高真理"而言。可知《理惑论》的"三教一致",是以佛为最高,而不是一体平视。

既以佛为最高,则《理惑论》是否"从中国传统观点来理解佛教",便成问题。《理惑论》开篇诚然是有"引圣贤之言证解之"之言,但此言不足以证明《理惑论》即是"从中国传统观点来理解佛教"。张某引马克思之言证己之说,未必就是从自己的观点来理解马克思;王某引胡塞尔之言证老子学说,未必就是王某从老子的观点来理解胡塞尔;依此可类推。《理惑论》"引圣贤之言",完全只视"圣贤之言"为工具;当大多数人习得佛经时,它便会丢掉此工具,而直接"以佛经答吾问"①。可知《理惑论》"引圣贤之言证解"佛教,未必就是"以圣贤之言理解"佛教,此不可不察也。

总之,《理惑论》在中国哲学批评史上之地位有三:(一)它是《论衡》"学理优先"格式之发扬;(二)它是"佛禅格式"中"尚智"思维之起点;(三)它是公开"捍佛"、隆佛之第一书。它"捍佛",即是捍卫佛教之"觉"、之"悟"、之"直觉"的思维方式;它隆佛,亦即是表彰佛教之"觉"、之"悟"、之"直觉"的思维方式。这在中国文化史上是第一遭,头一个,故著者谓它是"佛禅格式"中"尚智"思维之起点。至于"学理优先",《理惑论》也有明确之表示。当"世俗之徒"谤毁佛道"廓落难用,虚无难信"时,《理惑论》断然答曰:有"用"与否,完全不妨碍佛道之为"最高真理"。它说:"至味不合于众口,大音不比于众耳。"并批评韩非说:"韩非以管窥之见而谤尧舜接舆,以毛氂之分而刺仲尼,皆耽小而忽大者也。"明确对韩非的哲学批评提出反批评。又说:"大道无为,非俗所见,不为誉者

---

① 牟子:《理惑论》,《弘明集》卷第一。

贵,不为毁者贱,用不用自天也,行不行乃时也,信不信其命也!"① 佛道在"学理"上的价值不为誉贵,不为毁贱,本身是自足的;有"用"与否,那是天意,无损于其地位。这不正是"学理优先"格式的明白宣示吗!

四、人物品评之格式的转换

人物品评,乃是中国哲学批评史的重要内容之一。中国文化中,人物品评之历史源远流长,可以说已经形成一门"人物学"。这门人物学,完全可以成为中国哲学批评史的一个分支学科。

刘劭《人物志》被称为"中国现存的第一部专门论述考察才性选拔人才的理论著作"②,此种评价颇高。但这并不意味着此前是没有人物品评的;相反,在刘劭《人物志》之前,中国已经形成一个完整的人物品评体系,只是没有人著成专书罢了。刘劭《人物志》之前的人物品评,属于中国哲学批评的第一期,其品评格式是"效用优先"的、"尚德"的;刘劭《人物志》的人物品评,属于中国哲学批评的第二期,其品评格式是"学理优先"的、"尚智"的与"尚慧"的。这是人物品评方面的一个重要转折。

拿德与才的关系说,第一期的人物品评是"重德轻才"的,或以"重德轻才"为主流。《荀子》曾引孔子之言曰:"弓调而后求劲焉,马服而后求良焉,士信悫而后求知能焉。士不信悫而有多知能,譬之其豺狼也,不可以身尔也。"③ 这就是典型的"重德而轻才"、"先德而后才"。孔门四教中,德教居于首位,"行有余力,则以学文"④。孔子品评弟子,有勇

---

① 牟子:《理惑论》,《弘明集》卷第一。
② 《哲学大辞典·中国哲学史卷》,第16页。
③ 《荀子·哀公》,《诸子集成》本。
④ 《论语·学而》,《诸子集成》本。

可以治兵赋之子路不为高,有才可以为邑宰之冉求不为高,有容仪可以当外交官之公西华不为高,"上品"只能是优于德者如颜回。而颜回之德,就在其安贫乐道,"一箪食,一瓢饮,在陋巷,人不堪其忧,回也不改其乐"①。如此之颜回,孔子才两次高呼"贤哉,回也!"

孟子以德品人,比孔子有过之而无不及。鲁国想让乐正子主政,孟子听说后"喜而不寐"。公孙丑问其原因,问是不是因为乐正子"强",回答说不是;问是不是因为乐正子"有知虑",回答说不是;问是不是因为乐正子"多闻识",回答说也不是。公孙丑便追问"奚为喜而不寐",孟子于是断然答曰:"其为人好善!"公孙丑反问:"好善,足乎?"孟子答曰:"好善,优于天下,而况鲁国乎?"② 就是说,在孟子的眼中,"好善者"为人之上品,其次才是"多闻识者",其次才是"有知虑者",其次才是"强者"。

下至董仲舒,更完全否定了"有才而无德"者之价值。其言曰:"不仁而有勇力材能,则狂而操利兵也;不智而辩慧獧给,则迷而乘良马也。故不仁不智而有材能,将以其材能以辅其邪狂之心,而赞其僻违之行,适足以大其非而甚其恶耳。"③ 此处"仁"、"智"皆指德而言,与"材能"对举。他以为"有才而无德"只能导致"大其非而甚其恶"之结局,用之反不如不用之。"尚德"之格式发展至董仲舒,本已达极致,走上末路了。不料北宋司马光出,重申此格式,倡德胜才为"君子"、才胜德为"小人"之说,拟在德、才不能兼备时"宁舍才而取德",宁用"愚人"不用"小人",将此格式推上绝路。可知第一阶段的人物品评格式,并未至《人物志》而中绝,而是始终不绝如缕,只是不再占主导地位而已。这又是著者"文化叠进说"的一个例证。

---

① 《论语·雍也》,《诸子集成》本。
② 《孟子·告子下》,《诸子集成》本。
③ 《春秋繁露·必仁且智》,苏舆撰:《春秋繁露义证》,中华书局1992年版,第257页。

第二期的人物品评则是"重才轻德"的,或以"重才轻德"为主流。这一期的人物品评,实以王充《论衡》发其端,后有徐幹《中论》,后有曹操,至刘劭《人物志》总其大成,又有葛洪①《抱朴子》等发扬之。这是第二期最初一个阶段的情形。《论衡》前已论及。徐幹《中论》明确提出了"明哲为先"论,以为当"明哲穷理"(才)与"志行纯笃"(德)不可兼得时,宁取才而舍德,因为"明哲之为用也,乃能殷民阜利,使万物无不尽其极者也"。徐幹还明确提出"盛才所以服人"等重要命题。《中论·智行》有言曰:

或问曰:士或明哲穷理,或志行纯笃,二者不可兼,圣人将何取?对曰:其明哲乎!夫明哲之为用也,乃能殷民阜利,使万物无不尽其极者也。圣人之可及,非徒空行也,智也。伏羲作八卦,文王增其辞,斯皆穷神知化,岂徒特行善而已乎?易离象称大人,以继明照于四方,且大人,圣人也。其余象皆称君子,盖君子通于贤者也。聪明惟圣人能尽之,大才通人有而不能尽也。……人之行,莫大于孝,莫显于清。曾参之孝,有虞不能易;原宪之清,伯夷不能间。然不得与游、夏列在四行之科,以其才不如也。仲尼问子贡曰:汝与回也孰愈?对曰:赐也何敢望回!回也闻一以知十,赐也闻一以知二。子贡之行,不若颜渊远矣,然而不服其行,服其闻一知十。由此观之,盛才所以服人也。仲尼亦奇颜渊之有盛才也。②

曹操更有"唯才是举"之说,这对一个中国的执政者而言,是如何的石破天惊!故著者以为在人物品评历史上,大而言之,在中国哲学批评史上,曹操乃居于关键的地位,与他及其子("三曹")在中国文学批评史

---

① 《诸子集成》本作"葛弘"。
② 徐幹:《中论·智行》,扫叶山房石印本,第8页。

上的地位差不多。从建安八年到建安二十二年的十五年间,曹操四下"求贤令",把"唯才是举"之理论落实到实际操作的层面,在实际选人、用人过程中贯彻"勿拘德行,唯才是举"之原则。后世学者称曹操此举为"度外用人",所谓"度外",著者以为就是"德外"。

葛洪《抱朴子》则以"舍仁用明"之说,表达"重才轻德"之思想。他以为文明之进步、历史之发展,是因为有"才"而不是因为有"德","结栋宇以免巢穴,选禾稼以代毒烈,制衣裳以改裸饰,后舟楫以济不通,服牛马以息负步,序等威以镇祸乱,造器械以戒不虞,创书契以治百官,制礼律以肃风教"等等,靠什么?靠"才"而不是靠"德","皆大明之所为,非偏人之所能辩也"[1]。"大明"为才,"偏人"为德,人之高下不取决于德,而取决于才,一如天地并"仁",而天之所以高于地者,在天"有仁而兼明"而地却"有仁而无明"[2],"明"是人之高下的决定因素。"仁"相对于"明","明"是高于"仁"的,《周易》说"王者南面向明",不说"向仁也"。"明者才也,仁者行也。杀身成仁之行可力为,而至鉴玄测幽之明难妄假。精粗之分,居然殊矣。""为仁由己,斯则人人可为之也;至于聪明,何可督哉?""仁在于行,行可力为;而明入于神,必须天授之。才非所以训故也。"[3]

从德、才先后与轻重的选择上,从人物品评之格式的转换上,我们可以窥知中国哲学批评是如何从第一期转到第二期的,中国哲学批评之格式是如何从"效用优先型"转到"学理优先型"的,是如何从"尚德"转到"尚智"、"尚慧"的。

---

[1] 葛洪:《抱朴子·仁明》,《诸子集成》本。
[2] 同上。
[3] 同上。

五、《人物志》之批评格式

《人物志》是人物品评中"尚智"、"尚慧"格式的集大成者。《人物志·自序》的第一句话就是:"夫圣贤之所美,莫美乎聪明;聪明之所贵,莫贵乎知人;知人诚智,则众材得其序,而庶绩之业兴矣。"① 人物最重要的是"聪明",而非"德行";"聪明"最重要的是"知人",是知人之"才",而非知人之"德"。这就是整部《人物志》的基调。

《人物志》共三卷十二篇。其《流业》篇分人为十二等:一为行为物范之"清节家",二为立宪垂制之"法家",三为智虑无方之"术家",四为三材纯备之"国体",五为三材而微之"器能",六为分别是非之"臧否",七为错意工巧之"伎俩",八为能炼众疑之"智意",九为属辞比事之"文章",十为道艺深明之"儒学",十一为应对给捷之"口辨",十二为胆略过人之"雄杰"。此十二"流品"之中,恐怕只有"清节家"是偏德的,其余均是以才论人。"清节家"之代表如延陵、晏婴,以"德行高妙,容止可法"为特色;"法家"之代表如管仲、商鞅,以"建法立制,强国富人"为特色;"术家"之代表如范蠡、张良,以"思通道化,策谋奇妙"为特色;"国体"之代表如伊尹、吕望,兼有清节家、法家、术家"三材",以"其德足以厉风俗,其法足以正天下,其术足以谋庙胜"为特色;"器能"之代表如子产、西门豹,亦兼"三材",但均有不足,以"其德足以率一国,其法足以正乡邑,其术足以权事宜"为特色;"臧否"之代表如子夏之徒,以"不能弘恕"及"好尚讥诃,分别是非"为特色;"伎俩"之代表如张敞、赵广汉,以"不能创思远图"及"能受一官之任,错意施巧"为特色;"智意"之代表如陈平、韩安国,以"不能创制垂则"及"能遭变用权,权智有余,公正不足"为

---

① 刘劭:《人物志·自序》,《四部丛刊》本,上海:商务印书馆1929年版,第3页。

特色;"文章"之代表如司马迁、班固,以"能属文著述"为特色;"儒学"之代表如毛公、贯公,以"能传圣人之业,而不能干事施政"为特色;"口辩"之代表如乐毅、曹丘生,以"辩不入道,而应对资给"为特色;"雄杰"(又称"骁雄")之代表如白起、韩信,以"胆力绝众,材略过人"为特色①。以上十二"流品"所举之代表人物,在历史上均是以"才"出名,而非以"德"出名。以"德"出名者如文王、孔子、伯夷、叔齐等,不在《人物志》的十二"流品"之列。可知《人物志》"重才"偏向,十分明显。

人的才能不同,当任之职亦不同,《人物志·流业》叫做"十二材各得其任"。它以为"清节家"宜当师氏之任,掌以道德,教道胄子;"法家"宜当司寇之任,掌以刑法,禁制奸暴;"术家"宜当三孤之任,掌以庙谟,佐公论正;"国体"宜当三公之任,位于三槐,坐而论道;"器能"宜当冢宰之任,天官之卿,总御百官;"臧否"宜当师氏之佐,分别是非,以佐师氏;"伎俩"宜当司空之任,错意施巧,故掌冬官;"智意"宜当冢宰之佐,师事制宜,以佐天官;"文章"宜当国史之任,宪章纪述,垂之后代;"儒家"宜当安民之任,掌以德毅,保安其人;"口辩"宜当行人之任,掌之应答,送迎道路;"雄杰"("骁雄")宜当将帅之任,掌辖师旅,讨平不顺②。各种才能,无不有其相应之任。

《材理》篇讲到"四理",也是讲人之"才"的:"道理之家"才在"质性平淡,思心玄微,能通自然";"事理之家"才在"质性警彻,权略机捷,能理烦速";"义理之家"才在"质性和平,能论礼教,辨其得失";"情理之家"才在"质性机解,推情原意,能适其变"③。该篇又讲到"八美",亦是论人之"才"的:"名物之材",才在"聪能听序";"构架之材",才在"思能造端";"达识之材",才在"明能见机";"赡给之材",才在"辞能辩意";"权

---

① 刘劭:《人物志·流业》,《四部丛刊》本,卷上,第11—13页。
② 同上,卷上,第13—14页。
③ 刘劭:《人物志·材理》,《四部丛刊》本,卷上,第15—20页。

捷之材",才在"捷能摄失";"持论之材",才在"守能待攻";"推彻之材",才在"攻能夺守";"贸说之材",才在"夺能易予"①。

《材能》篇论人之"才能",提出了"人材各有所宜,非独大小之谓"之重要命题,以示人之"才能"不能仅以大小去衡量,关键要看他是否得"宜"。如"宽弘之人"宜"治郡国",若让其"理百里",就是不得"宜";又如"急小之人"宜"理百里",若让其"治郡国",亦是不得"宜"。"宽弘宜治大,急切宜治小",若互换其位,就是不得"宜"。《材能》篇甚至提出了只有"宜与不宜"而没有"能与不能"之主张,似乎是假定无人不有"才"。这是一个十分重要的假定。《材能》篇说:"夫人材不同,能各有异。有自任之能,有立法使人从之之能,有消息辨护之能,有德教师人之能,有行事使人谴让之能,有司察纠摘之能,有权奇之能,有威猛之能。"② 总之人"才质"不同,"能力"便有不同。

最能表现《人物志》之"尚智"倾向的,是《英雄》篇。该篇视"英雄"为"人之文武茂异"者,即人类中最为优异的文武人才,颇有推崇"英雄"之意。"英"之原意是"草之精秀者","雄"之原意为"兽之特群者"。引申到人类,《英雄》篇以为"英"就是"聪明秀出","雄"就是"胆量和力量过人",并认为这只是一个大体的区分,两者其实难以分开。为什么不能分开? 就因为作为"英"的"聪明",若不得"雄之胆",则说不行;而作为"雄"的"胆力",若不得"英之智",则事不立。"是故英以其聪谋始,以其明见机,待雄之胆行之;雄以其力服众,以其勇排难,待英之智成之。然后乃能各济其所长也。"③ 若"聪"能谋始而"明"不能见机,只可以坐论,不可以处事;若"聪"能谋始,"明"亦能见机,但"勇"不能行,则只可以循常,不可以虑变。若"力"能过人而"勇"不能行,只可以为"力人",

---

① 刘劭:《人物志·材理》,《四部丛刊》本,卷上,第21—22页。
② 刘劭:《人物志·材能》,《四部丛刊》本,卷中,第1—2页。
③ 刘劭:《人物志·英雄》,《四部丛刊》本,卷中,第12—13页。

不可以为"先登";若"力"能过人,"勇"亦能行之,而"智"不能断事,则可以为"先登",不足以为"将帅"。可知"将帅"乃是"力"、"勇"、"智"的完美统一。必"聪"能谋始、"明"能见机、"胆"能决断,然后可以当"英"之名,比如张良;必"力"气过人、"勇"能行之、"智"足断事,然后可以当"雄"之名,比如韩信。"英"、"雄"分而言之,均只是"偏至之材",只能当"人臣之任","英"宜为相,"雄"宜为将;合而言之,即唯有一人而身兼"英"与"雄"者,方能统治天下,比如高祖、项羽。因为"英"者若不兼"雄",则"力者"去之;"雄"者而不兼"英",则"智者"去之。唯有一人之身而兼"英"与"雄",方能"役英与雄",方能"成大业"①。如此则《人物志》是否即主张"英"与"雄"并重呢? 是又不然。著者以为若在"英"与"雄"之间不得已去其一,《人物志》肯定是主张宁去"雄"而不得去"英";换言之,在《人物志》的逻辑体系中,"英"是高于"雄"的。它举刘邦、项羽为例,说项羽所以失败,在其居"雄"而少"英";而刘邦所以成功,在其居"雄"而得"英"。成功与失败间,"英"之有无是决定的因素。

在中国哲学批评的第一期,最优秀的人物是"圣贤";而当进入中国哲学批评的第二期,最优秀的人物变成为"英雄"。这是多么巨大的一种转变! 周公、孔子、伯夷、叔齐等从中心退到边缘,张良、韩信、项羽、刘邦等从边缘进至中心,这是多么巨大的一种转变! 而促成这一系列转变的,正是中国哲学批评的格式转换。"尚德"、"尚善"的格式退居二线,"尚智"、"尚慧"的格式走上前台,"原创格式"一步步被"佛禅格式"所取代,这就是一切问题的关键。

钱穆先生视《人物志》为一部"将两汉学术思想开辟到另一新方向之书"②,著者以为就是指这个批评格式的转换而言。汤用彤先生有

---

① 刘劭:《人物志·英雄》,《四部丛刊》本,卷中,第12—14页。
② 钱穆:《略述刘劭〈人物志〉》(1961年在香港大学的讲演),转引自《人物志》"附录",长春出版社2001年版,第193页。

"汉末晋初,学术前后不同,此可就《人物志》推论之"之言,又有"正始前后学风不同,谈论殊异,《人物志》为正始前学风之代表作品,故可贵也"之言①,著者以为同样是指这个批评格式的转换而言。对于"佛禅格式"的成长,《人物志》功莫大焉。

六、《沙门不敬王者论》之批评格式

东晋慧远的《沙门不敬王者论》,被视为"佛教的一篇名作"②,这是就其与佛教史的关系而言。就其与中国哲学批评史的关系而言,著者以为它也是一篇"名作",因为它是"佛禅格式"对"原创格式"的最顽强、最坚决的一次战斗。在以"佛禅格式"屈从于"原创格式",抑或以"原创格式"屈从于"佛禅格式"这一重大问题上,它坚定地、态度鲜明地站在"佛禅格式"一边。

在佛教传入中国的最初三百年间,依照固有教法,沙门见所有俗人(含帝王)均不施跪拜礼。至东晋,此种规矩连遭两次诘难:一次由成帝时执掌朝政的车骑将军庾冰发起,时当咸康六年(340年),认为"直形骸于万乘"不合君臣之序;一次由安帝时太尉尉玄发起,时当元兴元年(402年),重申庾冰之议。《沙门不敬王者论》就是对此两度诘难的回答。

《沙门不敬王者论》正文共分在家、出家、求宗不顺化、体极不兼应、形尽神不灭五卷。《在家》篇要回答的问题,是在家信奉佛法之人该不该"敬王者",慧远的回答是不必。他以为在家信奉佛法之人"情未变俗,迹同方内",因而可以有"天属之爱",可以行"奉主之礼"③,但却可

---

① 汤用彤:《读〈人物志〉》,《汤用彤选集》,天津人民出版社1995年版,第218、224页。
② 陈士强语,《中国学术名著提要·哲学卷》,第295页。
③ 慧远:《沙门不敬王者论·在家》,《弘明集》卷第五。

以不必有、不必行。因为在家奉法与在家不奉法者,其奉亲敬君的出发点是不同的:前者是依佛教"因果报应"理论而来,后者则源自儒家之教理。佛教以"罪业"之说让人畏惧,以"涅槃"之说让人向善,诚然是可以"助王化于治道"、"功侔帝王,化兼治道"①,但却不必如此。

《出家》篇要回答的问题,是出家之人要不要"敬王者",慧远的回答是不要。因为出家之人都是"遁世以求其志,变俗以达其道"② 之人,既遁世则宜"高尚其迹",既变俗则宜"服章不得与世典同礼"③。对于出家之人而言,"内乖天属之重",不能算是"违其孝";"外阙奉主之恭",不能算是"失其敬"。出家者已属"方外之宾",当然可以不必拘"方内"之礼。

《求宗不顺化》篇要回答的问题,是"敬王者"是否会妨害沙门目标之实现,慧远的回答是会。沙门追求的目标是什么?是"涅槃"。要进入宁静安乐的"涅槃"境界,就不能受世俗礼节之拖累;受世俗礼节之拖累,之束缚,就很难真正进入沙门所追求的"涅槃"境界。"是故反本求宗者,不以生累其神;超落尘封者,不以情累其生。不以情累其生,则生可灭;不以生累其神,则神可冥。冥神绝境,故谓之泥洹。泥洹之名,岂虚称也哉!"④ "敬王者"妨害"涅槃"境界之实现,这就是沙门之所以"抗礼万乘"的理由,沙门之所以"高尚其事"的理由,沙门之所以"不爵王侯而沾其惠"⑤ 的理由。

《体极不兼应》篇要回答的问题,是方内之教与方外之道是否可以并立,慧远的回答是不能。这实际上是回答两种格式能否"兼容"之问

---

① 慧远:《沙门不敬王者论·在家》,《弘明集》卷第五。
② 慧远:《沙门不敬王者论·出家》。
③ 同上。
④ 慧远:《沙门不敬王者论·求宗不顺化》,《弘明集》卷第五。
⑤ 同上。

题,答案当然是不能"兼容",否则就只是"乱码"一堆。"六合之外存而不论者,非不可论,论之或乖;六合之内论而不辨者,非不可辨,辨之或疑;春秋经世先王之志辨而不议者,非不可议,议之者或乱。"① 将"原创格式"与"佛禅格式"兼而并用,就会出现"乖"、"疑"、"乱"等情形,其所出之"文档"就是不可解读的。不同的格式之间,有时"先合而后乖",有时"先乖而后合",前者如诸佛如来,后者如历代君王。"自乖而求其合,则知理会之必同;自合而来(求)其乖,则悟体极之多方。"② 把格式不同的两套程序合并,可知各程序有同一之理;把本合为一体的一套程序分割成格式不同的几套程序,可知程序的格式可以多种多样。总之如要避免"乖"、"疑"、"乱"等情况出现,方内之教与方外之道、世俗礼法与佛教仪轨,就不可同时兼用,沙门就不可"敬王者"。

《形尽神不灭》篇以"火尽薪传"明佛教"形尽神传"之理,谓"火之传于薪,犹神之传于形,火之传异薪,犹神之传异形"③。似与"沙门不敬王者"无直接关联,故不详论。

沙门应否跪拜王者之争,儒家礼制与佛教仪轨应否同时兼用之争,方内之教与方外之道应否一体并持之争,质而言之就是"原创格式"与"佛禅格式"何者优先之争。此种争论,历朝均有,不绝如缕。其结果,"佛禅格式"在政治上只是偶尔取得优势,如梁武帝定佛教为国教;但在学术上却一步一步地取得优势,南宋以后,终成为占支配地位的批评格式。在此"佛禅格式"之成长过程中,慧远《沙门不敬王者论》坚决抵制"原创格式"之态度,发挥了殊为积极的作用。

"三教论争"是第二阶段中国哲学批评的关键内容,详论其原委,篇幅将大至不知凡几,故从略。兹略举《沙门不敬王者论》前后之相关重

---

① 慧远:《沙门不敬王者论·体极不兼应》,《弘明集》卷第五。
② 同上。
③ 慧远:《沙门不敬王者论·形尽神不灭》,《弘明集》卷第五。

要资料,以明梗概。(一)《弘明集》,南朝梁僧祐编撰,14卷,约成书于梁天监六年(507年)至天监十三年(514年)间,是中国现存最早的一部专门弘扬佛理的佛教文集。(二)《辩正论》,唐法琳撰,8卷,约成书于唐贞观元年(627年)至十三年(639年)间,是唐初著名的辩论儒、释、道三教与治国之关系及佛、道之先后优劣的一部论著。(三)《集沙门不应拜俗等事》,唐彦惊纂,6卷,约成书于唐龙朔二年(662年),是专门辑录历代沙门应否跪拜君亲之争论的著作,反映儒、释之争。(四)《广弘明集》,唐道宣编撰,30卷,约成书于唐麟德元年(664年),是《弘明集》之后出现的又一部专门弘扬佛教教理的文集。(五)《集古今佛道论衡》,唐道宣编,4卷,约成书于唐龙朔元年(661年)至麟德元年(664年)间,记载东汉至唐初佛、道间之各次论争,反映道、释之争。(六)《续集古今佛道论衡》,唐智升撰,1卷,约成书于唐开元十八年(730年)。(七)《法苑珠林》,唐道世撰,100卷,约成书于唐总章元年(668年),大型佛教类书,既记佛家之论,又记诸子百家之论。(八)《金刚錍》,唐湛然撰,1卷,约成书于唐天宝元年(742年)至建中二年(781年)间,把佛性从有生命体扩大至无生命体,使佛性之说首次成为"大视野",等等。这些都是中国哲学批评史的重要资料或直接资料。

七、《复性书》之批评格式

生活在唐朝的著名哲学家、文学家李翱有"以佛理证心"之说,主张以佛教心性理论充实儒家心性学说,因此学界一般称李翱之理论是"糅合儒佛",并以此为基础解读其著作《复性书》。站在中国哲学批评史的角度,《复性书》是一部以儒学为批评对象、以"佛禅"为批评格式的批评性论著。它以"佛禅"理论成功地解读了儒学,这在中国哲学批评史上还是第一次,至少就目前所知是第一次。《理惑论》倡儒、道、释三教一致,尤其是倡道、释一致,《颜氏家训·归心》倡儒、释一致,时间都在《复性书》之前。但它们都没有用"释"去重新解读"道"或"儒",因而不可和《复性书》同日而语。强调"一致"和重新"解读",含义是完全不同的。

关于《复性书》吸收佛教理论,尤其是禅宗"见性成佛"之理论,从而建立起新的人性学说,洪波先生列举了如下方面:(一)佛教教人超凡成佛之方法;《复性书》则教人超凡成圣之方法。(二)禅宗认为人人皆有佛性,人人都可成佛;《复性书》则以为人人皆有善性,人人皆可成圣。(三)禅宗认为无明之惑掩盖人之佛性,成佛之途唯在恢复本心;《复性书》则以为"情"掩盖"性",成圣之途唯在去"情"而复"性"。(四)佛教主禁欲,提倡断绝情欲;《复性书》亦主张灭情去欲,以情欲为邪恶。(五)佛教视"佛性"为完美无缺、无所不包,《复性书》亦视"圣人之性"能烛照天地、赞化万物[①]。

以上洪波先生所说,大体上都是对的。但站在中国哲学批评史的角度,却觉得他没有抓住《复性书》的根本。《复性书》的根本是什么?是它的批评格式,它使用了"佛禅格式"去批评儒学,确切些说,是它使用了"佛禅格式"中"尚智"、"尚慧"的思维方式去批评儒学,这正是它所以能在中国哲学批评史上占有一席之地的原因。我们读《复性书》,发现其中最根本的一对概念是"昏"与"明"。它讲"情既昏,性斯匿矣"[②],用的是个"昏"字而非"恶"字,是讲"情昏"而不是讲"情恶",这就跟"原创格式"的批评很有不同。它又讲"故圣人者,人之先觉者也"[③],"圣人"之根本在"觉"而不在行。它又讲"觉则明,否则惑,惑则昏,明与昏谓之不同"[④],是对"明与昏"这对概念的明确说明。它又讲"性命之

[①] 《中国学术名著提要·哲学卷》,第420—421页。
[②] 李翱:《复性书上》,《李文公集》卷第二,商务印书馆1919年版,第5页。
[③] 同上,第6页。
[④] 同上。

书虽存,学者莫能明"①,谓学者之失在"不明"而不在"不为"。它又讲"人之昏也久矣,将复其性者,必有渐也"②,是讲"昏也久"而不是讲"恶也久"。它又讲"物至之时,其心昭昭然,明辨焉而不应于物者,是致知也,是知之至也"③,是讲与"昏"相对的"明"。他又讲"彼以事解者也,我以心通者也"④,是讲与"事"相对的"知"、与"通"相应的"明"。它又讲"情之所昏,性即灭矣"⑤,是讲灭性者在"知"而不在"行",在"知蔽"而不在"行恶"。

更重要的是,《复性书》已经从根本上抓住了"知"与"明"的特性。我们须知,这世界上除了"知识",恐怕没有任何东西能够真正地累积起来,而不丢失其中的任何一点进步。换言之,这世界上也许只有"知识"是一线相延、只进不退、只可能进不可能退的。对个人是如此,对一个民族,对整个人类,同样是如此。故当有人问"圣人"既"知"既"明",还有否可能再回到"不知"、"不明"的状态,《复性书》断然答曰:没有这样的可能。一个人不可能从"知"退回到"不知",不可能从"明"退回到"昏";"圣人"就更不可能如此。故《复性书》曰:"不复浑矣!……圣人既复其性矣,知情之为邪,邪既为明所觉矣,觉则无邪,邪何由生也?……如将复为嗜欲所浑,是尚不自觉者也,而况能觉后人乎!"⑥

"觉则无邪"恐怕是中国思想史上至为关键的一个命题,其地位直可与西哲苏格拉底的"知识即道德"相当。人之异于禽兽者"几希",这"几希"在"原创格式"下是"善",是"德";而在"佛禅格式"下是"觉",是"知",是"明"。所以《复性书》的根本,在于根本放弃"尚善"、"尚德"之

---

① 李翱:《复性书上》,《李文公集》卷第二,第8页。
② 李翱:《复性书中》,同上。
③ 同上,第9页。
④ 同上,第10页。
⑤ 同上,第11页。
⑥ 同上,第12页。

"原创格式",而改用"尚知"、"尚慧"之"佛禅格式",去解读儒学,其他所有一切不过是由此引出的结果而已。它以"明与昏"为根本范畴,也从根本上抓住了佛教,尤其是禅宗的根本。此岸与彼岸,差别只在一个"觉"字,"不觉"在此岸,"觉"就到了彼岸;佛与众生,差别亦只在一个"觉"字,"不觉"是众生,"觉"便成佛;世间与出世间,差别亦只在一个"觉"字,"不觉"在世间,"觉"便入出世间;"涅槃"与人间,差别亦只在一个"觉"字,"不觉"在人间,"觉"即入"涅槃"。所谓"知与不知",所谓"明与昏",均可依此推论。

可知李翱"以佛理证心"或"糅合儒佛",根本上不过抓住一个"觉"字、一个"知"字、一个"明"字而已,并由此而站到"不觉"的对立面,"不知"的对立面,"昏"的对立面。这就是以"尚智"、"尚慧"格式解读儒学。没有这样的解读,就没有宋明理学的产生;没有这样的解读,也就没有中国文化往后的发展。基于此,著者以为完全可以重新定义宋明理学,即:理学不过就是用"尚智"、"尚慧"格式解读过的儒学而已;"心学"也好,"理学"也好,离开了这个格式,是根本讲不清的。

"觉则无邪"之思维把儒学引上了一条崭新的道路,展示出儒学发展的新方向,这恐怕就是李翱《复性书》在中国哲学批评史上最主要的贡献。

八、《原人论》之批评格式

《原人论》全名《华严原人论》,1卷,唐华严宗五祖宗密撰。是一部宣扬《华严经》教理的书。它之能入中国哲学批评史,不在它是一部佛书,而在它是以贬抑儒、道的方式弘扬佛理的,对"佛禅格式"的成长帮助很大。

《原人论·序》自述批评格式云:"策万行,惩恶劝善,同归于治,则三教皆可遵行;推万法,穷理尽性,至于本源,则佛教方为决了。"①儒、释、道三教,就"效用"来说,"皆可遵行";但论及"学理",就不能一体平看了。换言之,《原人论》以为释所以高于儒、道者,不在其"效用",而在其"学理"。在"效用"上"孔老释迦皆是至圣",皆能"随时应物",三教虽"设教殊途",却完全可以"内外相资,共利群庶"②。儒、道所缺者在"学理"。故《原人论》是一部论"学理"之书,其批评儒、道之格式是"学理优先"的。

《原人论》四篇,先"斥迷执",驳"习儒道者";次"斥偏浅",驳"习佛不了义教者";次"直显真源",明"佛了义实教";次"会通本末",以为"会前所斥,同归一源,皆为正义"。其驳儒、道,皆立于"学理"立场。其"略举而诘之"曰:(一)儒、道既言万物皆从虚无大道而生,则大道即是生死贤愚之本与吉凶祸福之基,基本常存,则祸乱凶愚不可除,福庆贤善不可益,如此则"何用老庄之教耶"③?(二)虚无大道既育福庆贤善,又"育虎狼,胎桀纣,夭颜冉,祸夷齐",如此则"何名尊乎"④?(三)儒、道只言自然生化而不言因缘,则会导致生无前后,起无早晚,神仙不借丹药,太平不借贤良,仁义不借教习,如此则"老庄周孔何用立教为轨则乎"⑤?(四)儒、道言一切皆从"元气"生成,则初生婴孩为何不学就能"爱恶骄恣","五德六艺"却又偏要"待因缘学习而成"⑥?(五)儒、道谓"生是禀气而欻有,死是气散而欻无",如此则"谁为鬼神乎"?可知生前有相续者,非禀气而欻有,死后有鬼神在,非气散而欻无。"故祭祀求

---

① 宗密:《原人论·序》,《大正藏》第四十五卷,日本大正一切经刊行会1924—1934年版,第708页。
② 同上。
③ 宗密:《原人论·斥迷执》,《大正藏》第四十五卷,第708页。
④ 同上。
⑤ 同上。
⑥ 同上。

祷,典籍有文"①。(六)儒、道谓一切自"元气"而生,天地之气本"无知",则人禀"无知"之气,"安得欻起而有知乎?草木亦皆禀气,何不知乎"②?(七)儒、道言贫富贵贱、贤愚善恶、吉凶祸福等"皆由天命",则为何天之赋命"贫多富少,贱多贵少,乃至祸多福少"?苟其是故意如此,则"天何不平乎"?且世上还有大量的"无行而贵,守行而贱,无德而富,有德而贫,逆吉义凶,仁夭暴寿,乃至有道者丧,无道者兴"③之现象存在,如谓皆由天命,"天"就只是"兴不道而丧道"者,如何却又常行"福善益谦之赏,祸淫害盈之罚"④?还有,祸乱反逆既然皆由天命,则"圣人设教"为何"责人不责天,罪物不罪命"⑤?这岂不是大"不当"?《诗》刺乱政、《书》赞王道、《礼》称安上、《乐》号移风等等,又岂是"奉上天之意,顺造化之心"⑥?总之一句话,"专此教者,未能原人"⑦,即专执儒、道二教者,还未能明了人生真相!

以上是第一篇,斥儒、道之"迷执"。第二篇破佛教内部之"不了义教",斥人天教、小乘教、大乘法相教、大乘破相教四教在"原人"问题上的"偏浅"。第三篇论上述四教之外的第五教——"一乘显性教",即宗密自己信奉的教派,从正面"直显"其"真源"。这两篇只关涉佛教内部诸派,故可不在中国哲学批评史中详论。

第四篇是"会通"儒、释、道三教,故又可入于中国哲学批评史中。当注意其"会通"之格式。可能的格式有四种:将道、释"会通"至儒;将儒、释"会通"至道;将儒、道"会通"至释;将儒、释、道共同"会通"到某一

---

① 宗密:《原人论·斥迷执》,《大正藏》第四十五卷,第708页。
② 同上。
③ 同上。
④ 同上。
⑤ 同上。
⑥ 同上。
⑦ 同上。

观念。《原人论》采用的是何种"会通"格式呢？著者认为它采用的是第四式。那么它将儒、释、道三教"会通"至何种观念呢？答曰："会通"至一词，曰"真心"①，或曰"本觉真心"②，或曰"真一之灵心"③，它以为这是儒、释、道三教共有的基础。它说"谓初唯一真灵性，不生不灭，不增不减，不变不易"④，"真灵性"即是"真心"。它又讲"所谓不生灭真心，与生灭妄想和合，非一非异，名为阿赖耶识"⑤，是明"真心"与"阿赖耶识"之关系。它又讲"所起之心，展转穷源，即真一之灵心也。究实言之，心外的无别法，元气亦从心之所变，属前转识所现之境，是阿赖耶相分所摄"⑥，是讲"真心"先于"元气"之理。它又讲"三才中唯人灵者，由与心神合也"⑦，是讲人能与"真心"合而"天地山河国邑"等则不能与"真心"合，则为人之异于物者。它又讲"欲成佛者，必须洞明麁细本末，方能弃末归本，返照心源"⑧，是讲"真心"之职能在"洞明"。它又讲"灵性显现，无法不达"⑨，是讲佛即是"真心"之显现，能显现"真心"者即能成佛。

我们读李贽的"童心说"，觉着那似乎就是宗密"真心说"的翻版。李贽"童心者，真心也"⑩之言，就是宗密的"真心"；其"夫童心者，绝假纯真，最初一念之本心也"⑪之言，就是宗密的"本觉真心"；其"失却真

---

① 宗密：《原人论·会通本末》，《大正藏》第四十五卷，第710页。
② 宗密：《原人论·直显真源》，《大正藏》第四十五卷，第709页。
③ 宗密：《原人论·会通本末》，《大正藏》第四十五卷，第710页。
④ 同上。
⑤ 同上。
⑥ 同上。
⑦ 同上。
⑧ 同上。
⑨ 同上。
⑩ 李贽：《童心说》，《焚书》卷三，中华书局1975年版，第98页。
⑪ 同上。

心,便失却真人"①之言,就是宗密之唯人能与"真心"合之观点;等等。学界常谓李贽之"童心说"是"导源于王守仁的'良知'说,但否定仁、义、礼、智、忠、孝等是人的天性,具有反对封建教条的意义"②。此论也许是不错的。但著者接着往上说,谓王守仁之"良知"说是导源于宗密之"真心说",是不是可以呢?著者又谓李贽"反对封建教条"之论是导源于宗密之斥儒破道,是不是可以呢?所以与其说李贽是导源于王阳明,不如说李贽是导源于宗密。若这个假定是成立的,则我们便可以宗密为起点,中经王阳明,拉一条直线到李贽,并将此直线称为"童心线"或"真心线"。于是我们或许会发现,这"童心线"或"真心线"正好就是"佛禅格式"成长的轨迹;这"童心"或"真心",正好就是"佛禅格式"的根本规矩。前谓"佛禅格式",一曰"学理优先",二曰"尚智"、"尚慧",这两方面都可以从那醒目的"童心线"或"真心线"上读出。"童心线"的起点虽未必就是"佛禅格式"的起点,但其终点却是基本重叠的。换言之,当"童心线"或"真心线"终结的时候,"佛禅格式"也就基本上终结了。

可知"童心说"或"真心说",乃是第二期中国哲学批评之格式的关键内容。

九、"三教论争"中批评格式的乖戾

进入中国哲学批评第二期,著者发现很奇特的现象,值得学者关注:在"三教论争"中,释斥道、释斥儒常常采用"学理优先"格式,而儒斥道、儒斥释却常常采用"效用优先"格式;如果共用一个格式,三教之间似乎就无以论争,或者说根本论争不起来。如此说来,"三教论争"莫非

---

① 李贽:《童心说》,《焚书》卷三,中华书局1975年版,第98页。
② 《哲学大辞典·中国哲学史卷》,第644页。

是一个"假问题"？如若真是"假问题"，则中国哲学史也许就要改写。站在"中国哲学史"的角度，这个问题不容易发现；但若站在"中国哲学批评史"的角度，这个问题立即"水落石出"。这也许正是"中国哲学批评史"之优越于"中国哲学史"的地方。

我们看何晏的《论语集解》，它以《易》、《老》通《论语》，以道解儒，是基于"学理"的立场；阮籍的《大人先生传》以道斥儒，其《通易论》折中儒道，均是立于"学理"的立场；嵇康的《释私论》倡"越名教而任自然"，以道斥儒，是立于"学理"的立场；郭象《庄子注》论证"名教"即"自然"，以道证儒，是立于"学理"的立场；葛洪《抱朴子》"释滞"、"道意"、"明本"诸篇倡"道本儒末"，是基于"学理"立场；慧远《沙门不敬王者论》以释为高，另斥"儒道九流仍皆糠秕"，亦是立于"学理"的立场；颜之推《颜氏家训》"归心"等篇倡儒、释"本为一体"，是立于"学理"的立场；法琳的《辨正论》以佛为高、为优，崇佛而抑道，是基于"学理"的立场；司马承祯的《坐忘论》援儒入道（如儒之"正心"说）、援释入道（如释之"止观"说），是立于"学理"的立场；李翱的《复性书》以释证儒，援释入儒，是立于"学理"的立场；宗密的《原人论》以释斥"儒道二教"，是立于"学理"的立场；《无能子》以道斥儒，同样是立于"学理"立场。如此等等，不胜枚举。

但儒者立于儒家的角度，去指斥释、道二教的时候，却常常是采用"效用优先"的立场。孙盛的《老子疑问反讯》引儒家经典斥老庄，大多是站在"效用"的立场；何承天的《达性论》以儒斥释之神不灭论与轮回说，其《报应问》以儒斥释之因果报应说，大多是立于"效用"的立场；范缜《神灭论》指斥释家之神不灭论，大多是立于"效用"的立场；王通《文中子》虽倡三教共融，但终以儒为最高，大多是基于"效用"的立场；韩愈的《原人》以儒贬释之立场，就跟宗密《原人论》以释斥儒之立场，根本不同，前者是"效用优先"，后者是"学理优先"；韩愈的《原道》以假想的儒家之"道统"对抗释教"祖统"，可说完全是基于"效用"；至宋初三先生，胡瑗讲"明体达用之学",石介《徂徕集》以儒学"正统"反对释、道"异端",孙复《春秋尊王发微》倡儒家"道统"、斥释道二教等,又无一不是基于"效用"的立场。如此等等,不胜枚举。

弄清"三教论争"中批评格式的乖戾,乃是中国哲学批评史的重要课题。此处只是略加点题,以期抛砖引玉。

十、"判教"之格式

"判教"即"教相判释",又称"教判",是通过某种格式,判定佛所说各类经典的意义和地位。它可以不是"中国哲学史"的内容,却不可以不是"中国哲学批评史"的内容。

"判教"实际就是对各宗派的品评或批评。佛教传入中国前,"判教"已经开始。如《法华经》分佛教为大、小二乘,《楞伽经》分佛教为顿、渐二教,《涅槃经》分为五味,《解深密经》分为有、空、中三时,《大智度论》分为三藏(小乘)与摩诃衍(大乘)、显露与秘密,《十住毗婆沙论》分为难行道与易行道,等等。中国第一个"判教"者,是晋宋之际的慧观,将全部佛教分为二教五时。在中国由于是大、小乘佛典同时流行,所以"判教"显得尤为重要。通过区分深浅、大小、权实、偏圆等,南北朝时有所谓"南三北七"之说,隋唐时天台宗智𫖮有所谓"五时八教"之说,三论宗吉藏有所谓"二藏三法轮"之说,法相宗窥基有所谓"三教"之说,华严宗法藏有所谓"五教十宗"之说,净土宗道绰有所谓"二门"之说,等等。几乎每一个宗派,都有自己之"判教"理论。这是中国哲学批评史上的一笔巨大财富。

"南三北七"是南北朝时期出现的十种判教学说,其中南朝有三种判教学说,北朝有七种判教学说。南朝的三种判教理论均把佛说分为顿、渐、不定三教,区别只在对渐教有不同看法。这些不同看法有:

(一)虎丘岌师分为有相教、无相教、常住教,合称"三时教";(二)宗爱、僧旻分为有相教、无相教、同归教、常住教,合称"四时教";(三)僧柔、慧次、慧观分为有相教、无相教、褒贬抑扬教、同归教、常住教,合称"五时教"。北朝七种判教学说分别为:(一)分佛说为人天教、有相教、无相教、同归教、常住教,称"五时教",某师立;(二)分佛说为半字教、满字教,菩提流支立;(三)分佛说为因缘宗、假名宗、诳相宗、常宗,慧光立;(四)分佛说为因缘宗、假名宗、诳相宗、常宗、法界宗,称"五宗教",某师立;(五)分佛说为因缘宗、假名宗、诳相宗、常宗、真宗、圆宗,称"六宗",某师立;(六)分佛说为有相大乘、无相大乘,某师立;(七)定佛说为"一音教"(谓佛以一音说法,众生随机缘不同而理解各异),某禅师立。以上判教均依小乘与大乘、有宗与空宗之次第,编排佛典,说明教义。

"五时八教"是"五时"与"八教"的合称,系佛教天台宗的判教学说。"五时"之说法,见于隋智𫖮《法华文句》卷六下、灌顶《八教大意》、湛然《四教仪备释》卷上等文献。大意是:(一)"华严时",谓释迦牟尼成道菩提树,最初二十七日说大乘无上法门《华严经》,原因是此经高深,解悟者少;(二)"鹿苑时"或"阿含时",谓佛说《华严经》后十二年,在鹿野苑专为根底浅者讲《阿含经》,示小乘道;(三)"方等时","方等"系大乘经通称,以大乘初期为"方等时",谓佛在"鹿苑时"后八年中说初级大乘佛法,如《维摩经》、《金光明经》及《楞伽经》等,意在引小向大;(四)"般若时",谓佛在"方等时"后二十二年间说《般若经》,宣传诸法皆空之理以及般若与方便不二之理;(五)"法华涅槃时",谓佛在"般若时"后八年中说《法华经》,一日一夜间说《涅槃经》,总结开显佛陀之说法本意。因天台宗之经典依据主要在《法华经》,故"五时"之判,结果是以天台宗为最优。

"八教"是"化法四教"与"化仪四教"之合称。"化法四教"亦系天台宗之判教学说,见于《四教义》卷一、《八教大意》等文献。大意是:

(一)"藏教",即三藏(经、律、论)教,指小乘教;(二)"通教",即通教,指诸部《般若》,其义通于大小乘,既含深奥道理,又含浅显道理,故曰通;(三)"别教",即专为菩萨讲,不共小乘人说的"方等经"(大乘经),"别"即"不共"、专门之意;(四)"圆教",即完满、圆融,特指《法华经》教义。天台宗以《法华经》教义为"圆满"、"圆融",故谓"圆"。藏、通、别、圆之判分,是依据佛陀教化众生之内容、方法而来,故有"化法四教"之名,"化法"即教化之方法。天台宗曾以"药味"喻此"化法四教"。

"化仪四教"亦系天台宗之判教说法,见于《四教义》卷一、《八教大意》等文献。大意是:(一)"顿教",《华严经》在不历阶次,顿至佛位,顿示佛法根本义等"化仪"上称"顿教","顿"即指此;(二)"渐教",《阿含经》、《般若经》、《方等经》等倡导依听众根机渐次引导,"化仪"上称"渐教","渐"即指此;(三)"秘密教","同听异闻,互不相知",佛为某类众生秘密开示,各人听到与自己根机相应之道理,称"秘密教","秘密"即指此;(四)"不定教","同听异闻,彼彼相知",但各有不同理解,无法定于一说,称"不定教","不定"即指此。天台宗视此"化仪四教"为"药方"。

"二藏三法轮"乃三论宗之判教学说。"二藏"指声闻藏与菩萨藏,以三论宗入菩萨藏。"三法轮"指三种佛法:(一)根本法轮。指《华严经》。佛成道之初为菩萨说"一因一果"之《华严经》,为根本之教,曰"根本法轮"。(二)枝末法轮。指《华严》之后、《法华》之前所有大小乘经典,它们系枝末之教,曰"枝末法轮"。佛说"一因一果"之"佛乘"(或称"一乘")时,"薄福钝根"之人不理解,于是佛乃开一乘为三乘。(三)摄末归本法轮。指佛最后所说《法华经》。该经会三乘归一佛乘,系摄末("枝末")归本("根本")教,曰"摄末归本法轮"。依此标准,三论宗所据《般若经》被判为"枝末法轮";但吉藏以为仍属"根本法轮"。三论宗"二藏三法轮"之判教,以"二藏"教为主,以"三法轮"教为"傍"(辅)。

"三教"又称"三时教",系法相宗之判教学说。大意指有教、空教、中道教,唐窥基据《解深密经·无自性相品》之"三时"说创设。三时指佛灭度后佛法衰微的三个时期,正法期一千年,像法期一千年,末法期一千年。又据《成唯识论述记》卷一、《大乘法苑义林章》卷一等文献,"三教"之含义为:(一)初时说"有教"。《阿含经》虽说因缘以破有"我",但五蕴等法仍为实有,是为"我空法有",曰"初时'有教'"(指小乘)。(二)第二时说"空教"。《般若经》等说"我法两空",指不可执着,曰"第二时'空教'"(指大乘空宗)。(三)第三时说"中道教"。《华严经》、《解深密经》等说三自性、三无性、万法唯心,心亦无心,以明非有非空"中道"之理,曰"第三时'中道教'"(指唯识宗)。

"五教十宗"系华严宗之判教学说,将佛教各种教义和流派判为五教、十宗。五教之说见于《华严五教章》卷上、《华严经探玄记》卷一等文献。大意是:(一)小乘教,或"愚法声闻教",指说四谛、十二因缘法的《阿含经》与《发智论》、《大毗婆沙论》等。(二)大乘始教,为入大乘初门,故又称"权教",指宣讲万法皆空之《般若经》、《中论》等及宣讲法相唯识之《解深密经》、《唯识论》等。(三)大乘终教,又称"实教",指说真如缘起、众生皆能成佛之《楞伽经》与《大乘起信论》等。(四)顿教,指宣讲不依言辞、不设位次而顿悟教理之《维摩经》、禅宗等。(五)圆教,指圆满开显一乘教理之《华严经》和《法华经》,前者为超越诸教只为上根菩萨说之"别教一乘",后者为混同诸教为三乘人同说之"同教一乘"。华严宗以此"五教"之说,判《华严经》地位最高。以上是法顺、智俨、法藏三祖所定之"五教"。另宗密亦曾立"五教":(一)人天教,指说五戒十善以生人天之《持提谓经》等经教。(二)小乘教。(三)大乘法相教,相当前"五教"说中的相始教。(四)大乘破相教,相当前"五教"说中的空始教。(五)一乘显性教,相当前"五教"说中终、顿、圆三种直显众生皆有佛性之一乘教。

十宗之说见于《华严五教章》卷上及《华严经探玄记》卷一等文献。

大意是:(一)我法俱有宗。佛为一般"人、天"说善恶报应教义的"人天乘"和小乘中之犊子部,主张"人我"、"法我"俱为实有,曰"我法俱有宗"。(二)法有我无宗。说一切有部等主张五蕴诸法、"三世实用"、"法体恒有",但"人我"非有,曰"法有我无宗"。(三)法无去来宗。大众部等主张诸法现在有实体,过去与未来无实体,曰"法无去来宗"。(四)现通假实宗。说假部及《成实论》等主张诸法过去、未来没有实体,现在只五蕴有实体,十二处、十八界则不真实,曰"现通假实宗"。(五)俗妄真实宗。说出世部等主张只有出世法是真实的,一切世间法皆虚妄不真,曰"俗妄真实宗"。(六)诸法但名宗。一说部等主张一切法只有"假名"而无实体,曰"诸法但名宗"。(七)一切皆空宗。《般若经》等主张一切法皆虚幻不实,空无自性,曰"一切皆空宗"。(八)真德不空宗。《楞伽经》等主张一切法都是真如(如来藏)显现,具有实德妙用,故"真体不空",曰"真德不空宗"。(九)相想俱绝宗。《维摩经》等主张"真理"是"绝言听显,离言之理",离言绝虑,惟以离念自正,惟靠顿悟认识,曰"相想俱绝宗"。(十)圆明俱德宗。《华严经》等主张万法本来功德圆满,彼此圆融无碍,缘起无尽,曰"圆明俱德宗"。合前述"五教"而言之,则"我法俱有宗"、"法有我无宗"、"法无去来宗"、"现通假实宗"、"俗妄真实宗"、"诸法但名宗"属于小乘教;"一切皆空宗"属于大乘始教;"真德不空宗"属于大乘终教;"相想俱绝宗"属于顿教;"圆明俱德宗"属于圆教。最终之目标,是以华严宗为最高。

"二门"系净土宗之判教学说,将全部佛法判为"圣道门"与"净土门"二门。唐道绰《安乐集》据龙树《十住毗婆沙论》而立。大意是:把依据《无量寿经》等宣传阿弥陀净土信仰的教义称为"净土门";把其他佛教经典之教义称为"圣道门"。认为"唯有净土一门,可通入路";而"圣道门"却"去大圣久远",且"理深解微",无人可由此得道。

以上是中国佛教各宗之"判教"举例。可知中国之"判教"实在是形形色色。而所以形形色色之故,正在于各宗在"判教"时采用了完全不同的批评格式。格式不同,则各宗在"判教"图谱中之地位便有不同。尤可注意者,各宗均可以最佳之格式而判本宗为最高,此真为中国哲学批评史上"光彩夺目"之一页。

十一、《碧岩录》使"佛禅格式"取得压倒优势

宋徽宗在位的二十五年(1100—1125年),被史家称为"北宋统治最黑暗的时期"。圜悟佛果禅师克勤(1063—1135年)①住持澧州夹山(1111—1118年)开讲《碧岩录》,以及《碧岩录》最终成书的时期(1125年,徽宗宣和七年),正好就在这个"北宋统治最黑暗的时期"。可以说《碧岩录》的成书,与宋徽宗的下台(1125年),与金的灭辽(1125年),与北宋王朝的灭亡(1127年,钦宗靖康二年二月六日)以及南宋王朝的建立(1127年,高宗建炎元年五月),几乎是完全同步的。

从文化史上说,北宋的灭亡是中国文化史上的一个重要转折点。圜悟克勤及其《碧岩录》,就刚好处在这个转折点上,承担起"文化转折"的神圣使命。《碧岩录》被誉为"宗门第一书",著者以为就是指担当这个"文化转折"的使命而言。"宗门"是相对于"教门"而言的,"宗"是指禅宗,表示它是在传统佛教之外的独立门派。"宗门第一书"表示《碧岩录》是自东土禅宗初祖菩提达摩(?—536年)至圜悟克勤约600年间的"第一书",至少表示它是六祖慧能(638—713年)至圜悟克勤约400余年间的"第一书"。此种评价之于《碧岩录》,是非常崇高的。慧能的《坛经》,地位已经非常崇高(佛教中只有释迦牟尼的著述方有成"经"之资格);圜悟克勤的《碧岩录》竟被后世学人视为可与《坛经》比肩,可知《碧

―――――
① 卒年或1153年,严北溟说。

岩录》之地位至少是与《坛经》一样的崇高。

这部可与《坛经》相提并论的"宗门第一书",其在禅宗发展史上的重要地位,已多有学者论及之。如吴立民先生等就说它是一部"在中国禅宗史上占重要地位、有巨大影响的著作",说它"不仅内容丰赡、风格独特,而且其流通传布也极具传奇色彩"[①]。又如任继愈先生主编之《宗教词典》说它"是中国禅宗临济宗的主要典籍",又说它"对日本佛教禅宗也有相当大的影响"[②],等等。总之,《碧岩录》在"宗门"中的地位,甚至在"教门"中的地位,是已经基本得到公认的。

但著者以为仅仅承认《碧岩录》在禅宗发展史上的地位,是远远不够的。实际上《碧岩录》影响了整个中国文化史的发展。它在中国文化史上,还有更重要的地位。这个地位,可以用一句话来表达,就是"《碧岩录》乃是中国文化的转折点"。就如一条大河,中国文化的巨流,流到《碧岩录》这里,转了一个弯。没有这个弯转,便没有南宋以后中国文化的成功转型。这其中最为关键的,就是它从根本上强化、确立了中国哲学批评的"佛禅格式"。表现在:(一)开"茶禅一味"之源;(二)开"诗禅一味"之源;(三)开"字禅一味"之源;(四)开"教禅一味"与"禅禅一味"之源;(五)开"儒禅一味"之源。

开"茶禅一味"之源。《碧岩录》被认为是"茶禅一味"的源头。如吴立民先生的《中国的茶禅文化与中国佛教的茶道》一文,就明确地肯定"茶禅一味"是"由宋朝临济宗大师圜悟克勤提出的",并说他在湖南夹山寺编著的《碧岩录》被韩国称为"天下第一奇书",他手书的"茶禅一味"四字真诀,"成为日本代代相传的国宝"[③]。又如刘墨先生的《禅学与艺境》一书亦谓日本的村田珠光(1423—1502年)正是因为从一休纯

---

① 吴立民主编:《禅宗宗派源流》,中国社会科学出版社1998年版,第322页。
② 任继愈主编:《宗教词典》,上海辞书出版社1981年版,第1103页。
③ 吴立民:《中国的茶禅文化与中国佛教的茶道》,《法音》2000年第9期,总第193期。

宗那里得到印可状——圜悟克勤的墨迹,而成为日本茶道之"开山祖师",并谓圜悟克勤的墨迹已成为"日本茶道界最为珍贵的宝物"①。可知日本的"茶道"实际就是"茶禅",而《碧岩录》正是"茶禅"的源头。此处应注意"茶道"与"茶禅"之区分,如果说"茶道"是茶与道之结合,"茶道是变相的道教"②,则"茶禅"便无疑是茶与禅之结合,"茶禅是变相的禅宗"。茶与禅虽关系密切,但在圜悟克勤以前,茶还只是禅的附着物,还不是禅本身,故不能命之为"茶禅",而只能命之为"禅茶";到圜悟克勤提出"茶禅一味",茶一跃而成为到达彼岸的桥梁,茶一跃而成为禅本身,而非禅的附着物,故此时方有真正的所谓"茶禅":以茶为禅;以禅之格式评茶品茶。

开"诗禅一味"之源。"诗禅一味"所讲的"诗",主要是诗评,而非诗歌创作。禅诗的创作,早在圜悟克勤之前就已存在,但那只是"禅诗"而非"诗禅";真正"诗禅"的代表作,是南宋严羽的《沧浪诗话》。这部"代表了中国古代诗学的成就和特色,堪称中国诗话的高峰"③的著作,中心思想是"以禅喻诗",此处所谓"禅"是大慧宗杲的禅学,而大慧宗杲的禅学恰是来源于圜悟克勤及其《碧岩录》。故《碧岩录》完全可被视为"诗禅一味"之源。大慧宗杲(1089—1163年)是圜悟克勤之后南宋重振临济宗风的大禅师。宗杲禅学的特色,一是积极进取,反对曹洞宗宏智正觉(1091—1157年)"默照禅"的消极退避;二是慷慨批判,给报国无门的士大夫以安慰;三是独立不羁,颇具反潮流的精神;四是强调"妙悟",以为"妙悟"的地位要高于"工巧技艺"。宗杲禅学的这些特色,就构成

---

① 刘墨:《禅学与艺境》,石家庄:河北教育出版社2002年版,第923页。
② (日)福光永司:《冈仓天心与道教》,《日本学者论中国哲学史》,中华书局1986年版,第503页。
③ 刘烜:《禅与严羽的〈沧浪诗话〉》,季羡林、吴亨根等《禅与东方文化》,商务印书馆1996年版,第178页。

为《沧浪诗话》的理论背景与理论依据,可以说,没有宗杲禅学,也就没有《沧浪诗话》。严羽曾恭称宗杲为"参禅精子",一心想当"参诗精子"的严羽,其吸收运用宗杲禅学理论,无疑完全是自觉的、有意识的。严羽时代禅师们的著作不只宗杲一家,严羽找到"最有权威性的禅学理论"——宗杲禅学作为自己的指导思想,"说明他的选择是成功的、有眼光的"[1]。而一旦他选择了宗杲禅学,也就选择了圜悟克勤及其《碧岩录》。在此意义上,《碧岩录》乃是从"以文字为诗,以才学为诗,以议论为诗"走向"以禅喻诗"的转折点,简言之,是从"诗工"走向"诗禅"的转折点。

开"字禅一味"之源。"字禅一味"所说的"字",指的是语言文字。要知道"字禅一味"的重要性,首先就要了解禅宗"不立文字"的本旨。六祖慧能就是不识文字却能悟道的开山典范,"不立文字"的原则,在慧能之后成为禅宗内在精神的重要组成部分,号曰"教外别传,不立文字,直指人心,见性成佛"。所以慧能以后的禅宗实是"两手抓",一手是"见性成佛",一手是"不立文字"。"不立文字"的初衷,是认定语言文字对禅而言乃是人为的枷锁,它是有限的、片面的、僵死的、外在的,它不仅不能促成人达到禅的境界,相反,无时不成为人们"见性成佛"的障碍。换言之,在禅宗看来,执著于语言文字,就是执著于思辨、认识、理性、推理、分析,这对"本来境界"的把握而言,乃是南辕北辙。故禅宗主张用种种形象的、直觉的方式去表达和传递那些本无以表达和传递的信息。这样的一种方式被禅宗称为"如人饮水,冷暖自知"[2]。这种"不立文字"的传统,到什么时候发生转变了呢?著者以为彻底的转变是实现于圜悟克勤及其《碧岩录》,在这里"不立文字"的传统转变为"只立文字"

---

[1] 刘烜:《禅与严羽的〈沧浪诗话〉》,季羡林、吴亨根等《禅与东方文化》,第184页。
[2] 道原:《景德传灯录》卷四《袁州蒙山道明禅师》,《大正藏》第五十一卷第202册,第232页。

的宗风,语言文字的"第二义"地位转变为"第一义"。而这正是著者所谓的"字禅一味"。"字禅一味"的思维方式,以"文字禅"为主要的代表,而真正代表"文字禅"之真义的,恰好就是圜悟克勤及其《碧岩录》。冯学成先生在其《棒喝截流》一书中就坦言:"真正意义的文字禅并非禅诗可以代表,因为作为'诗',尚不是禅宗'武库'中的'家伙'。有资格作为'宗门武库'中的兵器,必须是禅宗'直指人心'的那些方法,禅宗内的偈颂虽多,只是粗铜粗铁,尚不足以达到兵器的标准。以文字禅达到这种标准的,大概只有玄(云)门宗雪窦重显禅师的'颂古百则'和以此基础而成的《碧岩录》。"又说:"《碧岩录》在禅宗内声望极高,与《坛经》一起被称为'合璧'之作,因为其中的禅机太浓了,太'专业化'了。作者就是大名鼎鼎的圜悟佛果克勤禅师。"[1]《碧岩录》所代表的文字禅已经成熟到这样的程度,那些尚未入门的人只要熟读它,虽没有开悟,就已俨然进入禅境。这是文字禅的最高境界,也是大慧宗杲不顾乃师情面毁其版而焚其书的根本缘由。但大慧宗杲的毁版烧书,并没有阻止《碧岩录》的广泛传播,反而使这部书一时风行天下,影响所及,远达日本、朝鲜等地,且至今不衰。这一方面说明文字禅有其强大的生命力,另一方面亦说明真正实现"宗风为之一变"的只是圜悟克勤及其《碧岩录》,而不是别人。正是在此意义上,著者认定圜悟克勤及其《碧岩录》乃是"字禅一味"的源头。

如果说"如人饮水,冷暖自知"是"不立文字"的境界,则"字禅一味"的境界便是"喜禅如春,文字则花"。这是被视为"禅门文字禅的理论总结者"的明代僧人紫柏真可所说的话。真可把语言文字与禅的关系比喻为水与波的关系:"文字,波也,禅,水也,如必欲离文字而求禅,渴不

---

[1] 冯学成:《棒喝截流——禅林奇韵》,四川人民出版社1995年版,第242页。

饮波,必欲拨波而觅水,即至昏昧宁至此乎!"① 他又把语言文字与禅的关系比喻为春与花的关系:"盖禅如春也,文字则花也。春在于花,全花是春;花在于春,全春是花。而曰禅与文字有二乎哉? 故德山临济棒喝交驰,未尝非文字也;清凉天台疏经造论,未尝非禅也。而曰禅与文字有二乎哉!"② 这就是把语言文字与禅等同起来,"即文字语言而传心"、"即心而传文字语言"③,这就是"字禅一味"的最高境界。语言文字在这里不再是障碍、是阻力,反而成为帮助与推动力;语言文字不再是"第二义",反而成为"第一义";中国文化史上"言不尽意"的传统在这里转变成为"言尽意"甚至"惟言尽意"的门风。这样的一种转变,在语言学上有无比重要的价值,西方哲人是直至20世纪才真正认识到这一点的。而这一转变的实现就是圜悟克勤及其《碧岩录》④。"字禅一味"的出现,标志着平民化的"农禅"已经转变成为以文人士大夫为代表的文人禅、儒禅,标志着禅宗僧人文化水平已经提高,标志着以诗歌为代表的中国主流文化已经渗透到禅宗的深层。这一切向我们昭示,中国文化确是走上了一个新方向。

开"教禅一味"与"禅禅一味"之源。"教禅一味"谈的是佛教与禅宗之间的关系,"禅禅一味"谈的是禅宗内部各宗派之间的关系。教门与宗门之分,源于《楞伽经》。禅宗内部有一个说法,说释迦牟尼在创立佛教的时候,除了说"教"以外,还创立了一个"教外别传"、"以心传心"、"不立文字"的"正眼法藏"。"教"须靠语言文字传授;而"宗"则不靠语言文字传授。教门与宗门的区别,除了对佛经佛典的态度不同外(宗门

---

① 真可:《紫柏尊者全集》卷第十四《礼石门圆明禅师文》,文物出版社1989年版。
② 真可:《紫柏尊者全集》卷第十四《石门文字禅序》。
③ 真可:《紫柏尊者全集》卷第十四《礼石门圆明禅师文》。
④ 临济宗四传弟子汾阳善昭、黄龙慧南的二传弟子慧洪、宋僧景淳、宋僧契嵩及明僧紫柏真可等人在文字禅发展史上之地位,著者拟另文论述。

讲求自悟,不假外求,故反对经教),主要就表现在对于语言文字的不同态度上:教门重佛经佛典,因而重视语言文字;宗门讲求机锋、直觉,因而不重视语言文字。"教禅一味"所讲的"一味"主要就是归结到教门的重视语言文字上,而不是宗门的不重视语言文字上。禅宗自菩提达摩至圜悟克勤的600年间,尤其是六祖慧能至圜悟克勤的400年间,所坚持的基本是"不立文字"的立场,因而是坚持教、门二分的。自圜悟克勤及其《碧岩录》开始,才真正转向"只立文字"的立场,因而才有可能真正实现"教禅一味"。严北溟先生的《中国佛教哲学简史》曾谓法眼宗的名僧、活跃于五代北宋之际的《宗镜录》百卷之作者永明延寿(904—975年)是倡导教(禅宗以外诸宗)禅兼修、性相融合的先驱,更是盛倡禅净(净土宗)兼修说的先驱,说他"反对宗门中那种终日谈禅,不读书研习的作风,并力主调和各宗派之间的分歧,尝召集法相、华严、天台三宗僧人会商,从事于这方面的努力"①。冯学成先生的《棒喝截流》一书亦谓"永明延寿不仅融合禅宗与天台、华严、唯识诸宗之说,还作《万善同归集》,提倡'一心念佛'的净土宗,使净土和禅宗也搭上了关系"②。杨维中先生更追溯"教禅一致"的历史云:"禅宗早期排斥经教,自标宗门,态度相当坚决。至黄檗希运在裴休影响下,首次提出禅教一致的想法,但失之于零散,反响不大。中唐时的宗密,主张教禅一致,但统一的结果是将华严宗的理论体系融进了荷泽禅系,使神会系失去了个性。当然,宗密的这一思想仍然产生了很大影响,后来诸家禅师所乐道的'理事关系'与宗密的提倡不能说没有关系。至于其主张的未尝实行,是因为时机的不成熟。至五代末,终由法眼宗僧人延寿重提'教禅一致'说,并实

---

① 严北溟:《中国佛教哲学简史》,上海人民出版社1985年版,第207页。
② 冯学成:《棒喝截流——禅林奇韵》,第144页。

际上改变了禅宗入宋后的路向,引发了宋代的文字禅。"① 看来学界公认五代北宋之际的永明延寿是"教禅一致"说的代表人物。著者的看法是:(一)"教禅一致"还只是强调教、禅的相关与一致,还远没有达到"教禅一味"的境界;(二)在实现"字禅一味"的转变之前,不可能真正实现"教禅一味"。圜悟克勤及其《碧岩录》才是"教禅一味"的彻底实现者。

至于"禅禅一味",情形亦大致如是。印顺的名著《中国禅宗史》曾对禅宗内部"禅风的对立"有所分析,如"直说与巧说"的对立、"随相与破相"的对立、"尊教与慢教"的对立、"重定与轻定"的对立② 等等,总之认为禅宗内部也是分歧重重,远没有达到"一致"或"一味"的程度。"禅禅一味"开始于何时? 鉴安的说法给我们以启示。鉴安说:"可是雪窦的颂古百则得到临济宗杨歧派的圜悟克勤禅师在住持夹山灵泉禅院时,加上评唱,组成'碧岩录'(或称碧岩集),而被当时的禅僧们称为'宗门第一书',这一事实说明禅宗从唐末发展至北宋不但在语句的修饰上达到了空前成熟的程度,而且在宗派之间也倾向于合流。"③ 又说:"圜悟……给予参禅的人以很大的方便,所以当时用'丛林学道诠要','留示丛林,永垂宗旨','欲天下后世知有佛祖玄奥'等语赞美它。禅宗五宗七派的祖师们本来各有机用,不易'凑泊',自碧岩录出而有'敲门砖'可寻,禅风又为之一变……"④ 鉴安此处已明确指出,《碧岩录》已成为禅宗内部各宗派共用的"敲门砖",而这正是"禅禅一味"的雏形。从《碧岩录》一书的内容看,该书亦颇具"禅禅一味"的意味,该书一百则公案,含《楞严经》二则、《维摩经》一则、《金刚经》一则、云门宗及其他宗九十

---

① 杨维中:《由"不立文字"到文字禅——论文字禅的起因》,《禅学研究》第三辑,江苏古籍出版社 1998 年版,第 247 页。

② 印顺:《中国禅宗史》,上海书店 1992 年版,第 326—351 页。

③ 鉴安:《试论唐末以后的禅风——读〈碧岩录〉》,张曼涛主编《禅学论文集》,台湾:大乘文化出版社 1976 年版,第 32 页。

④ 同上,第 313 页。

六则(其中云门文偃禅师十五则),可谓是众禅合于一书。

从禅宗当时发展的情形看,"禅禅一味"也只能在圜悟克勤及其《碧岩录》那里实现。在"三杰"(佛果克勤、佛鉴慧勤、佛眼清远)尤其是佛果克勤出现之前,杨歧禅还不足以和黄龙禅抗衡,当时黄龙慧南之弟子数十人,遍布长江、黄河各大都市与名山丛林,且得大批著名士大夫拥护。而此时杨歧方会孤处江西,仅弟子数人,场面远未打开。传至湖北五祖山法演禅师,杨歧禅之名声与阵容才开始显赫,渐渐获得与黄龙禅、云门禅两大家的抗衡地位。真正使杨歧禅从"防御"转入"反攻"并取得压得优势的,是五祖法演(?—1104年)手下的三大弟子,即"三杰"或曰"三佛",尤其是圜悟克勤。对此冯学成先生说:"在这'三佛',特别是在佛果克勤(1063—1135年)之时,杨歧禅派就压倒和取代了黄龙和云门两家,南宋以来,除曹洞宗一脉尚存外,中国的禅宗,至今八百年来几乎是杨歧禅派的舞台,汉地的佛教,也几乎全是杨歧禅派的舞台。"[①] 五祖法演曾以"灭吾宗者,乃克勤尔"之语称赞圜悟克勤,这是对克勤的无上赞誉,也是对克勤地位的充分肯定。可以说杨歧禅一统天下之地位的奠定,相当程度上就是圜悟克勤的功劳。克勤时代禅门局面浩大,有大慧宗杲、虎丘绍隆、灵隐慧远、育王端裕、大沩法泰、华藏安民、华严祖觉等"善知识"百余位,可谓"谋士如云,猛士如雨"。宋室南迁,这批禅师广播海内,传法日本,"使临济—杨歧禅派达到了'一统天下'的鼎盛局面"[②]。这一时期又正是禅宗从机锋棒喝转变成话头禅(文字禅、公案禅)的关键时期。克勤之前,禅师"上堂"之"法语"并不多见,云门之"语录"算是最多的,仅三卷。《古尊宿语录》所收诸家语录最多者为佛眼清远,亦仅九卷。而圜悟克勤仅被收入《大藏经》的"语录",

---

① 冯学成:《棒喝截流——禅林奇韵》,第155页。
② 同上,第157页。

就达二十卷之多,另有著名的《碧岩录》十卷、书信录《心要》三卷等,其著作量之大、影响之大,在禅宗内部是极其少见的。总之,禅宗五宗七派,最后被以圜悟克勤为代表的杨歧禅收归一统,垄断中国文化史九百年。说"禅禅一味"以圜悟克勤及其《碧岩录》为源头,一点也不为过,因为到了这时,"一味"得"一味",不"一味"也得"一味"。"禅禅一味"乃成一种必然。

开"儒禅一味"之源。要证明"儒禅一味"亦以圜悟克勤及其《碧岩录》为源头,有相当大的难度,因为这几乎是一个全新的观点,需要打破许多传统的见解。鉴安在论及大慧宗杲时,曾谓宗杲"把'合流'的倾向扩大到佛教以外的儒家去了,似乎比他的老师又进了一步"[1],似乎主张大慧宗杲才是"禅儒合流"的始祖。王志远先生则反之,把"三教合一"的时间提前,认为"宋初三先生"(孙复、胡瑗、石介)就已经实现"儒教的彻底宗教化",被后人称为"后世儒者鼻祖"的周敦颐在"三教合一"方面并无首创之功,他"不过是将宋初正在复兴过程中发生转变的佛教、道教的修养方式、修养对象和修养目的移植到儒教中来,将韩愈、李翱等人的'道统说'、'心性说'等唯心主义体系在新形势下继承并加以发挥而已"[2]。总之有谓"儒禅一味"是始于南宋者,如鉴安;有谓"儒禅一味"是始于北宋初年者,如王志远;亦有谓"儒禅合流"始于云门宗禅僧契嵩和尚(1007—1072年)者,如严北溟[3]。这些观点,尤其最后一种观点,有很广大的市场。对所有这些观点的梳理,将置诸另文。此处只谈著者自己的观点,就是认为圜悟克勤及其《碧岩录》是"儒禅一味"之源。

---

[1] 鉴安:《试论唐末以后的禅风——读〈碧岩录〉》,《禅学论文集》,第317页。

[2] 王志远:《唐宋之际"三教合一"的思潮》,《佛教与中国文化》,中华书局1988年版,第76页。

[3] 严北溟:《中国佛教哲学简史》,第207页。

以圜悟克勤及其《碧岩录》为"儒禅一味"之源,究竟是什么意思呢?换言之,这里要说明,本书是在什么意义上肯定圜悟克勤及其《碧岩录》乃"儒禅一味"之源的。现分述如下:

甲、圜悟克勤及其《碧岩录》最终完成了从平民禅向文人禅、从农禅向儒禅的转变。这是就禅师的身份而言的。身份的转变,是实现"儒禅一味"的基本前提。六祖慧能本就是一个不识字的人,出道之后,为了直指心性,语句都很质朴平实,其后的禅师如青原、南岳、马祖、石头、百丈、药山等等,所用语句亦大都开门见山,质直无华,且他们都亲自开山种地,参加劳动。这就是所谓"农禅"。百丈是最早提倡"农禅"的人,沩山、仰山也都忠实于"一日不作,一日不食"之生活规范,并使禅在全方位劳作中得到运用。① 由四祖道信创始、五祖弘忍光大的这一"农禅"群体,影响当时与后世极其深远。弘忍亦因之声名远播,六祖慧能就是在此情形下闻其名而投其门的。"农禅"是一种平民禅,比较接近于民众,禅对他们而言,就在茶园、田地、庄稼中,就在吃饭、睡觉、寒暑中,"作务"就是禅,禅就是"作务"。只要机缘凑合,村姑野老也可以悟道。马祖位下的凌行婆以及以后的台山婆、烧庵婆等,见地透彻,机锋灵活,并不逊于得道高僧。当文人士大夫被禅宗吸引,村姑野老便渐渐失去参禅机会,终至于与禅门绝缘,于是平民禅彻底转变为文人禅,"农禅"彻底转变为"儒禅"。"不立文字"的特色消失了,师徒间的棒喝与拳打脚踢不见了,避世求生转变为入世求生,对现实道德与现实政治的远离转变为接近与纠缠,锄头换成了笔,种田吃饭、田园劳作变成为吟诗作赋、讲究修饰。"寇盖莅临禅门的次数愈多,村姑野老们自在参禅的机会就

---

① "农禅"之前还有一个"流禅"或"游禅"的阶段,达摩一系禅僧和多数楞伽师均以游方为务,居无定所。大约从三祖僧璨开始,禅僧到达江淮地区。及至四祖道信在黄梅双峰山聚众五百定居,倡导作、坐并重,自给自足,禅僧便开始由流动转向定居,完成生活方式的重大转变。

愈少,到了北宋,禅宗门下,除了禅和子以外,就只见到士大夫们憧憧往来,很少有村姑野老们的足迹。"①

唐之时,尤其唐、宋间,诗僧人数就已呈不断增加之势②。但诗僧增加只是表明禅师文化水平提高,还不是真正意义上的"儒禅"。"农禅"的彻底消亡与"儒禅"的最终确立,著者以为是实现于圜悟克勤及其《碧岩录》所处的北宋末期。理由有三:第一,《碧岩录》是第一部自觉地、有意识地"笼络当世学者"的著述;第二,圜悟克勤是禅门中与文人士大夫来往最多、交往最密的第一人;第三,圜悟克勤及其《碧岩录》有将禅师与孔孟相提并论的文化背景。关于第一点,《禅林宝训》卷第四曾引心闻昙贲禅师批评《碧岩录》的话说:"天禧间,雪窦以辩博之才,美意变弄,求新琢巧,继汾阳为颂古,笼络当世学者,宗风由此一变矣。逮宣政间,圜悟又出己意,离之为碧岩集,彼时迈古淳全之士,如宁道者、死心、灵源、佛鉴诸老,皆莫能回其说。于是新进后生,珍重其语,朝诵暮习,谓之至学,莫有悟其非者。痛哉,学者之心术坏矣。"③"笼络当时学者"是雪窦禅师想做的,但落实此种行为,自觉地、有意识地使此种行为变成不可逆转("皆莫能回其说")之势的,是圜悟克勤及其《碧岩录》。自此"新进后生"便彻底踏上了"儒禅"的不归路。毁版后重行刻版的《碧岩录》序跋上亦有"圜悟顾子念孙之心多"及"圜悟之心,释氏说经之心也"之类的话,同样表明圜悟克勤以《碧岩录》"笼络当世学者"(而非"农者")之行为,是自觉的、有意识的。关于第二点,学者谓雪窦禅师已经和文人士大夫有很深、很多的交谊,如他和曾公会学士、驸马都尉李文和、于秘丞、沈祠部等常有往还,他荣升雪窦住持乃是出于曾

---

① 鉴安:《试论唐宋以后的禅风——读〈碧岩录〉》,《禅学论文集》,第315页。
② 杨维中:《由"不立文字"到文字禅——论文字禅的起因》,《禅学研究》第三辑,第243页。
③ 净善:《禅林宝训》卷第四,《大正藏》第四十八卷第192册,第1036页。

公会之推举等等。但比较而言,雪窦禅师在与文人士大夫交往的深度和广度上,还是远远不及圜悟克勤。在这方面,圜悟克勤恐怕得坐头把交椅。他经常为运制、侍御、侍制、朝散、安抚、少保、典御及贵妃、郓国大王、莘王、济王等达官贵人上堂说法,他历任名刹住持亦均得力于文人士大夫们的推举。宗泽、李纲都与他"有缘";张浚是他的学生;圜悟禅师的"圜悟"两字,还是宋高宗御笔亲封的。至于他和名儒张商英、王安石等人的关系,更是不在话下。这是何等"儒化"的一个禅僧!关于第三点,林科棠先生以为儒者之出家,至《碧岩录》而极,终至有并立禅师与孔孟之举。儒者出家,南北朝时期就有,隋唐时代儒教中无人,生于儒教之家而皈依释门者尤多,有名的马祖道一之法嗣庞蕴居士、天台宗中兴之祖荆溪、禅门大德丹霞等等均是。但使儒者之出家达于极致者,唯《碧岩录》。荆溪为佛门最大硕学,其出家影响儒者甚多;庞蕴居士吐露之妙句,供后来禅家之考察,亦能有效地诱使儒者归佛。但都远不及《碧岩录》之诱惑力与感召力,"《碧岩集》之锦句绣语,殆在此二百五十年间发达积集之结果欤"[①]。影响所及,而有王安石与张方平的著名对话:

　　(王)安石问(张)方平:"孔子去世百年生孟子,后绝无人;或有之,而非醇儒。"方平曰:"岂为无人?亦有过孟子者。"安石曰:"何人?"方平曰:"马祖、汾阳、雪峰、岩头、丹霞、云门。"安石意未解,方平曰:"儒门淡薄,收拾不住,皆归释氏。"安石欣然叹服,后以语张商英,抚几赏之,曰:"至哉此论也!"[②]

　　张方平曾见《楞伽经》于滁州僧舍,读后宿障冰消,且见其笔迹亦与己不稍异,觉有不可思议之因缘,乃于经首四句发明心要;以之授于苏

---

① 林科棠:《宋儒与佛教》,《万有文库》第一集,商务印书馆1930年版,第56页。
② 释志磐:《佛祖统纪》卷四十五,《大正藏》第四十九卷,第415页。

东坡,东坡乃刊此经行世。东坡之爱读佛书,大概由此因缘而来。张方平"禅师过于孟子"之说,也许有些"过火",但圜悟克勤时代生于儒家者陆续出家而为佛门中之大德小德,确已成为当时不可逆转之风潮。这其中圜悟克勤及其《碧岩录》功莫大焉。且克勤本人就是出身清儒世家。克勤弟子大慧宗杲禅师有言曰:"昔李文和都尉,在富贵丛中参得禅,大彻大悟;杨文公参得禅时,身居翰苑;张无尽参得禅时,作江西转运使。只这三大老,便是个不坏世间相而谈实相底样子也。又何曾须要去妻孥,休官罢职,咬菜根,苦形劣(劳)志,避喧求静,然后入枯禅鬼窟里,作妄想,方得悟道来。"[①] 宗杲所说的,其实就是"儒禅一味",这"儒禅一味"的成为不可逆转,就始于乃师圜悟克勤。

乙、圜悟克勤及其《碧岩录》流布极盛之时代,亦就是宋学勃兴之黄金时代。两者的关联并不是偶然的:朱熹作为宋学之集大成者,本就是大慧宗杲的徒子、圜悟克勤的徒孙。圜悟克勤及其《碧岩录》之前的宋学,如宋初三先生,如北宋五子,我们不能说它就是禅学;圜悟克勤及其《碧岩录》之后的宋学,如朱子,如陆象山,如王阳明等等,我们可以说它就是禅学,只不过是以"阳儒阴禅"的形式表现罢了。林科棠先生有言曰:"雪窦之颂古,已与学者以大影响,而绝灭《碧岩集》之大慧,乃朱子同时之先辈,故宋学勃兴之黄金时代,即《碧岩集》流布极盛之时代也。朱子青年时爱读《大慧语录》,想如斯风潮中,其他儒者多少必接触禅家语录欤?"[②] 朱熹自谓"少年亦曾学禅",又说"某于释氏之说,盖尝师其人,尊其道,求之切至矣",并向宗杲问禅学道,赞同宗杲之思想,敬重宗杲之人格。谓朱子思想有"阳儒阴禅"之内涵,一点也不为过。清儒颜元就曾如此评定朱子:"朱子凡到辟禅肯綮处,便谈禅有殊味,只因其本

---

① 大慧宗杲:《大慧普觉禅师语录》卷第二十一,《示徐提刑敦济》,《大正藏》本。
② 林科棠:《宋儒与佛教》,第53—54页。

来有禅根,后乃混儒于释,又援释入儒也。"① 又说:"朱子沉迷于读讲章句,更甚于汉儒;玩心于空寂禅宗,更甚于陆子。"② 可见朱子思想至少是"儒禅参半"的。陆象山受禅宗影响更大(实际就是受克勤、宗杲禅学之影响),朱熹曾斥其为"顿悟之禅宗",说:"近闻陆子静言论风旨之一二,全是禅学,但变其名号耳。竞相祖习,恐误后生。"③"今金溪学问,真正是禅。""子静寻常与吾人说话,会避得个禅字,及与其徒,却只说禅。""又论说道理,恰似闽中贩私盐底,下面是私盐,上面以鲞鱼盖之,使人不觉。盖谓其本是禅学,却以吾儒说话遮掩。"④"子静一味是禅,却无许多功利术数,目下收敛得学者不为无力,然其下稍无所据依,恐亦未免害事。"⑤ 王阳明融禅,有过之而无不及。且王阳明不再是偷偷摸摸、羞羞答答地融禅,而是公开地、直言不讳地融禅。不仅其"良知"学说深受禅宗"本来面目"思想之影响,而且其修养方法亦多接近于或类似于禅宗之修行方法。王门后学自王龙溪、王心斋以降,盛行自然无为之风,认万紫千红、鸢飞鱼跃即为"天机"动荡,花落鸟啼、山峙川流即为"良知"流露,力主"率性工夫本自然,自然之外更无传"、"此心收敛即为贤,敛到无心识性天",并有"吾人心体活泼,原来如此"之言,完全一副活脱脱禅家模样⑥。

丙、圜悟克勤及其《碧岩录》通过实现从"离世间求解脱"向"即世间求解脱"的革命性转变,构成为宋儒逃儒入禅的"重要契机"⑦。禅宗沿

---

① 颜元:《朱子语类评》,《颜元集》上册,中华书局1987年版,第283页。
② 颜元:《朱子语类评》,《颜元集》上册,第275页。
③ 《朱子大全》卷第四十七《答吕子约(祖俭)》之十七,《四部备要》本。
④ 《朱子语类》卷一百二十四,《四库全书》本。
⑤ 《朱子大全》卷第三十五《与刘子澄》之二,《四部备要》本。
⑥ 参考赖永海:《佛道诗禅——中国佛教文化论》,中国青年出版社1990年版,第113—114页。
⑦ 参考同上,第113页。

着"即世间求解脱"的方向发展,至圜悟克勤及其《碧岩录》而臻完成,出世与入世最终实现了统一。自此禅宗变成为一种"不坏世间相而证实相"、"既在孤峰顶上,又在红尘浪里"的人间宗教。自此儒门很少再听到"排佛"的声音。后人评宋明儒学,谓理学为"儒表佛里"(梁启超语),谓心学为"阳儒阴释"(王夫之语);或谓无佛学即无宋明理学,"吾人如谓无佛学即无宋学,绝非虚诞之论","宋学之所号召者曰儒学,而其所以号召者实为佛学"(周予同语);或谓"今之所谓理学者,禅学也"(顾炎武语);或谓"宋儒之学,其入门皆由禅也"(明儒黄绾语);等等[①]。站在儒的立场,可以叫做禅儒一味,阳儒阴禅;站在禅的立场,又可视为儒禅一味,阳禅阴儒。禅与儒变成为一体之两面,半儒半禅,亦儒亦禅,或逃儒而入禅,或逃禅而入儒。此种格局之终极的打造,就有圜悟克勤及其《碧岩录》的一份功劳。

丁、宋明儒学又被称为"新儒学",其"新"何来?其"新"很大程度上来源于圜悟克勤及其《碧岩录》。这涉及到两宋儒学的根本差异,从北宋到南宋,著者以为儒门发生了根本的转折,促成这个转折的正是圜悟克勤及其《碧岩录》。转折的内容如何?著者以为很明确:北宋儒学之"新"在融合儒与道(以禅为中介),而南宋儒学之"新"则在融合儒与禅。融合儒与道不算"新",汉代的"新儒学"就是儒道融合的产物;宋明新儒学的"新"全赖一个"禅"字,尤其是圜悟克勤及其《碧岩录》的禅学。关于北宋儒学之性质,林科棠先生《宋儒与佛教》一书云:"禅不走于教相,不陷于文字,单刀直入,彻求自己之心性,由此以得大悟之键钥,盖即直接修道之方法,简明而可信者也。此修道法与老子之守静复归契合,又能与儒教之尽心知性调和。由是,中国之思想家,乃始理解老子之理想境,而儒教之文言,且得增加意义。换言之,孔老二教,以禅为中介,内

---

① 参考赖永海:《佛道诗禅——中国佛教文化论》,第114页。

容上乃得融合。此即所谓宋学是也。"① 此处所谓"宋学",实即北宋儒学。北宋儒学乃是儒、道二教的融合,融合的中介是禅。总之在北宋儒学中,禅还只是中介,还不是内容。故林先生又说:"以上三点(按:即指心见性、僧院之清规、简明与脱俗),指心见性,为儒道所共通,清规与儒教之礼乐调和,简明脱俗则与道教之虚无恬澹有共通之性质,故禅宗乃在佛教中具备最能调和儒道之性质者。"② 即林先生认为禅乃是儒、道融合的最好平台。林先生又说:"至宋中叶,儒者亦鉴于大势,乃进而摄取佛教,收为己用焉。要之,道教与儒教,自得佛教乃大成其组织;反之,佛教则假用道教之言语,作为表明思想之具,或不知不觉浸渐于恬澹生活,至对于儒教,则无谋思想上之调和者。"③ 此亦是就北宋情形而言:北宋儒者方面,排佛的思潮持久不衰;北宋佛者方面,亦无调和儒者之谋。此种情形一直持续到"宋中叶",亦就是处于两宋之交接点上的圜悟克勤及其《碧岩录》。

在圜悟克勤及其《碧岩录》产生影响之前,北宋儒者从没有停止过排佛的声浪。张横渠排佛,以为佛以世界人生为幻妄为幻化,乃是不知理、不知性、不知命;以为佛溺空论静,不知神化;以为佛赋性于万物,正犹告子之以生为性;以为佛不知人,故厌世;以为佛不知鬼,故说轮回。程明道排佛,以为佛山河天地之说,与我无关;以为佛高明之说,穷深极微,不足以开物成务;以为佛云蠢动之含灵皆有佛性,非是;以为佛"说死生以恐动人,为利心","免死齐烦恼,为自私","以根尘为苦,为自利","徒除外物之患,堕于内外二境之弊";以为佛"反由迹上论判,不知道";以为佛唯觉之理虽有敬以直内,然无义以方外,流于枯槁或肆恣。程伊川之排佛,与明道略同,惟伊川有所增益,以为佛有理障之说,是把

---

① 林科棠:《宋儒与佛教》,第51页。
② 同上,第52页。
③ 同上,第58页。

"理"字错看了,若以理为障,则不免分理与自己为二;以为佛所谓定、静有不宜,不如云止、动。总之,北宋儒者,无不以排佛为要务。既亟亟于排佛,又岂有融佛之理? 到了南宋,此种情形完全改变了:排佛的声音很少听到了;禅成为"新儒学"的原料、要素与内容,而不再仅是一种"中介"。朱熹的"排佛"已完全不是真正的排佛。朱子是以融佛的方式"排佛"的,"他首先融取了佛教的理论成果,实现了对佛学的超越。然后在这种深厚的理论背景的支持下,怀着'吾道自足'的信念,侧重从心性论的角度展开对佛禅的批评,从而较为彻底地解决了儒佛关系,标志着中国哲学从佛学到理学过渡的完成"[①]。朱子之"天理"、"天命之性",颇相近于禅之佛性;朱子之"人物之性,亦我之性"之说,同于禅自性是佛、莫向性外四处寻觅等说;朱子所言"尽性知天",同于禅所说之见性成佛;朱子"皆反诸身心性情"之说,同于禅之反悟自心、见性成佛之说;朱子"存天理,灭人欲"等说,接近于佛之去妄证真[②]。总之,朱子学说之底蕴,就是禅学,其"合下连根铲去"之说,"合下不合下,连根不连根,正释氏所谓'折服现行烦恼'、'断尽根本烦恼'之别尔"[③]。

与北宋儒学相比较,南宋儒学呈现出全新的面貌:首先是经籍方面,解经活动由维护经说、笃守师说家传,注不悖经,疏不悖注,重于文字名物之训释,疏于义理之寻求,转变为怀疑注疏之当否,怀疑经籍内容之可靠性,跳出前人解经说经之窠臼;其次是语录方面,南宋儒者的语录典籍,受禅宗影响而兴,"至少如宋代理学家的语录,便是从禅宗祖师们的语录转来"[④];第三是学案方面,"而语录起于禅宗,'学案'也起

---

① 李作勋:《论朱熹的排佛思想》,《禅学研究》第三辑,第261页。
② 赖永海:《佛道诗禅——中国佛教文化论》,第109—110页。
③ 王夫之:《读四书大全说》,中华书局1975年版,第406页。
④ 钱穆:《黄梨洲的明儒学案·全谢山的宋元学案》,《文艺复兴》第三十期。

于禅宗"①,禅宗有语录之后理学家方有语录,禅宗有语录后二百余年方有专门"公案"之书,理学家亦是有语录后二百余年方有"学案"之书;第四是"道统"方面,儒者(包括韩愈)之"道统"观念的形成与确立,显然是受到禅宗之"宗统"观念的影响,且同样都强调"心传";第五是治学精神及方法方面,从学思并重,从师圣人、师其书,转变为师圣不如师心,师心以师圣,求圣于师心,不执经典,重于求理而略于求证;第六是修为接引方法方面,强调"平常心",特重"开悟",教人参悟"公案",以学人所问作为答问之答案等禅家方法,完全融入理学家的问学系统;第七是思想方面,从以"德"打通小我与大我,转向承认可以以"慧"打通小我与大我,换言之,理学家已完全接受禅家"人可由了悟以明彻本体"之观念,以解决"宇宙不曾隔限人,人自隔限宇宙"(陆象山语)之问题;第八是体用观方面,禅之体用观影响理学家甚巨;第九是心性论方面,朱子取效禅师之法,直以为"心病"所在即是"心药"之方,"凡日用间知此一病而欲去之,则即此欲去之心,便是能去之药"②;等等③。总之南宋儒学的面貌,已焕然一新;而这焕然一新的面貌,绝大部分都是在圜悟克勤及其《碧岩录》的影响与作用下产生的。

圜悟克勤及其《碧岩录》所完成的"文化转折",实质就是批评格式的根本转换,使"佛禅格式"变得不可逆转。以此格式去品茶,就能实现"茶禅一味";以此格式去品诗,就有"诗禅一味";以此格式去品语文,就有"字禅一味";以此格式去品禅宗之外的其他佛教派别,就有"教禅一味";以此格式去品禅宗内部各派,就有"禅禅一味";以此格式去品儒,

---

① 钱穆:《黄梨洲的明儒学案·全谢山的宋元学案》,《文艺复兴》第三十期。
② 黄宗羲、全祖望:《宋元学案》卷四十八《晦翁学案上·语要》,中华书局1986年版,第1531页。
③ 上段文字参考杜松柏:《宋代理学与禅宗之关系》,《知止斋禅学论文集》,台湾文史哲出版社1994年版,第153—178页。

就有"儒禅一味"。其中的任何一项,就足以使中国文化走上另一个方向,使中国哲学批评呈现另一种风貌。

十二、《伊洛渊源录》之批评格式

朱熹所撰《伊洛渊源录》共14卷,为中国较早叙述学术思想史的专著,亦是中国哲学批评史的重要资料。该书撰成于宋乾道九年(1173年)。伊、洛为二程学派发源之地伊河与洛河。

《伊洛渊源录》的批评对象是宋代理学源流,观点是以二程儒学为理学正宗。二程之学被称为洛学,当时显名于世的除洛学外,还有周敦颐之濂学和张载之关学等。朱熹为何要以洛学为理学正宗,而把濂学、关学等排除在"正宗"之外?这恐怕有其特别的理由。但著者以为有一个理由值得特别注意:就是比较而言,周敦颐、张载等所受"佛禅"之影响也许更深广些,而二程所受"佛禅"之影响也许更浅显些。若此假定能够成立,则《伊洛渊源录》无疑是以"远释而近儒"为思想倾向的。也就是说,它对"佛禅格式"之成长,是一种反动。

《伊洛渊源录》以洛学为理学之正宗,有种种的表现:(一)以二程所居之地为书名。二程为洛阳人,伊、洛为洛阳附近之二水。(二)记载二程思想最详。虽还有邵雍、张载、吕大忠、刘安节、张绎、胡安国等人言论、事迹之记载,但均较略。(三)对程门中言行无大影响者,亦具录姓名备考。卷十四录"程氏门人无记述文字者"之姓名、字号等,涉及王端明、刘承议、林大节、张阙中、冯圣先、鲍商霖、周伯忱、唐彦思、谢用休、潘子文、陈贵一、李嘉仲、孟敦夫、范文甫、畅中伯、李先之、畅潜道、郭立之、周恭叔、邢尚书等近二十人。(四)将张载、邵雍、司马光划归洛学。此种划归完全是为了突出二程学派的正宗地位。

该书卷三所载"大宋明道先生"之《墓表》,直接以程颢接续孟子,以明洛学之正统地位。其言曰:"周公没,圣人之道不行。孟轲死,圣人之学不传。道不行,百世无善治;学不传,千载无真儒。无善治,士犹得以明夫善治之道,以淑诸人,以传诸后;无真儒,天下贸贸焉莫知所之,人欲肆而天理灭矣。先生生千四百年之后,得不传之学于遗经,志将以斯道觉斯民。天不憖遗,哲人早世,乡人士大夫相与议曰:道之不明也久矣,先生出,倡圣学以示人,辨异端,辟邪说,开历古之沉迷。圣人之道,得先生而后明,为功大矣。……山可夷,谷可堙,明道之名,亘万世而长存。"① 关键是"圣人之道"与"圣人之学"两语,明道所以为理学正宗者,正在其所行为"圣人之道"、所传为"圣人之学"。

就批评格式来说,《伊洛渊源录》隆洛而抑濂、关,很大程度上是出于"效用"的立场。从严格的"学理"上,是很难得出洛高而濂关低、洛正而濂关偏等结论的。可知朱熹对于严格的"学理"立场,并不是太坚持。《朱子语类》亦有《释氏》一篇(卷一百二十六),表明朱子对于"佛禅"的批评,其批评格式亦不是严格"学理"的,如其谓佛学"剽窃老庄"、"佛家偷得老子好处"、"佛氏之学亦出于杨氏"、"佛家先偷列子"② 等批评,就不是严格的"学理"之言。此亦是朱子在从事批评时不重"学理"之证据。

在中国哲学史上,在理学发展史上,《伊洛渊源录》可以有"极为重要的地位"③。但在中国哲学批评史上,至少在批评格式的转换上,其影响却要大打折扣。其在中国哲学史上所以有地位,就因为它保存了可用以补阙辑佚、考订校勘的大量理学资料,并在体裁上影响到清初周汝登《圣学宗传》、孙奇逢《理学宗传》等学术史著作之撰写。而其在中

---

① 朱熹:《伊洛渊源录》卷三,《丛书集成初编》本,商务印书馆1936年版,第22—23页。
② 《朱子语类》卷一百二十六《释氏》,《四库全书》本。
③ 徐仪明语,见《中国学术名著提要·哲学卷》,第545页。

国哲学批评史上之影响所以要大打折扣,就因为它完全漠视了"佛禅格式"之成长及其对中国文化之贡献。学界均知朱子之《伊洛渊源录》、黄宗羲之《明儒学案》、万季野之《儒林宗派》等著作,均系"仿照"禅宗史书《景德传灯录》而作①,可知"佛禅"不仅影响到理学之内容,而且影响到理学之形式。

杨东莼《中国学术史讲话》引金李屏山之言曰:"李翱见药山,因著《复性书》。张载、二程出,其徒张九成、刘屏山、张南轩、吕伯恭、朱熹,皆借佛祖之意,笺注经书,自为一家之言。其论佛、老也,实与之而文不与,阳挤之而阴助之。盖有微意存焉。"杨氏认为此一论断"虽为党佛之论,要亦颇当于事理"②。朱子梳理当时学术史,完全漠视"佛禅格式"之影响,或贬低其地位,显然亦是"有微意存焉"。

十三、《圣学宗传》之批评格式

《圣学宗传》18卷,明代哲学家周汝登③辑录,尽采先儒著述中类于佛学之语录编排之,以证儒、佛原本不二。此书明确采取"佛禅格式"的立场④。

---

① 《哲学大辞典·中国哲学史卷》,第631—632页。
② 杨东莼:《中国学术史讲话》,第258页。
③ 周汝登,别号海门,明万历五年进士(1577年)。《圣学宗传》之外,周氏尚著有《王门宗旨》14卷、《海门先生集》12卷等。
④ 《圣学宗传》,辛未孟夏叶尔恺署。东越周汝登编测,陶望龄订正,王继㷭、王继晃、王继炳参阅。会稽陶望龄谨撰《圣学宗传序》。辛未孟陬吴兴刘承幹谨跋。从全书目录可看出其取舍轻重之立场。《圣学宗传》之目录如下:卷之一载伏羲、神农、黄帝、颛顼、帝喾、唐尧、虞舜、大禹、皋陶、成汤、伊尹、傅说、泰伯;卷之二载文王、武王、箕子、周公;卷之三载孔子、颜子、子贡、子路、子夏、漆雕开、曾点、子张、曾子、子思;卷之四载孟子、荀卿、汉董仲舒;卷之五载扬雄、隋王通、唐韩愈;卷之六载宋穆修、胡瑗、李之才、邵雍、周敦颐;卷之七载程颢、程颐、吕希哲、邵伯温、张载、谢良佐、游酢;卷之八载杨时、吕大临、尹焞、张绎、罗从彦、胡安国、胡宏、刘子翚、李侗、张九成;卷之九载朱熹、张栻、吕祖谦;卷之十载陆九渊、蔡沈;卷之十一载杨简、

陶望龄之《圣学宗传序》谈到本书的宗旨与出发点:"宗也者,对教之称也。教滥而讹,绪分而闰。宗也者,防其教之讹且闰而名焉。故天位尊于统,正学定于宗。统不一则大宝混于余,分宗不明则圣真奸于曲学。然宗无外教之宗,而宗所以教,犹人非异迹之人,而人所以迹耳。易曰:天下同归而殊途,一致而百虑。夫途径错糅,至心而一智。故百变克体则齐,万途宗于一心,万虑宗于何虑?以微妙而揭道心之目,以未发斯有大中之名,为生生之本,则曰仁为化,化之基则曰义,无为故命曰至诚,粹精而称为性善。道州状之以太极,河南标之以一体,在子静乃立其大,在敬仲则号精神,在姚江为不学不虑之良,在安丰为常知常行之物,斯皆宗之异名也。至于利用出入,则物物皆宗;百姓与能,则人人本圣。然圣非学而不传,宗非圣而何系?如悬的之射,失扶寸而已。至寻常如泛海之舟,昧铖芒而遽迷南北悖凶修吉克圣图狂忠清,且属未知仁智,犹云滞见坦夷……此岂有异术哉?以心传心而已。……是以四蔽未袪,一尊奚定?此海门周子《圣学宗传》所由作也。……是编成于万历乙巳冬十月杀青,寿梓王子世韬晷实肩其费,功亦伟云。"

刘承幹之"跋"论及"佛禅格式"的问题:"宗之为义,训诂家多释为尊,或释为本。佛教则以为总持之谓,其取意略同。孔子行在孝经,传之曾子,第一章即以开宗明义,标题是宗,所以示教,而教所以明宗,厥义甚著。其后或判为二,遂致禅讲相侮。然唐时长沙景岑禅师曾云:我若一向举扬宗教,则法堂前草深一丈,是犹以宗教并举而未尝有所偏倚也。宗教之判,当在宋后,若朱陆然。不然儒、释譬敌,即儒与儒、佛与佛,亦自相譬敌,纷阋不已。于是为汉学者抵隙树标,无论程朱陆王,凡稍涉言心言性之处,罔不斥之为禅。但钻研名物训诂,自谓实事求是,

---

真德秀、元许衡、吴澄、黄泽;卷之十二载明薛瑄、吴与弼、陈献章;卷之十三载王守仁、徐爱;卷之十四载钱德洪、王畿;卷之十五载邹守益、欧阳德、薛侃;卷之十六载王艮、黄弘纲、何廷仁、徐樾;卷之十七载罗洪先、赵贞吉;卷之十八载王栋(朱恕、韩贞、夏廷美附)、罗汝芳。

不复反求诸身心。迨于今日异域交通,益震骇于物质之发明,遂至认欲为理,一若天生斯人予之以百骸四肢,专为享用此世界物质而来。竭其心思才力,沉迷于贪瞋痴慢,希图满其欲望,不知宗教为何物,诋学佛者为迷信,斥儒家无欲之教为过去时代之理论,不合于近今朝流之趋向。循是以往,岂特化人为兽,抑必自相吞噬。风俗秽污,人情险幻,可骇孰甚,可哀孰甚夫!"

刘承幹之"跋"又以"一线良知"为中华文明之血脉:"夫物必先腐而后虫生,人必自侮而后人侮,吾国人既失心,安禁魔邪之不作?将欲挽横流于既决,扶大厦于垂倾,仍非筑基导轨,振一脉之坠绪不为功。盖一线良知,虽划剥摧萎,亦不能尽绝于人心也。"并以彰显"一线良知"为《圣学宗传》之使命:"明儒周海门先生著有《圣学宗传》一书,自庖犠至近豁,皆撷其要旨,加以编测,俾人知作圣工夫,无不从治心入手。如种树者必培其根,寻水者必溶其源。虽垂示有浅深,时代有先后,而其致力专精之处,罔弗从同。邵子云:无向一中分造化,人从心上起经纶。朱子深服其语,而以未及采入《近思录》为憾。安得有宗与教、心与理之互争?譬犹萤烛竞耀于日月之下,彼固不知其已在照临中矣,而犹排轧不已,势必下乔入幽,而后快学者可不知所宗乎?是书久佚,兹觅得明刻原本,集资景印行世,愿读之者憬然自悟,息同室之戈,而从事实践,勿使方割之洪泛溢,而靡所纪极,则吾道之幸也夫!"①

朱熹之《伊洛渊源录》、周汝登之《圣学宗传》、孙奇逢之《理学宗传》,都是中国哲学批评史的关键材料。关于这三部书各自的特色,陈金生先生在《宋元学案》之"点校前言"中有所论及。他以为朱子之《伊洛渊源录》是一部"为洛学从而也就是为他自己争正统地位的书",不仅只收录周敦颐、二程、邵雍、张载、张戬及程门诸弟子之传记材料和当时

---

① 周汝登:《圣学宗传》,鸿宝斋书局1931年版。

学者推崇他们之言论,而且视邵雍、张载等为"洛学之羽翼或附庸";周汝登之《圣学宗传》则是一部"几乎要把学术史变成禅学史"的书,以"欲合儒释而会通之"为宗旨,"尽采先儒语类禅者以入",被黄宗羲斥为"主张禅学,扰金银铜铁为一器"①;而孙奇逢之《理学宗传》则是一部"极为简略"的书,只选录自宋至明十一家之传记与著作,"大体不出程朱、陆王两大派的范围"②。总之,陈金生先生认为《伊洛渊源录》是以"理学"为中心,《圣学宗传》是以"佛禅"为中心,而《理学宗传》则是以"两大派"为中心。

站在中国哲学批评史的角度,著者对周汝登及其《圣学宗传》不无偏爱。为什么?因为只有周汝登及其《圣学宗传》对"佛禅格式"的重要性,有明确之意识。中国哲学批评的第二期,若是没有"佛禅"的刺激,肯定是了无新意的。我们看这时期中国文学批评史上的《典论·论文》,没有"佛禅"的刺激,哪有"文气"等概念的提出;再看《文心雕龙》,没有"佛禅"的刺激,哪有"神思"、"风骨"等概念的提出;又看《沧浪诗话》,那更是完全以"佛禅格式"为批评格式的一部书,"以禅喻诗","字字入禅",没有"佛禅"的刺激,哪有《沧浪诗话》?中国文学批评如此,与之并行的中国哲学批评,更是如此。没有"佛禅"的刺激,哪有中国哲学批评的第二期?没有"佛禅格式",中国哲学批评还哪里有"格式"?所以我们品评这一时期中国哲学批评之作品,只能以重"佛禅"者为上,而以重"心学"者为次,又以重"理学"者为再次。只因这一时期有一个"佛禅"的"大趋势",顺之者为上,傍之者为次,逆之者为下。重"佛禅",就是顺应了那个时期的"历史潮流"。

《明史·儒林列传》在"王畿"条下附有周汝登之简略传记,云:"杨起

---

① 黄宗羲:《明儒学案》之"发凡",中华书局1985年版,第17页。
② 《宋元学案》之"点校说明",中华书局1986年版,第6—7页。

元、周汝登,皆万历五年进士。……汝登,嵊人。初为南京工部主事,榷税不如额,谪两淮盐运判官,累官南京尚宝卿。起元清修姱节,然其学不讳禅。汝登更欲合儒释而会通之,辑《圣学宗传》,尽采先儒语类禅者以入。盖万历世士大夫讲学者,多类此。"① 可知"学不讳禅"、"会通儒释"、"类禅者以入"等等,乃是那个时代的"潮流",周汝登及其《圣学宗传》不过是顺应这个"潮流"而已。

周汝登初受业于王畿,后师事罗汝芳,传王阳明"良知"之学,而比王阳明更偏向"佛理"。王阳明援佛入儒而至于儒,周汝登则是援佛入儒而至于佛;王阳明合儒释会通之而会于儒,周汝登则合儒释会通之而会于释。南都讲会,周汝登推崇王畿之《天泉证道记》,倡"无善无恶是心之体",遭许孚远诟病。许以为"无善无恶不可为宗",作《九谛》以申之。周则作《九解》以答辩,维护《天泉证道记》之宗旨。周汝登先将"无善无恶"之说视为舜、禹、文(王)、孔、子(思)、孟、周(敦颐)、程(颢、颐)、王(守仁)之千圣相传、万古不变之"学脉",然后以佛教之"空"观解释"无善无恶"之旨,以为"太虚之心,无一物可着者,正是天下之大本"。换言之,"无善无恶"之"良知"、"良心",就是佛教所谓"空",就是儒家所谓"至善","是为厥中,是为一贯,是为至诚,是为至善,圣学如是而已"。总之,周汝登是以"佛禅"为格式,重新解读儒学及其历史:以"无善无恶"之旨等同于佛教之解脱;超脱世俗之善恶观念,皈依佛教"万法皆空"之理;以"无善无恶"之"空"为最高善,为佛教之最高真理;倡"去缚解粘",认为此即是解脱;倡"归根识止",认为此即是证得涅槃;更以佛教空观释"理",倡"无着便是理"、"即心即理",而斥"心外有理"之见解;又以"空"为本,即以"不可见不可闻不可言不可思者"为本,而以"目可

---

① 张廷玉等:《明史》卷二百八十三,中华书局1974年版,第7276页。

见耳可闻口可言心可思者"为末;等等①。总之"佛禅"是他的格式,是他从事一切批评活动的平台,是他品评各家学说的砝码。

在中国哲学批评第二期的专门学术史领域,周汝登及其《圣学宗传》18卷(外加其《王门宗旨》14卷等),乃是"佛禅格式"成长的顶点。这些著作出世于明末,可知"佛禅格式"基本上是起于两汉之际而迄于明末的。这个时间段,基本上就是著者所谓中国哲学批评的第二期。

十四、《理学宗传》之批评格式

《理学宗传》的立场,按照陈金生的说法,"大体不出程朱、陆王两大派的范围",也就是以"两大派"为中心。

《理学宗传》②的框架,是以周敦颐、程颢、程颐、张载、邵雍、朱熹、陆九渊、薛瑄、王守仁、罗念庵、顾宪成为"十一子"③,以"十一子"为正宗,后列汉隋唐儒考、宋元儒考、明儒考,论及百五十余人:董子(申公培、倪公宽、毛公苌附)、郑康成公;王文中子(门人董常、薛收、仇璋、姚义附);韩子文公(门人李翱、赵德附);程门弟子:杨文靖公时、刘质夫绚、李端伯籲、谢文肃良佐、尹和靖焞、游定夫酢、张思叔绎、吕和叔大

---

① 参考谷方:《中国哲学人物辞典》,书海出版社1990年版,第627页。
② 《理学宗传》,容城孙奇逢辑,门人魏一鳌、长男立雅同编。光绪庚辰岁浙江书局刻。康熙五年清明前三日容城孙奇逢谨撰《理学宗传叙》,康熙五年岁次丙午仲夏廿一日辛丑蓍台张沐撰《理学宗传叙》,康熙丙午孟冬睢阳汤斌谨撰《理学宗传序》,光绪辛巳中春无锡秦缃业谨撰《跋后》。其有关十一子的目录如下:卷之一周子元公[敦颐];卷之二程子纯公[颢];卷之三程子正公[颐]、卷之四张子明公[载](弟天祺戬附);卷之五邵子康节(子子文、伯温附);卷之六朱子文公[熹];卷之七陆子文安[九渊](兄子寿九龄、子美九韶附);卷之八薛子文清[瑄];卷之九王子文成[守仁];卷之十罗文恭公[念庵];卷之十一顾端文公[宪成]。"以周程张邵朱陆薛王及罗念庵顾端文为十一子,别以汉唐,迄明季诸儒考附之,有百余人,而端绪少异者为补遗,得书二十六卷。其宗旨见于先生自叙及睢州汤文正公叙之详矣。"(见"跋后")
③ 孙奇逢:《理学宗传》之"跋后",浙江书局1880年版。

钩、进伯大忠与叔大临、朱公掞光庭、王信伯蘋、苏季明昞、马时中仲、杨国宝应之、侯仲良师圣、刘元承安节、刘立之宗礼、林大节、周孚先、范巽之育、孟敦夫；胡文昭公瑗、罗文质公从彦、李文靖公侗、胡文定公安国（子五峰宏附）、张南轩公祖谦；朱门弟子：蔡季通公元定（子仲默沈）黄勉斋幹、李敬子燔、张元德洽、廖子晦德明、叶知道味道、李公晦方子、詹元善体仁、陈卿之淳、傅忠简伯成、徐崇甫侨、辅汉广卿、杨信斋复、黄商伯灏、石克斋子重；陆门弟子：袁正献燮、沈端宪焕、曹立之建、舒元质璘、真文忠公德秀、何文定基、王文宪柏、陈潜室埴、金文安履祥；刘文靖公因（安敬仲熙附）、许文懿谦、姚文献公枢、赵仁甫复（窦子声附）、许文正公衡（附王恂、萧斠、同恕、第五、居仁、武恪、孛木鲁翀、胡长孺、孙辙、黄泽、陈樵、陈栎）；曹靖修公端、吴康斋与弼、胡敬斋公居仁、陈白沙公宪章、罗一峰伦、陈恭愍选、章文懿懋、湛甘泉若水、贺克恭钦；王门弟子：徐曰仁爱、钱洪甫德洪、邹文庄公守益（子善、孙德涵、德溥附）、王汝止艮（子壁、门人林春附）、薛中离侃、欧阳文庄德、黄宗贤绾、顾箬溪应祥、黄洛村弘纲、何善山秦、徐波石樾、南大吉元善、方叔贤献夫、陆原静澄、冀惟乾元亨、徐珊、蒋信、王文定公道、穆文简孔晖、刘晴川魁；何文定塘、崔文敏铣、吕文简柟、罗文庄钦顺、尤西川时熙、郑端简晓、邓文絜以讃、薛思菴敬之；吕新吾坤、杨晋菴东明、冯少墟从吾、高忠宪攀龙、邓潜谷元锡、章木清潢、曹贞予于忭、来瞿塘知德、鹿忠节善继、吕忠节维祺；孟云浦化鲤、孟我疆秋、邹忠介元标、刘念台宗周、金忠节铉、陈几亭龙正。卷二十六是"附录"，载有张子韶九成、杨慈湖简、王龙谿畿、罗近谿汝芳（门人杨起元附）、周海门汝登。可知《理学宗传》也许并非"极为简略"。

张沐所撰之《理学宗传叙》，把《理学宗传》放到尧舜禹汤文武周公孔子这"一大流"的背景上来定位，认为该书特别以为"正宗"的"十一子"乃是这"一大流"上的"一宗"。其言曰："锺元孙先生集理学之书，以宗传为名,宗诸天也。……其书以为自尧而下以至于孟子,业有五经四子之书宗传于前矣,兹起汉讫明诸儒,无不备载于其中。又特表十一子以嗣诸孟子之后,而又为一宗传焉。大哉,宗传乎!非自为一书,特合五经四书为一大部书也。又非自为十一子,特合尧舜禹汤文武周公孔子为一大流入也。……弃其流俗,舍其故学,认本体作工夫,不特以身附于十一子之后,虽直为尧舜孔子可矣。"

汤斌所撰之"汤序",认为《理学宗传》的目标是反对"儒佛合一"、"严儒释之辨"。其言曰:"……又有为儒佛合一之说者,不知佛氏之言心言性,似与吾儒相近,而外人伦,遗事物,其心起于自私自利,而其道不可以治天下国家。吾儒之道本格致诚正以为修,而合家国天下以为学,自复其性谓之圣学,使天下共复其性谓之王道,体用一原,显微无间,岂佛氏所可比而同之乎?容城孙先生集《理学宗传》一书,自濂溪以下十一子为正宗,后列汉隋唐儒考、宋元儒考、明儒考,端绪稍异者为补遗,其大意在明天人之归,严儒释之辨。盖五经四书之后,吾儒传心之要典也。八十年中躬行心得,悉见于此。"汤斌"谢病归田,从学先生之门,受而读之",所言当基本可信。

孙奇逢所撰《理学宗传叙》亦强调儒、释之别。其言曰:"学以圣人为归,无论在上在下,一衷于理而已矣。理者,乾之元也,天之命也,人之性也。得志则放之家国天下者,而理未尝有所增;不得志则敛诸身心意知者,而理未尝有所损。……宗传共十一人,于宋得七,于明得四,其余有汉隋唐儒考、宋元儒考、明儒考,各若干人,尚有未尽者入补遗。……更有以理为入门之障而以顿悟为得道之捷者,儒释未清,学术日晦,究不知何所底极也。此编已三易,坐卧其中,出入与偕者,逾三十年矣。"

孙奇逢所撰之"义例",更明确规定了全书的批评格式,这就是以儒为正统,以释(禅)为末流;以儒为主,以释(禅)为辅;以儒为内,以释

(禅)为外。其言曰:"宗传成,或疑予叙内本天本心之说,问曰:虞廷之人心道心非心乎?孔子之从心所欲非心乎?何独禅学本心也?曰:正谓心有人心道心,人心危而道心微,必精以一之乃能执中,中即所谓天也。人心有欲必不逾矩,矩即所谓天也。释氏宗旨于中与矩,相去正自千里。""或问:告子性无善无不善,此禅宗也;阳明大儒其教旨曰无善无恶心之体,得无疑于禅乎?曰:阳明谓无善无恶,是无善之可名,正是至善心,有人心道心而意未动处,浑然至善,何尝与性善相悖?"又说:"是编有主有辅,有内有外。十一子其主也,儒之考其辅也。十一子与诸子其内也,补遗诸子其外也。补遗诸子皆贤,乌忍外?尝思墨子固当时之贤大夫,也曾推与孔子并,何尝无父?盖为著兼爱一篇,其流弊必至于无父,故孟子昌言辟之,愚敢于补遗诸公效此忠告。"该书编成后,友人问为何独标"十一子",孙奇逢的回答是:"元公大儒而从祀独后,昔孟子与荀卿同称,今孟子与孔子并列,天固未尝以聪明全毕一人。学术之升降,亦随气数为调剂。此编余今日之见也。敬以俟世代,以汉唐宋为治统,文中子出考,称隋儒与汉唐并,河汾所以重隋也,文靖姚许所以重元也。"①

《理学宗传》的批评格式,既然是"严儒释之辨",则与禅关系密切的所谓"狂禅"者,自被打入"附录"中;以"佛禅格式"整理中国思想史的周海门(汝登)及其《圣学宗传》,同样被打入"附录"中。《理学宗传》卷二十六《周海门汝登》载完周氏"语录"之后,有这样一段说明:"或问:补遗诸公皆世所推为大儒者也,谓其为近于禅。夫诸公居官立身皆卓然自见,即议论有疑于禅者,亦借禅以为用,所谓不以世间法碍出世间法,不以出世间法坏世间法,庸何伤?曰:夫子恶乡愿之乱德,为其以似而乱真也,毫厘之差,千里之谬,其谁能辨之?曰:四十而不惑,盖四十以前

---

① 孙奇逢:《理学宗传》,浙江书局1880年版。

犹不见,自信则所以致审于毫厘之间,不遂成千里之谬者,所关匪细,故也。儒释之界,其流虽远,其源却近,顾应祥之言,曰近见有窃吾儒格物致知以解法华经者,方异之不意,吾儒亦借佛教以明道也。其流弊将至,儒释同归而不可解矣。吾辈不能辞以辟之,而以助其波,扬其焰,宁不得罪于圣人?"① 此为全书的最后一段话,是其打压周海门及其《圣学宗传》的出发点,也是《理学宗传》全书的立足点。

十五、《明儒学案》之批评格式

孙奇逢《理学宗传》以"严儒释之辨"之批评格式,指斥周汝登《圣学宗传》之"佛禅格式";黄宗羲《明儒学案》则以"阳明心学"之批评格式,同时指斥他们两人。

黄宗羲在《明儒学案发凡》中有一自我评价,认为《明儒学案》乃是高于《圣学宗传》与《理学宗传》的。其言曰:"从来理学之书,前有周海门《圣学宗传》,近有孙锺元《理学宗传》,诸儒之说颇备。然陶石篑《与焦弱侯书》云:'海门意谓身居山泽,见闻狭陋,常愿博求文献,广所未备,非敢便称定本也。'且各家自有宗旨,而海门主张禅学,扰金银铜铁为一器,是海门一人之宗旨,非各家之宗旨也。锺元杂收,不复甄别,其批注所及,未必得其要领,而其闻见亦犹之海门也。学者观羲是书,而后知两家之疏略。"② 斥《圣学宗传》之错主要在"主张禅学",而斥《理学宗传》之错主要在"杂收",共同缺点是"疏略"。"主张禅学"即是指责其以"佛禅"为中心,"杂收"即是指责其以"两大派"为中心。按照《明儒学案》的意思,中心只能有一个,那就是阳明"心学"。

---

① 孙奇逢:《理学宗传》卷二十六《周海门汝登》,浙江书局1880年版。
② 黄宗羲:《明儒学案》之"明儒学案发凡",中华书局1985年版,第17页。

若谓朱子之《伊洛渊源录》是以"理学"为中心,周汝登《圣学宗传》是以"佛禅"为中心,孙奇逢之《理学宗传》是以程朱、陆王"两大派"为中心,则黄宗羲之《明儒学案》就明显是以"心学"为中心的。以"心学"为中心,这是《明儒学案》所以在中国哲学批评第二期占重要地位的原因;以"心学"为中心而又不承认"心学"即"禅学",这是《明儒学案》在专门学术史领域所以不是"佛禅格式"成长之顶点的原因。站在中国哲学批评史的角度,可以说《明儒学案》乃是"佛禅格式"之余绪与终结。

《明儒学案》以王阳明为中心,几乎已是学界之公论。《明儒学案》点校者沈芝盈先生就曾在《前言》中指出,《明儒学案》"所收著名学者及他们的学术观点和学术渊源,无论内容和分量,都以王守仁为中心"[①]。反映王学的学案除《姚江学案》外,还有《浙中王门学案》、《江右王门学案》、《南中王门学案》、《楚中王门学案》、《北方王门学案》、《粤闽王门学案》,以及王学变种《止修学案》、《泰州学案》等,占总学案数的一半以上。难怪莫晋在"序"《明儒学案》时,说黄宗羲"要其微意,实以大宗属姚江,而以崇仁为启明,蕺山为后劲。凡宗姚江与辟姚江者,是非互见,得失两存,所以阐良知之秘而防其流弊,用意至深远也"[②]。其实黄宗羲本人之学术与思想,本就与王阳明学派有"渊源关系",他著《明儒学案》"以王守仁为中心",是很自然的。钱穆说:"当然黄梨洲是一个讲阳明之学的。他的《明儒学案》只以阳明为中心。但我们也不得认为这是他的偏见,或者说他的主观。因明代理学本来是以阳明为中心的,恰恰梨洲是这一传派,他的书当然以阳明为中心。既非偏差,而由他来写,也能胜任。……所以《明儒学案》偏重王学是应该的。"[③] 因此陈荣捷

---

① 沈芝盈:《明儒学案》"前言",《明儒学案》,第2页。
② 莫晋:《明儒学案》"序",《明儒学案》,第15—16页。
③ 钱穆:《中国史学名著》,三联书店2000年版,第236页。

谓:"诚如是,则其门户余风,与两宗传无异矣。"①

黄宗羲后来著《宋元学案》,也是想以"重心学而轻理学"为基本架构,只是天不假年,没有最终完成而已。现今所见《宋元学案》,有很多是全祖望"补修"的。据最后校定者王梓才、冯云濠所撰《校刊宋元学案条例》,全祖望对黄宗羲遗稿作了"修定"、"补本"、"补定"、"次定"四种加工。"修定"就是增删;"补本"就是补原稿未载之人物;"补定"就是将原"附录"之人物单独立案;"次定"就是给原略论之人物增加篇幅。"修定"之情形如何,现已不知;"补本"方面,全祖望补载并为之专设"学案"的有司马光《荆公新学略》、王安石《涑水学案》以及三苏之《苏氏蜀学略》等;"补定"方面,原稿仅附见于他人学案中,而全祖望将他们分析出来单独立案的有叶适之《水心学案》、陈亮之《龙川学案》、杨简之《慈湖学案》等;"次定"方面,邵雍、周敦颐、二程、张载、朱熹等六人,在原稿中只一卷,全祖望将其扩大为二卷。总起来看,全祖望"修定"者三十一卷,"补本"者三十三卷,"补定"者三十卷,"次定"者六卷。以《宋元学案》百卷计,全祖望改删者真可谓"十居六七",可谓"做了重大的修改和补充"②。

我们看这些"重大的修改和补充",可知黄、全二氏的思想倾向是不同的:黄氏"未载"、"附见"、"略论"的人物,全属"理学"一系,这不是黄氏无意的忽略,而是有意为之的;黄氏必须贯彻他在《明儒学案》中确立的"以王阳明为中心"的基本路线,只能给"理学家"少量的篇幅,甚至不给篇幅。全祖望哪里知道黄氏的"良苦用心"与"微意"?全氏所补入的,全是黄氏不欲载入的;全氏所补足的,全是黄氏不欲详论的。黄宗

---

① 陈荣捷:《"明儒学案"》,韦政通主编:《中国哲学辞典大全》,世界图书出版公司 1989 年版,第 414 页。

② 陈金生:《宋元学案》之"点校前言",《宋元学案》第一册,中华书局 1986 年版,第 2—3 页。

羲全部的"心学"偏向,很大程度上"断送"在全祖望手中。这对"学术个性"而言,是一种悲哀!

就全部明代学术而言,《明儒学案》"以王守仁为中心";就王学本身而言,《明儒学案》又以"良知"为中心。《明儒学案·师说》之"王阳明守仁"条,开篇第一句话就是:"先生承绝学于词章训诂之后,一反求诸心,而得其所性之觉,曰'良知'。因示人以求端用力之要,曰'致良知'。良知为知,见知不囿于闻见;致良知为行,见行不滞于方隅。……自孔孟以来,未有若此之深切著明者也。"①《明儒学案》最为看重的,就是"良知"和"致良知"两个词。《明儒学案·姚江学案》亦然,其头两句话就是凸显"良知"之说的。它先谈明代学术的"皆无甚透悟",然后一转而到"良知"之说:"自姚江指点出'良知人人现在,一反观而自得',便人人有个作圣之路。故无姚江,则古来之学脉绝矣。"②"无姚江而学脉绝",这是何等崇高的评价!这评价有些太过吗?著者以为不是。我们放大眼光去看,没有"佛禅"的传入中国,没有"佛禅"的刺激,中国自创的文化真是走到绝路上去了;没有"佛禅",就没有中国文化的第二期发展,以此为大背景去理解"无姚江,则古来之学脉绝矣"那句话,不是也相当"通顺"吗!

在整个宋、元、明时期,朱学是当时的官方哲学,是那一时期"历届政府"的"指导思想",王学不过"处民间"而已。王学所以异于朱学者,在于王学是批判现实的,而朱学是维护现实的。王学的独特之处,在于它的反叛精神。阳明《答罗整菴少宰书》曾有一言曰:"夫学贵得之心,求之于心而非也,虽其言之出于孔子,不敢以为是也,而况其未及孔子者乎?求之于心而是也,虽其言之出于庸常,不敢以为非也,而况其出

---

① 黄宗羲:《明儒学案》,第6—7页。
② 同上,第179页。

于孔子者乎?"① 又说:"道,天下之公道也;学,天下之公学也。非朱子可得而私也,非孔子可得而私也!"② 这是何等大胆的言论!这样大胆的言论,没有禅宗"掀翻天地"的"革命精神",哪能说得出?所以黄宗羲《明儒学案》"以王守仁为中心"、以"良知"之说为中心,可说是抓住了那一时期中国文化的根本,抓住了那一时期中国哲学批评的核心。在原有的批评格式无以为继的时候,"佛禅格式"就成为中国文化唯一的"新的生长点"。

谈到《明儒学案》的批评格式,还有一点必须提到,就是它公开承认"偏见"之地位与价值,这在中国哲学批评的第一期是没有的。中国哲学批评第一期几乎所有的批评家,包括《庄子·天下》之作者,都以"全"而否定"偏"之价值,都以"全面"之观点而否定"片面"之价值。只是进到中国哲学批评的第二期,"偏"之价值、"片面"之价值,才逐渐得到承认。黄宗羲是明确承认这一点的重要思想家之一。他在《明儒学案发凡》中,曾专列一段谈"一偏之见",曰:"学问之道,以各人自用得著者为真。凡倚门傍户,依样葫芦者,非流俗之士,则经生之业也。此编所列,有一偏之见,有相反之论,学者于其不同处,正宜著眼理会,所谓一本而万殊也。以水济水,岂是学问!"③"学问"的关键在"一偏之见",在"相反之论",在"不同处",在"万殊"部分;人云亦云,那就是"以水济水",是谈不上真正"学问"的。"全"就没有学问,"全面"就没有学问;学问的发展,是无穷"偏见"的累积,而无穷"偏见"的累积并不就是"全面"。著者以为中西学问的发展,基本都是这一论点的证据。从一定的意义上完全可以说,科学发展的动力是"偏"而不是"全",是"片面"而不是"全

---

① 王阳明:《答罗整菴少宰书》,《王文成公全书》第二册,《万有文库》本,商务印书馆1933年版,第70页。
② 王阳明:《答罗整菴少宰书》,《王文成公全书》第二册,《万有文库》本,第72页。
③ 黄宗羲:《明儒学案》,第18页。

面",是"一偏之见"而不是"八面玲珑"之见。"必欲出于一途"之想法,必定会使"美厥灵根者,化为焦芽绝港"①。

从肯定"偏见"之地位一点上,我们已可断定《明儒学案》之批评格式,不属于中国哲学批评的第一期。但它是否就属于"佛禅格式",却有待考察。《明儒学案》重"心学"、重"良知",自然与"佛禅格式"有可能接近,关键看如何理解"心学",如何解释"良知"。如果以"心学"为"禅学",以"良知"为禅宗所谓"本心",那就是"佛禅格式";如果不以"心学"为"禅学",不以"良知"为禅宗所谓"本心",那就不是"佛禅格式",或不完全是"佛禅格式"。黄宗羲的《明儒学案》采取的是哪种态度呢?答曰:是后一种态度。而这就意味着,它的批评格式离"佛禅格式",已经有了一段距离。

《明儒学案·姚江学案》虽有阳明"出入于佛、老者久之"② 之言,亦有"开口即得本心,更无假借凑泊,如赤日当空而万象毕照"③ 等言,但却并不认为"心学"即是"禅学"、"良知"即是"本心"。它明确断言:"先生以圣人之学,心学也。……此其立言之大旨,不出于是,而或者以释氏本心之说,颇近于心学,不知儒释界限只一理字。释氏于天地万物之理,一切置之度外,更不复讲,而止守此明觉;世儒则不恃此明觉,而求理于天地万物之间,所为绝异。然其归理于天地万物,归明觉于吾心,则一也。向外寻理,终是无源之水,无根之木,总使合得,本体上已费转手,故沿门乞火与合眼见闇,相去不远。先生点出心之所以为心,不在明觉而在天理,金镜已坠而复收,遂使儒释疆界渺若山河,此有目者所共睹也。"④ "心学"与"禅学"的共同点,是都讲"灵明",都"归明觉于吾

---

① 黄宗羲:《明儒学案·黄梨洲先生原序》,第9页。
② 黄宗羲:《明儒学案》,第181页。
③ 同上。
④ 同上,第182页。

心";关键的区别是"心学"讲"理",而"禅学"不讲"理","心学"由"明觉"而达于"天理",而"禅学"则"止守此明觉"不达于"天理"。这就是《明儒学案》对"心学"与"禅学"之关系的理解。此种理解基本上是不承认"心学"即"禅学"、"良知"即"本心"。"儒释界限只一理字"、"不在明觉而在天理"、"儒释疆界渺若山河"等语,都是强调它们之间之区别的。其实在著者看来,释氏也讲"理",只是其"理"不同于阳明之"理"而已。"理"之含义不同,这就是儒释间的唯一区别;撇开"理"之含义一层,"心学"与"禅学"之间不存在"渺若山河"般的界限。

《姚江学案》的"文成王阳明先生守仁"条,几乎就是专为谈"心学"与"禅学"之关系而设的。除了这段专门的文字以外,黄宗羲在其他地方也曾强调"心学"与"禅学"之别。《明儒学案发凡》有明确之言曰:"儒者之学,不同释氏之五宗,必要贯串到青原、南岳。夫子既焉不学,濂溪无待而兴,象山不闻听受,然其间程、朱之至何、王、金、许,数百年之后,犹用高、曾之规矩,非如释氏之附会源流而已。"① 这是从"史"的角度谈儒释之别。也有从"思想"角度谈"心学"与"禅学"之别的,如《明儒学案》将王艮单列为《泰州学案》,而不是将其列为《王门学案》之一,就是因为它要划清王艮、王阳明之间的界限。按《明儒学案》一贯的以人物间学术思想异同划分学派、处理学案之分合的原则,作为王阳明门人之一的王艮,理应列入《王门学案》。黄宗羲不这样做,只因他以为王艮及其后学"跻阳明而为禅","益启瞿昙之秘而归之师",应对"心学"之禅学化承担主要责任②。换言之,黄宗羲以为阳明"心学"本不是"禅学",是王艮及其后学"跻阳明而为禅",硬将它变成了"禅学";为了开脱王阳明于"禅学",为了宣示"心学"非"禅学"之立场,黄氏特将王艮等单独立

---

① 黄宗羲:《明儒学案》,第18页。
② 参见陈金生:《宋元学案》之"点校前言",中华书局1986年版,第5页。

案,不划入(认为他们没有资格划入)《王门学案》中。《明儒学案》的此种立场能否成立,是另外一个问题;它有这样的立场,却是确定无疑的。

重"心学"而轻"禅学",重"良知"而轻"本心",表明《明儒学案》之批评格式并不完全是"佛禅格式"。

十六、"佛禅格式"之局限

"原创格式"以"效用"为中心,最大之流弊是"为所欲为";"佛禅格式"以"学理"为中心,最大之流弊是"空谈误国"。程朱"理学"及陆王"心学"被后世学人斥为"空谈",斥为"束书不观,游谈无根",不是全无根据;佛学与禅学被后世学人斥为"无用",斥为"酒色财气不碍菩提路"(狂禅),亦非全无根据。

最好的状态是"效用"与"学理"并重。一个在"学理"上有崭新见解的思想,同时又能收国治天下平之最大"效用",当然堪称学术上的"极品"。问题是这样的"极品",可谓万不一求。如孟子之"熊掌"与"鱼",能二者兼得,当然最好;若二者不能得兼,只能是舍"鱼"而取"熊掌"。为什么?就因为"熊掌"要"贵"于"鱼"!"效用优先"与"学理优先"都有缺陷,都有流弊,二者不能得兼,只能舍"效用优先"而取"学理优先",只能舍"尚善"、"尚德"而取"尚智"、"尚慧"。两害相权取其小,两利相权取其大,中国哲学批评之格式,就是在这样的"不得已"的状态中实现其转换的;中国文化之走上"效用优先"的末路以后,就是在这样的"不得已"的状态中走进第二期发展的。

批评格式如有机体,有其产生、成长、衰亡之历程,不可能永远有效,不可能永远不死。"佛禅格式"产生于汉魏,成长于宋明,衰亡于明末,至"西学"涌入,就必然地走上末路了。

卷三：论"西学格式"期的中国哲学批评
——四论创建"中国哲学批评史"

中国哲学批评的第一期，以"原创格式"为基础而展开，倡导"效用优先"，以"尚善"、"尚德"为特色；中国哲学批评的第二期，以"佛禅格式"为基础而展开，倡导"学理优先"，以"尚智"、"尚慧"为特色；现在进入中国哲学批评的第三期，这一期是以"西学格式"为基础而展开的，其特色是"尚强"、"尚力"。这个也许兼顾了"效用"与"学理"的格式，目前正在成长中，远没有终结。

一、"西学格式"之起点

"西学格式"的起点是在明末，时当希腊哲学被耶稣会士"附带"传到中国的时候。"西学东渐的发端"，则可上溯至蒙元帝国时期[1]，甚至更早，可上溯至李唐王朝时期[2]。按钱穆先生的说法，中国接触"西方文化"似乎是由近及远的，最早接触的是较近的"西方文化"（印度），其次接触的是较远的"西方文化"（波斯、阿拉伯等），最后接触的是最远

---

[1] 参见杨东莼：《中国学术史讲话》，第309—310页。
[2] 参见钱穆：《中国文化史导论》，商务印书馆1994年版，第206页。

(中国人称"泰西"即"远西",一如西方人称中国为"远东")的"西方文化"(欧美),由此钱穆先生有一个中西文化交流"三次"的说法①。

这是泛用"西方"概念而致。实际上,现在所谓的"西方",不指印度,也不指波斯、阿拉伯,而是特指欧美。这样,"西方文化"的主体就只能是"欧美文化",而与印度文化、阿拉伯文化等无关。以此为基点再谈"起点"的问题,可知"西学"的"起点"不在钱穆先生所说的李唐王朝,而在杨东莼先生所说的蒙元帝国。蒙古人在欧、亚两洲间,建立起交通东西的空前大帝国,东西文化交流因是频繁。罗马教皇英诺森四世(Innocent IV)1245—1247年间派人访钦察汗拔都于萨来,又访元定宗于喀喇和林。法兰西王路易九世1253年派人至喀喇和林访元宪宗,谋传基督教。罗马教皇尼古拉(Nicholas)1293年遣孟德可威诺(Joan du Monte Corvino)至燕京,得元世祖批准建教堂,一时信徒逾六千。意大利人马可·波罗(Marco Polo)1275年来华,仕元十七年,回国后所著《马可·波罗游记》风行全欧,种下欧人日后大量东来之种子。此时期欧人来华传教络绎不绝之格局,至蒙元帝国瓦解而中止。而此时的欧洲正忙于宗教改革等,亦无暇东顾。东西方客观的不利形势,打断了东西文化交流的进程,故这一时期的东西文化交流可不算"西学"之"起点",只可视为"西学东渐的发端"②。

"西学"传入之"起点",可从杨东莼先生所谓"西学东渐的第一期"算起。这一期约起于明熹宗天启二年(1622年),迄于清圣祖康熙五十六年(1717年)。此时期输入中国之"西学",杨东莼先生以为只有天文历算、力艺、舆地测绘、农田水利四类:天文历算之学,如《几何原本》、《历书》等;力艺之学,如《奇器图说》、《诸器图说》等;舆地测绘之学,如

---

① 参见钱穆:《中国文化史导论》,第206页。
② 杨东莼语,见《中国学术史讲话》,第310页。

《万国全图》、《乾坤体义》、《职方外纪》等;农田水利之学,如《农政全书》、《泰西水法》等。如此则此时输入的"西学",集中在"技术"领域,少见"科学",更不见"社会科学"。以"技术"之输入为"西学"输入之"起点",还勉强说得过去;要让它成为"西学格式"之"起点",就很难了。因为"西学"要成为一种格式,一定是跟思维方式有关的;"西学"而能成为一种思维方式,成为一种立场、观点和方法,才能谓之为格式。而这样一来,我们便不能再说"西学格式"之"起点"是在明末。

好在何兆武先生对"西学东渐"有另外的解释,为我们打开了一个缺口。他以为中世纪基督教传入中国总共有三次,唐代一次,元代一次,明末一次,只有最后一次才涉及"思想"的输入:"中国正式接触到所谓'西学',应以明末因基督教传入而夹带的学术为其端倪。"① 这次"夹带"而来的"思想"输入,时间约当16世纪末至18世纪末,延续约两个世纪。但其起点是在明末,故著者以为明末可作"西学格式"之"起点"。

"夹带"输入西洋"思想"的这些人物,几乎全是路德宗教改革(1517年起)以后罗马天主教耶稣会的会士。那时新教势力强盛,天主教受挫,力谋改革,于是组织耶稣会,开展东方传教事业,相率东游。时间正值中国明代中叶以后。最早来中国的是他们的东方布教长方齐各,1552年来华,途中死于广东上川岛。继之而来的是利玛窦(Matheus Ricci),1580年来华,1601年至北京。另有庞迪我(Diego de Pantoja)、阳玛诺(Emmanuel Diaz)、罗如望(Jodnnes de Rocha)、艾儒略(Julio Alenio)、毕方济(Francesco Sambiaso)、汤若望(Johann Adam Schall von Bell)、罗雅谷(Jacobus Rho)、邓玉函(Johann Terrens)、龙华民(Nicolao Longobardi)、徐日升(Thomas Pereira)、张诚(Jean Francois Gerbilon)、白进(Joachin Bou-

---

① 何兆武:《中西文化交流史论》,中国青年出版社2001年版,第1页。

vet）、安多（Antoniws Thomas）、南怀仁（Ferdinand Verbiest）、恩理格（Christianus Herdtricht）、闵明我（Philippo Maria Grimaldi）、费隐（Xaverius Fhrenbertus Fridelli）、杜德美（Petrus Jartroux）、雷孝思（Joannes Baptist Regis）、麦大成（Franciscus Joannes Cardoso）、潘如（Bonjour）、汤尚贤（Petrus Vincentius du Tartre）、冯秉正（Joseph Francois Moyra de Maillac）、德玛诺（Romanus Hinderer）等，相继来华①。他们多是葡萄牙人（因那时葡国已率先在东方取得许多属地），或附属于葡萄牙之意大利人。继起者有西班牙人、荷兰人、英吉利人等。17世纪末法国兴起，来华传教士又多为法国人。

这些耶稣会的传教士，"夹带"输入了哪些西洋"思想"呢？据何兆武先生的研究，主要是"正统经院哲学"。其内容主要有三方面：（一）传统的形上学，如上帝存在、灵魂不灭、意志自由等等；（二）基督教神话，如创世纪、乐园放逐、受难与复活、天堂与地狱、最后审判等等；（三）灵修，如教父问答、祈祷文、日课、崇修与礼节等②。可知在杨东莼先生所说的"技术"之外，耶稣会会士们还向中国输入了一种哲学——"经院哲学"。"经院哲学"乃是最早被引入中国的"西洋哲学"。

但输入"经院哲学"却"夹带"输入了"希腊哲学"，尤其是柏拉图与亚里士多德的哲学。对此何兆武先生分析说："耶稣会在宣扬这一套正统的经院哲学的时候，自然不免也夹杂了一些希腊思想成分在内。"③但他又认为这些"希腊思想成分"作为"经院哲学"的组成部分，完全是为神学服务的。如"灵魂三品说"之提出，就是袭用亚里士多德之说法以适应神学体系；又如根据亚里士多德之"本质"与"偶然"观念，而将事物分为"自立"与"依赖"两个方面，以适应神学体系；又如根据亚里士多

---

① 参见杨东莼：《中国学术史讲话》，第311—312页。
② 何兆武：《中西文化交流史论》，第7页。
③ 同上，第11页。

德之"四因说",而提出四种"所以然"(即"有作者,有模者,有质者,有为者")之学说,以适应神学体系;等等。"他们引用这些观念只是为了证明上帝是最美好的,而且好像在理论上最后找到了某种没有原因的东西;一切被创造的事物之为美好都有其所以然,而创造者本身是没有所以然的……这种理论与思维方式完全是中世纪经院哲学的特征。"①

何先生的话是不错的。但若换一个角度考虑这问题,我们也许可以得到同样不错的另外的结果。耶稣会士可以引用"希腊思想"证成"经院哲学",我们又何尝不可以引用"希腊思想"证成别的哲学?这些"希腊思想"不管是"夹带"的还是"主要"的,不管是主动的还是被动的,不管是有意的还是无意的,总之它已经输入到中国,已经来到中国,已经进入中国思想家的视野。这一点很关键,因为没有"希腊思想"的输入,就没有著者所谓"西学格式"的"起点"。

柏拉图与亚里士多德,是全部西洋哲学之格式的奠基者。柏拉图的"理念论"等、亚里士多德的"形式质料"学说等,为西洋哲学之几千年的发展,奠定了"本体论式思维",即严格区分"本体"与"现象"同时以"本体"为中心的思维。这样的思维方式,是全部西洋哲学的基石,抽掉这块基石,西洋哲学的大厦就会坍塌。前面何先生提到的"本质与偶然"的观念、"四因说"等等,都属于这样的思维。而著者所谓的"西学格式",主体内容其实亦就是"本体论格式"。可知"西学格式"的最早输入,的确可以追溯到明末,追溯到利玛窦、汤若望等天主教耶稣会的传教士们。站在这样的角度我们完全可以说,利玛窦之《天主实义》、汤若望之《主制群征》以及毕方济之《灵言蠡勺》等著作,对中国哲学批评第三期的成长,是有贡献的。

---

① 何兆武:《中西文化交流史论》,第11页。

二、《天主实义》之批评格式

《天主实义》①始撰于1595年,1596年完成,1601年冯应京润色定稿。关于其书名,冯应京是这样解释的:"天主实义,大西国利子及其乡会友,与中国人问答之词也。天主何?天地人物之上主也;实云者,不空也。"② 此书被认为是"中西文化史上第一部根据所谓自然理性以耶释儒,同时又以耶(天主教)批判儒释道的比较宗教学、哲学著作"③。

全书以"中士曰"与"西士曰"的对答形式,全面讨论了中西哲学的异同。答案未必是正确的,但"西学格式"已在讨论中进入中国人的视野。"西士"曰:"……先论何谓性,何谓善恶。夫性也者非他,乃各物类之本体耳。曰各物类也,则同类同性,异类异性。曰本也,则凡在别类理中,即非兹类本性;曰体也,则凡不在其物之体界内,亦非性也。但物有自立者,而性亦为自立;有依赖者,而性兼为依赖。可爱可欲谓善,可恶可疾谓恶也。通此义者,可以论人性之善否矣。"④ 这是以西方哲学中的"实体—属性"学说来解释中国哲学中的"性"。

"西士"又说:"仁义礼智,在推理之后,理也,乃依赖之品,不得为人性也。古有岐人性之善否,谁有疑理为有弗善者乎?"⑤ 这是以西方哲学中的"属性依赖于实体"、"属性依附于实体"的学说来解释中国哲

---

① 《天主实义》,耶稣会士利玛窦(1581年来华)述,天主降生一千八百六十八年重刊,主教赵方济准,上海土山湾藏版;天主降生一千九百廿三年,江苏主教姚准,土山湾印书馆第四版。万历疆圉叶洽之岁日躔在心浙西李之藻盥手谨撰《天主实义重刻序》。万历二十九年孟春榖旦冯应京谨撰《天主实义序》。万历三十一年岁次癸卯七月既望利玛窦书《天主实义引》。
② 冯应京:《天主实义序》,《天主实义》,土山湾印书馆1923年版。
③ 孙尚扬:《基督教与明末儒学》,东方出版社1994年版,第33页。
④ 利玛窦:《天主实义》下卷第七篇《论人性本善而述天主门士正学》,土山湾印书馆1923年版,第116页。
⑤ 同上。

学中的"仁义礼智"。

"西士"又说:"(人性能行善恶,不可谓性本有恶)吾以性为能行善恶,固不可谓性自本有恶矣。……人之性情虽本善,不可因而谓世人之悉善人也。惟有德之人,乃为善人。德加于善,其用也,在本善性体之上焉。"这是以西方哲学中的"体—用关系"学说来解释中国哲学中"善"(体)与"德"(用)的关系。对此"中士"答曰:"性本必有德,无德何为善。所谓君子,亦复其初也。"认为不可以"用"释"德"。"西士"回应说:"设谓善者惟复其初,则人皆生而圣人也,而何谓有生而知之,有学而知之之别乎?……则固须认二善之品矣(性之善为良善,德之善为习善),性之善为良善,德之善为习善。夫良善者,天主原化性命之德,而我无功焉。我所谓功,止在自习积德之善也。"①

"西士"说:"……凡物不能自成,必须外为者以成之。楼台房屋不能自造,恒成于工匠之手。知此,则识天地不能自成,定有所为制作者,即吾所谓天主也。……其间员首方趾之民,聪明出于万品,谁能自成?如有一物能自作己,必宜先有一己以为之作。然既已有己,何用自作?如先初未始有己,则作己者必非己也。故物不能自成也。"② 这是用柏拉图的"理念说"来解释天地万物及人类的生成。

"西士"说:"(天主如何生万物)……吾先释物之所以然,则其理自明。试论物之所以然有四焉(物之所以然有四)。四者维何?有作者,有模者,有质者,有为者。夫作者造其物,而施之为物也;模者状其物,置之于本伦,别之于他类也;质者物之本来体质,所以受模者也;为者定物之所向所用也。此于工事俱可观焉。譬如车然。舆人为作者,轨辙为模者,树木料为质者,所以乘于人为为者。于生物亦可观焉。譬如火

---

① 利玛窦:《天主实义》下卷第七篇《论人性本善而述天主门士正学》,第117—119页。
② 利玛窦:《天主实义》上卷首篇《论天主始制天地万物而主宰安养之》,土山湾印书馆1923年版,第5—6页。

然。有生火之原火为作者,热干气为模者,薪柴为质者,所以烧煮物为为者。天下无有一物不具此四者。四之中,其模者质者,此二者在物之内,为物之本分,或谓阴阳是也;作者为者,此二者在物之外,超于物之先者也,不能为物之本分。"① 这是对亚里士多德"形式—质料"学说、"四因"学说的一个完整说明。

"西士"说:"试以物之所以然观之,既谓之空无,则不能为物之作者、模者、质者、为者,此于物尚有何着欤?"② 这是用亚里士多德"形式—质料"学说、"四因"学说否定中国哲学中的"空无"观念。

"西士"说:"夫物之宗品有二,有自立者,有依赖者。物之不恃别体以为物,而自能成立,如天地鬼神鸟兽草木金石四行等是也,斯属自立之品者。物之不能立,而托他体以为其物,如五常五色五音五味七情等是也,斯属依赖之品者。且以白马观之。曰白曰马,马乃自立者,白乃依赖者。虽无其白,犹有其马。如无其马,必无其白。故以为依赖也。比斯两品,凡自立者先也,贵也;依赖者后也,贱也。一物之体,惟有自立一类;若其依赖之类,不可胜穷。如人一身,固为自立,其间情声貌色彝伦等类,俱为依赖,其类甚多。(太极与理不能为物之原)若太极者,止解之以所谓理,则不能为天地万物之原矣。盖理亦依赖之类,自不能立,曷立他物哉?中国文人学士讲论理者,只谓有二端,或在人心,或在事物。事物之情,合乎人心之理,则事物方谓真实焉。人心能穷彼在物之理,而尽其知则谓之格物焉。据此两端,则理固依赖,奚得为物原乎?二者皆在物后,而后岂先者之原?且其初无一物之先,渠言必有理存焉。夫理在何处?依属何物乎?依赖之情,不能自立,故无自立者以为之托,则依赖者了无矣。如曰赖空虚耳,恐空虚非足赖者,理将不免于

---

① 利玛窦:《天主实义》上卷首篇《论天主始制天地万物而主宰安养之》,第8—9页。
② 利玛窦:《天主实义》上卷第二篇《解释世人错认天主》,土山湾印书馆1923年版,第16页。

偃堕也。"① "西士"又说："有物则有物之理,无此物之实,即无此理之实。若以虚理为物之原,是无异于佛老之说。以此攻佛老,是以燕代燕,以乱易乱矣。"② 以上是以西方哲学中的"属性依赖于实体"、"属性依附于实体"的学说来解释中国哲学中"白"与"马"的关系、"理"与"物"的关系、"太极"与"物"的关系等等,且认为"物"必先于"理"、"物"必先于"太极"。

"西士"说："且物字为万实总名,凡物皆可称之为物。太极图注云:理者非物矣。物之类多,而均谓之物,或为自立者,或为依赖者,或有形者,或无形者。理既非有形之物类,岂不得为无形之物品乎?"③ 这是用西方哲学中的"物质"观来界定中国哲学中的"物",并以此否定中国哲学中的"理"。

"中士"说："谓同体之同也,曰君子以天下万物为一体者也,间形体而分尔我,则小人矣。君子一体万物,非由作意,缘吾心仁体如是,岂惟君子,虽小人之心亦莫不然。""西士"反驳说："(万物一体乃寓言,非谓一体)前世之儒,借万物一体之说,以翼愚民悦从于仁。所谓一体,仅谓一原耳已。如信之为真一体,将反灭仁义之道矣,何为其然耶? 仁义相施,必将有二,若以众物实为一体,则是以众物实为一物,而但以虚像为之异耳。彼虚像,焉能相爱相敬哉? 故曰为仁者推己及人也,仁者以己及人也,义者人老老长长也。俱要人己之殊,除人己之殊,则毕除仁义之理矣。设谓物都是己,则但以爱己奉己为仁义,将小人惟知有己不知有人独得仁义乎? 书言人己,非徒言形,乃兼言形性耳。且夫仁德之厚,在远不在近,近爱本体,虽无知觉者亦能之。故水恒润下,就润处合同类,以养存本体也。火恒升上,就乾处合同类,以养全本性也。近爱

---

① 利玛窦:《天主实义》上卷第二篇《解释世人错认天主》,第18—20页。
② 同上,第20页。
③ 同上,第21页。

所亲,鸟兽亦能之,故有跪乳反哺者。近爱己家,小人亦能之,故常有苦劳行险阻,为窃盗,以养其家属者。近爱本国,庸人亦能之,故常有群卒致命,以御强寇奸宄者。独至仁之君子能施远爱,(仁施及远)包覆天下万国而无所不及焉。君子岂不知我一体,彼一体,此吾家吾国,彼异家异国,然以为皆天主保存生养之民物,即分当兼切爱恤之,岂若小人但爱己之骨肉者哉?""中士"说:"谓以物为一体,乃仁义之贼,何为中庸列体群臣于九径之内乎?""西士"回应说:"体物以譬喻言之,无所伤焉。如以为实言,伤理不浅。中庸令君体群臣,君臣同类者也,岂草木瓦石皆可体耶?吾闻君子于物也,爱之弗仁,今使之于人为一体,必宜均仁之矣。墨翟兼爱人,而先儒辩之为非。今劝仁土泥,而时儒顺之为是,异哉!"① 这是以西方的"人类中心论"来否定中国哲学中"以天下万物为一体"的观念。

"西士"说:"万有繁然,或同宗异类,或同类异体,或同体异用,今欲强之为一体,逆造物者之旨矣。……各类以各性为殊,不可徒以貌异。故石狮与活狮貌同类异,石人与石狮貌异类同。何也?俱石类也。尝闻吾先生解类体之情,曰自立之类,同体者固同类,同类者不必同体,又曰(各物本行不宜混)同体者之行为,皆归全体,而并指各肢,说如右手能捄助患难,则一身两手皆称慈悲。左手习偷,非惟左手谓贼,右手全体皆称为贼矣。推此说也,谓天下万物一体,则世人所为,尽可相谓跖一人为盗,而伯夷并可谓盗,武王一人为仁,而纣亦谓仁。因其体同而同之,岂不混各物之本行乎?学士论物之分,或有同体,或有各体,何用骈众物为同体?盖物相连则同体也,相绝则异体也。若一江之水在江内,是与江水一体,既注之一勺,则勺中之水,于江内水谁可谓同类?岂

---

① 利玛窦:《天主实义》上卷第四篇《辨释鬼神及人魂异论而解天下万物不可谓之一体》,土山湾印书馆1923年版,第66—68页。

仍谓同体焉？泯天地万物一体之论,简上主,混赏罚,除类别,灭仁义,虽高士信之,我不敢不诋焉。"① 这是用西方哲学中的"实体—属性"学说以及亚里士多德形式逻辑中的"属—种"学说,否定中国哲学中的"天地万物一体之论"。

三、《三山论学纪》之批评格式

《三山论学纪》②记载了意大利传教士艾儒略(1582—1649年,1613年来华)与中国明末名相叶向高(相国,1562—1627年)、广西右参议曹学佺(观察公,1574—1646年)三人有关"天主造天地万物之学"的辩论。"三山"即指福建。艾氏1624年结识叶向高,1625年一起去福建讲学,故该书约成书于1625年前后。实质是有关中西哲学异同的三人大论战。

《三山论学纪》中观察公(观察曹先生)问："谓二气之运旋者,非乎,抑理也？"艾儒略回答说："二气不出变化之材料,成物之形质。理则物之准则,依于物而不能物物。诗曰'有物有则',则即理也。必先有物,然后有理,理非能生物者。"③这是以西方哲学中典型的"形式—质料"说解读中国哲学中的"理"与"物"及其关系。

艾儒略接着说："如法制禁令,治之理也。指法制禁令,而即为君乎？谁为之发号施令,而抚有四国也？若云理在物之先,余以物先之

---

① 利玛窦：《天主实义》上卷第四篇《辨释鬼神及人魂异论而解天下万物不可谓之一体》,第68—69页。

② 署《三山论学》或《三山论学记》,天主降生一千八百四十七年重刊,司教马热罗准。天主降生一千九百廿三年江苏主教姚重准,土山湾印书馆排印。石水苏茂相书《三山论学记序》云："三山论学记者,泰西艾子与福唐叶相国辨究天主造天地万物之学也。……"古绛段袭撰《重刻三山论学序》。全书除序外,正文共36页。

③ 艾儒略：《三山论学纪》,土山湾印书馆排印,1923年版,第4页。

理,归于天主灵明,为造物主。盖造物主未生万有,其无穷灵明,必先包涵万物之理,然后依其包涵,而造诸物也。譬之作文,必先有本来精意,当然矩矱,恰与题肖者,立在篇章之先,是之谓理。然后谁为之命意构局,绘章琢句,令此理跃然者,可见理自不能为主,当必有其主文之人。繇此观之,生物之理,自不能生物,而别有造物之主无疑矣。"① 这是以西方哲学中的"形式—质料"关系,来界定中国哲学中的"理—物"关系。亚里士多德曾推出一个"纯形式",此"纯形式"即后来之"上帝";以此种思维解读中国哲学,当然认为"理自不能为主",必"别有造物之主无疑"。

相国问:"有天地,斯有天主主之,未有天地,云何有主?"艾儒略答曰:"……先有天主,后有天地,亦易见矣。盖必有无始,而后有有始;有无形,而后能形形;有所以然,而后有其固然。吾身之先,必父母生我,必有天主降衷于我。若无赋我灵性与生我形骸者,神身从何出耶?夫天地犹一宫室也,宫室楼台,必待有主制造而后成。曾是天地之大,无有主之者,竟能自造自成乎?是知天地大主,原在万物之先,本为无始,无为无象,而实为万象始,为万有所以然者,方能化生万物,而常为之主。"② 这是以西方哲学中典型的"造物"观念、"制造而后成"的观念,来否定中国哲学中典型的"无有主之者"、"能自造自成"的观念,即"自然"的观念。

相国说:"太极也者,其分天地之主也。"艾儒略回应说:"太极之说,总不外理气二字,未尝言其为有灵明知觉也。既无灵明知觉,则何以主宰万化。愚谓于天地犹木瓦于宫室,理也者,殆如室之规模乎?二者阙一不得。然不有工师,谁为之前堂后寝,庖湢门墙,彼栋梁而此榱桷

---

① 艾儒略:《三山论学纪》,第4—5页。
② 同上,第5—6页。

也。……儒者亦云,物物各具一太极,则太极岂非物之元质,与物同体者乎?既与物同体,则囿于物,而不得为天地主矣。所以贵邦言翼翼昭事,亦未尝言事太极也。"① 这是用西方哲学中"形式—质料"的观念来解释中国哲学中的"太极",并把"太极"规定为"质料"。

相国说:"造物主超出理气之上,肇天地而主宰之固矣,第云世间万事,无非天主所为,至于善恶万不齐,亦皆天主为之耶?"艾儒略回答说:"万物之化生无穷,无不系于造物主之全能。至论善恶,考之圣经与古名论,未有混归之天主者。……或有为恶,则固人所自造。造恶者,反天主之命者也,岂可谓善与恶皆天主为之乎?"② 这是以柏拉图位居最高端的"善的理念"来界定"天主",并认为它是"超出理气之上"的。

四、《主制群征》之批评格式

《主制群征》③ 系德国传教士汤若望(1592年生于科隆,1620年来华,1622年到北京)摘译而成。原书是一部医理书,作者是17世纪久负盛名的大学者列奥纳多·莱修斯(Leonardus Lessius,1554—1623年)。汤为传播耶教教理与西方文化,并不拘泥于医理,而是刻意将此神经生理学之书,"翻译"成神学之书与哲学之书。该书被视为"是传道书,并非医理书"、"翻译略于医理而谆谆于传教",并被视为"晚明西学名著"④。其基本格局还是向中国学者传播"西学格式",并以"西学格式"批评中国哲学。

---

① 艾儒略:《三山论学纪》,第6—7页。
② 同上,第7页。
③ 《主制群征》初刻于明末,具体时间为崇祯二年(1629年),一说崇祯九年(1636年)。1919年陈垣先生作"跋"的版本,为天津大公报馆重印本,收入《续修四库全书》第1296册。
④ 陈万成、罗婉薇:《汤若望的〈主制群征〉与翻译》,《中国典籍与文化》(北京)2004年第1期。

其言曰:"气实有体,充塞空际,自地至天,悉无他物。其体本大,而潜隐不现,包围全地,而不碍他物之著地。以是知其为质微乎其微,而其顺成物性,正以是矣。"① 又说:"若气体者,其大于线,不知其几千万倍,而其质之细微,又不减于线,世人生而习之,老不知察,何也?……所以然者,物主造气之始,以是能付之,则气不得不然耳,曷足怪乎?"② 又曰:"气于万色万像万声,皆能受而存之,……以此观之,气体几与神体等矣。盖物主既造气以调心热,而又恐其碍人物耳目之用,故赋其体微妙玄通,有如此者,其利于物行也。"③ 这些说法都是以"形式—质料"的思维释"气",认为"气"有"体"、有"质"。

又说:"或疑人受造之因,未必出于主宰,答曰:论人灵心,神也。神本无形,超于血肉之上,有形者不能造。……若夫灵心,既非先有者,又非依赖于他有者,阴阳曷预乎?即论肉身,质资父母,诚然,乃其模(外依模)亦制于主宰。比之造垣,准使直,绳使平,悉繇大匠,若彼合土于水者,贱工而已耳,奚足与较功哉?盖惟大主能知人身筋肉骨脉痰各类,本用本位,而又补其损者,连其断者,造化神工,岂人力所能及哉!"④ 此处是以"形式—质料"的思维解释"肉身"的生成,并把"主"视为"形式"(模)的代表者。

又说:"有谓万物无与人心比能者,他物各有专向专用,其能有限,独人心量甚宽,所向不一,不容界止,以其智巧,明庶物之情,制而用之,无弗听命者,是人已为万物之所归,已为万物之主矣,岂又有主制物,并制人群乎?曰:不然,人心之能异于动觉物之能,是在格物及自专二者,

---

① 汤若望:《主制群征》卷之下《以气之玄妙征》,1919年10月新会陈垣跋。无出版者记录。
② 同上。
③ 同上。
④ 汤若望:《主制群征》卷之下《以人心之能征》。

然皆有不足存焉。格物之学有三,一学在己,一学及人,一学制物。学在己者,或格物公理,或格物有之所以然,或格物自成之效。又凡从色味音臭寒热坚软一切依赖之情,推及自立之体,通达物体之本然,是皆神灵之效。……至若格无形之物,虽即返照本体(灵才),未便了彻,且犹不离外司与物像以为用。今夫去耳目,弃典籍,而能自明其心者,几人哉?"① 此处是以西方哲学中"实体—属性"的思维,来解释中国哲学中的"体—用"关系。

又说:"以故神之互相须以成一全,……目既有所须,即不为自有。以自有者自足,全乎自向而不向物。无物能反之,无物能佑之。本体不动,恒无增减,是之谓止于一。既止于一,即无限量,无始终,而为万物原有余矣。彼鬼神能乎?夫鬼神既不本于阴阳,又非自有,则岂非外有一至尊至神者为之造成、为之主宰也哉?"② 这是对西方哲学中占支配地位的"本体论"的一个完整解读。

又说:"凡形物必须两,所以然,曰质曰模是已。质者,块然弗自主,任模来取,或彼或此,无不惟命,则其弱者著矣。模者,定本伦之形势,以别之于彼伦。然非模自定也,所以命其为此为彼而弗易者,是在作者矣。不有作者,彼能自主乎?匪直质模,凡纯体之物(土水火气四原行是),皆无自主之能。凡自主者,必甚本体更无所属,超万物而上之,乃称强焉。彼四行不能也,且四行所承之有,悉非自为,乃为合体之物,而为之质也。既有为者,必有作者,何也?凡物之情,悉欲自为,如所为在他,必繇本物之外,别有物使然,此使然者,即名作者。夫此作者,无物无之,惟自有者,乃无作者。既无作者,并无为者,万为悉归自为故也。彼纯体奚足语此?又原行,本体浑然漠然,广狭大小等势,悉繇外缘所

---

① 汤若望:《主制群征》卷之下《以人心之能征》。
② 汤若望:《主制群征》卷之下《以鬼神征》。

致,因物付物,不得不然。凡此皆弱劣相须之征,非有主者,吾知其沦于无已。若夫原质(如太极是),方之原行更弱,顽陋无能,并无模像,全乎顺应以益他物,谓之浑全自足,能自主持,不亦谬乎?"① 此处是以"形式—质料"的思维解释"万物"的生成,并把中国哲学中的"太极"视为"原质"(纯质料)的代表者,它的另一端即"纯形式"则被称为"作者"。其实中国哲学根本就不承认"作者"的存在,也对找寻这样的"作者"不感兴趣。

又说:"形物既属受造,不能自主,则夫定厥向极者,必属无形至灵造物之主无疑矣。何以知其无形?曰:凡有形所以然,其造物也,必先需物材以承其造,然后施其造于物材。若所造者,既名原质,则是时本无一物为材矣。既无物材,则其造之也,直是从无造有,不可思议,此岂有形所以然之能事哉?或疑天为初所以然,益谬。凡天之能,不越照施二者,使世无物受之,则天能皆虚,虽欲著效无繇,岂有依物著效,而为物初所以然哉?何以知其至灵?曰:征之有三,其造原质也,使之能承万模,以成万体,万体之中,万性附焉。如非预识万物之性,所造安能各顺其当然,是所建者一物,而盈万异向毕聚焉。此灵之一也。凡造异体性之物者,必躬兼所造之微妙而蕴含之,今夫生者觉者灵者,体性各异,万有不齐,则造者之广智大能,从可知矣。是其灵之二也。凡具有明悟爱欲者,乃可称灵,既造物者大显厥能,其行如此,则其所以行者,亦必将是。则其明悟爱欲,非复可量。是其灵之三也。"② 这也是在宣传"形式—质料"的思维。

又说:"今夫火气水土,万物元质也,性各相反,因相反以相克,因相克以致渐次损坏,自然之势也。乃自古迄今,元质未见损坏,此正非常

---

① 汤若望:《主制群征》卷之下《以诸物弱缘征》。
② 同上。

之事,独系物主宰调剂之功,乃人懵不之察,举归自然,亦弗思过矣。"①论到"元质损坏"之类,就完全是用西方"实在论"的思维,来解读中国哲学中的"火气水土"等概念。其实,他哪里知道中国哲学的概念,均非指实的。

五、《性理真诠》之批评格式

《性理真诠》②系法国(一说比利时)传教士孙璋(Alexander de la Charme,1695—1767年,1728年来华)花十年心力撰写而成。全书体例仿照《天主实义》,方法亦是"承袭利玛窦引用中国先秦儒家经典来批判理学的方法"。以原始孔教与宋儒问答之形式展开,并认为原始孔教"系天主教"。该书被视为"理学专著","全书反复论证,不厌其详,以原始孔教攻击宋儒"③。

全书完全采取论辩或直接批驳的方式,批判中国哲学。如第五篇标题即为"驳汉唐以来性理一书诸谬说",涉及的问题包括辨性理诸书论天理之非、今有一种儒名虽为儒但信从异端乱上主真教、辨近儒万物一体之非、辨周子立太极图之非、辨性理诸书妄谈理命二字之非、辨性理诸书论神之非、辨上主出乎震齐乎巽等之非、不识上主不得云敬上主、辨程子但云一理以形体言谓之天以主宰言谓之上主之非、辨不拜无始终之上主而拜有始终之天地迷乱失序、辨郊社之礼谓不言后土省文之非、讲论上主不可恃自己之聪明、辨人物同属一性但有偏正之非、辨

---

① 汤若望:《主制群征》卷之上《以觉类内引向征》。
② 《性理真诠》于1753年问世,北京首善堂初版。1757年"撮大旨转译满文"。另有上海慈母堂1889年版、土山湾印书馆1935年版等。
③ 朱幼文:《明清之际耶稣会士对于理学的批判》,《世界宗教研究》(北京)1998年第4期。

165

性理诸书云形神一气之非、辨性理诸书谓作善由理作恶由气之非、切指人心私欲何由、上主立此真教系吾人神病之良方、辨性理诸书云天人之理相合为一之非、辨性理诸书云仁义礼智信禀于水火木金土五气之非、辨人物同属一体之非、辨太极图云圣人不过禀天地之精而特出之非、论人之成圣并非性之者俱系学之者、论人之成恶并非性之者俱系习之者、辨皇极经世书云人之神即天地之神之非、辨性理诸书瞒得人瞒不得理之非、论古儒所谓敬于一者乃是敬一上主并非敬一理、性理诸书各家自生臆说论无一定、性理诸书讲解高宗夜梦上主赍以良弼不过勉强信从、辨性理诸书云海潮系地呼吸所致之非、辨性理诸书云北极为气运之原之非、辨性理诸书云草木有知觉之非、辨性理诸书云物与物其理为一不同者其形之非……。中国哲学中几乎所有的关键命题,都被这部书以"非"字界定下来。

现录其言论。该书说:"试以房屋之理言之。予前已发明房屋之理,不过砖瓦木料,安排妥适,便人居住,此外并无他意。以此而论,天理者即天之形体,本系圆形,日月星辰丽于其上,运动有常,千古以来,毫无差忒。……又安可妄以天之理即天上之主乎?"① 这是用亚里士多德"形式—质料"的思维,来解释中国哲学中"天"与"理"的关系。

该书又说:"今观性理诸书,……而佛经与西铭等书,且云上主与天地人物,均属一体,谬论更甚。……若天地人物共为一体,则爱人即是爱己耳。爱己,私爱也;爱人,公爱也。公私不分,仁道何由成乎?此论大乱真教正理。"② 这是拿西方的"人类中心论"来否定中国哲学中的"万物一体"说。

该书又说:"周子著太极图说,并非古儒真传。今谓太极为生天地

---

① 孙璋德昭氏述:《性理真诠》三卷下《第五篇驳汉唐以来性理一书诸谬说》,上海慈母堂1889年版,第59页。

② 同上,第60页。

166

万物之元气则可,谓太极而外,并无上主,而生天生地生万物,惟一太极之阖辟,则断不可也。"① 这是用西方哲学中的"形式—质料"学说,来否定周敦颐的"太极图说"。"太极"之上另加"上主",那是西方人的思维,不是中国人的思维。

该书又说:"后儒恐其乱靡底止,执定理气以为造化之根原,……不知理也者,乃依赖之品,非自立之体,所谓规矩法度者是也。至于气,更属顽然,并无知觉。试问有何灵明,有何自主,而能肇造乾坤人物,主人生死,赏善罚恶,毫发不爽耶?"② 这是用西方哲学中的"形式—质料"、"实体—属性"等学说,来解读中国哲学中的"理—气"学说。

六、"西学格式"之内涵

"西学格式"主要有两层含义:一是"本体论优先",二是"尚强"、"尚力"。以这样的格式批评各家学说,则以言"本体论"者为上品,以言"宇宙论"者为次品,以言"知识论"者为下品;以倡"强"者为上品;以倡"力"者为上品;等等。总之批评的标准,已完全不同于第一期与第二期。

著者这样一说,就跟冯友兰先生有冲突了。冯先生以为"西方哲学对中国哲学的永久性贡献,是逻辑分析方法",他把这种方法称为"正的方法",认为"正的方法"的传入中国,"就真正是极其重要的大事",因为"它给予中国人一个新的思想方法,使其整个思想为之一变"③。他以为"用逻辑分析方法解释和分析古代的观念,形成了时代精神的特征"④,也

---

① 孙璋德昭氏述:《性理真诠》三卷下《第五篇驳汉唐以来性理一书诸谬说》,第60—61页。
② 同上,第77页。
③ 冯友兰:《中国哲学简史》,第378页。
④ 同上,第380页。

就是说,形成一种风尚,支配着那一时代中国思想家的思维。

　　站在"中国哲学史"的角度,冯先生的说法也许是对的。但站在"中国哲学批评史"的角度,著者却有不同的看法。著者以为西方哲学对于中国哲学批评的永久性贡献,不是"逻辑分析方法",而是"本体论式思维";形成一种风尚,形成"时代精神的特征"的,是以"本体论式思维"解释、分析古代观念,而不是"用逻辑分析方法"解释、分析古代观念。须知"逻辑分析方法"天生就是拒斥"本体论"的,它自产生的一天起,就与"本体论"立于"不共戴天"之地位。我们一查维也纳学派诸大家,就知道他没有一个不是厌恶"本体论"到万分。所以主张"逻辑分析方法"为永久性贡献,就不可能同时主张"本体论式思维"为永久性贡献,二者不可能同时并存。"本体论",正是中国传统哲学所缺少(中国传统哲学本"现象论式思维"而展开)的理论;"本体论式思维",正是中国传统哲学所缺少的思维方法。基于此著者想借用冯先生的话说,"给予中国人一个新的思想方法,使其整个思想为之一变"的,不是"逻辑分析方法",而是"本体论式思维"。

　　"本体论式思维"与"现象论式思维"的根本区别在于:(一)前者以"本体"为实有,以"现象"为派生,而后者以"现象"为实有,以"本体"为可有可无;(二)前者只注重于现象之"背后",而后者则不讲"背后";(三)前者以"因果关系"为基础,注重"主从关系",后者则以"函数关系"为基础,注重"相互关系";(四)前者以"传统逻辑"或"形式逻辑"为思维形式,后者则以"现代逻辑"或"数理逻辑"为思维形式;(五)前者讲究主与客、能与所、人与物之区别,后者则不讲究此种区别,认为万物可互为主客、互为能所、互为人物;(六)前者以本体论支配知识论,从本体论引申出知识论,后者反之,以知识论支配本体论,从知识论出发"拷问"本体论;(七)前者认为没有本体论就没有哲学,后者则反之,认为没有知识论就没有哲学;等等。以此按之中、西哲学,可知西洋哲学之主流是

"本体论的",而中国哲学之主流是"现象论的"。

七、"西学格式"之最早使用者

中国哲学批评的"西学格式",在明、清之际是不是已经确立起来了呢?

目前国内的大多数学者,都认为中国哲学批评的"西学格式",是确立于清末民初;甚至更晚,认为是确立于胡适的《中国哲学史大纲》(上卷)。这些看法也许忽略了重要的历史事实。

著者以为中国哲学批评的"西学格式",是确立于明末清初。理由至少有三:第一,此时期"本体论思维"已经确立起来,并被用于批评中国哲学;第二,此时期"形式逻辑思维"已经确立起来,并被用于批评中国哲学;第三,此时期"实在论思维"已经确立起来,并被用于批评中国哲学。第一是讲"本体—现象"、"实体—属性"关系,第二是讲"主—谓式句辞",第三是讲"名—实"关系。这些西方哲学中的核心思维方式,都已在明末清初确立起来,并被用于批评中国哲学。

从利玛窦《天主实义》(1601年),到孙璋《性理真诠》(1753年),时长超过150年。这150年,正是以"理学"为代表的中国哲学遭受强烈批评的150年,同时亦是"西学格式"被成功地运用于中国的150年。

用"西学格式"去批评各家哲学,去重构中国传统哲学,这样去做的最早一批人,不是中国人,而是明末以降来华传教的天主教耶稣会会士。他们此时已经"引进全新的西方思维方式",首先就是"带有根本性"的"演绎推理的逻辑方法"[①]。

[①] 朱幼文:《明清之际耶稣会士对于理学的批判》,《世界宗教研究》(北京)1998年第4期。

耶稣会会士来华传教时处理耶、儒关系的方式,何兆武先生认为,不外"合儒"、"补儒"、"益儒"、"超儒"等几种,中心意思是"企图以一种更彻底的经院哲学来代替中国原有的经院哲学",也就是以经院哲学对中国原有哲学进行"新的解释或改造"①。这实际就是以耶评儒。何先生提到以耶评儒的四种做法:(一)把儒教的"天"修改为天主教的上帝;(二)以"形式"和"质料"观念解释"理"与"气";(三)以希腊哲学中"潜能"与"现实"观念解释"性"与"德";(四)将中国古老的政治社会道德观点与天主教中古政治社会道德观点糅合在一起。② 著者以为上述四种做法,已基本合乎第三期中国哲学批评的规范与标准,不仅可为第三期中国哲学批评之"起点",而且可为第三期中国哲学批评之"范本"与"楷模"。

最引著者关注的是第二、三两种做法,即以"形式—质料"观念释"理—气"和以"潜能—现实"观念释"性—德"。第二种做法方面,何兆武先生引用了孙璋《性理真诠》中的一段话:"天地间物类纷纷,要不外理气性三者。何以言之?理也气也性也三者,包万物之内外,贯万物之始终。……[气]固非空际摩荡之气,亦非口中呼吸之气,乃万物浑然各具之本质,所以受象成形之材料也。其材料即是其气也。……材料者,砖瓦木植也,而砖瓦木植即材料之气也。以是知造万物之材料,其名数虽然,然其总括之名,惟称之曰气耳,所谓阴阳是也。理也者,即具于万物形体之中,所以定其向而不能连其则者也。如房屋之理非他,即修筑宅固,安排工巧,恰合其用,便人居处耳。明乎此,则各物类之本性,从可识矣。气与理二者兼备一物之中,谓之性。性也者,即各物类之本体,具本能而为此为彼,效其用而不乱者也。"③ 文中"材料"即"质料"。

---

① 何兆武:《中西文化交流史论》,第33页。
② 同上,第35—37页。
③ 同上,第36页。

"气"为"材料"即"气"为"质料"。何先生说"这是最早以亚里士多德哲学中被经院哲学改造过的'形式'和'质材',来解释'理'和'气'的",此话诚然。就中国哲学批评史而言,著者以为这是中文文献中继利玛窦之后再次使用"西学格式"的成功。何先生还引用了艾儒略《三山论学纪》中的一段话:"二气之运旋者非乎,抑理也?曰:二气不出变化之材料,成物之形质。理即物之准则,依于物而不能物物。诗曰'有物有则',则即理也。必先有物,而后有理,理非能先物者。"① 又曰:"余(按即艾儒略)以物先之理,归于天主灵明,为造物主体。盖造物主未有万有,其无穷灵明,必先包函万物之理。"② 这是以"形式—质料"之先后关系,解释"理—气"之先后关系。最先之"理"(即"形式"),柏拉图归诸"理念世界",亚里士多德归诸"纯形式",天主教则归诸"天主灵明"。

第三种做法方面,何兆武先生引用了利玛窦《天主实义》下卷第七篇《论人性本善而述天主门士正学》中的一段话:"人之性情虽本善,不可因而谓世人之悉善人也。惟有德之人,乃为善人。德加于善,其用也,在本善、性体之上焉。……性之善为良善,德之善为习善。夫良善者,天主原化性命之德,而我无功焉;我所谓功,只在自习积德之善也。"③(此处引文与著者前面所引略有出入)何先生认为"良善"是"潜能",是"性";"习善"是"现实",是"德";"性"与"德"之关系同格于亚里士多德哲学中"潜能"与"现实"之关系。而"潜能"与"现实"之关系,即是"体"与"用"之关系,即是"主体"与"属性"之关系,亦即是斯宾诺莎所谓"实体"与"样式"之关系,一言以蔽之,即"本体"与"现象"之关系。此种解读中国传统哲学之方式,始于利玛窦,但不限于利玛窦。

当回头再读三百余年或二百余年之后出版的冯友兰先生的《新理

---

① 何兆武:《中西文化交流史论》,第36—37页。
② 同上,第37页。
③ 同上。

学》,著者发现那几乎就是第二种做法的"重版";当回头再读三百余年或二百余年之后出版的金岳霖先生的《论道》,著者发现那几乎就是第三种做法的"重版"。批评内容有广有狭,批评对象有先有后,但批评格式没有丝毫的变化。三百余年间中国哲学批评的主线,就是从利玛窦、艾儒略等人到冯友兰、金岳霖等人的那条线,就是以西洋哲学的"本体论式思维"重构中国传统哲学的那条线。这条线就是第三期中国哲学批评的主线。没有这条线,几乎就没有中国哲学批评的第三期发展。基于此,著者把"西学格式"之"起点"定在明末清初,显然有充分的依据。

关于耶稣会传教士"夹带"或"夹杂"输入"希腊思想"的功过问题,何兆武先生明确认定是有"过",甚至有"罪"。其言曰:"……明末清初耶稣会传教士所传来的西学从根本上说乃是中世纪西方的神学世界观。……不但无助于并且还从根本上妨碍了中国方面当时的历史大业,即如何走出中世纪而步入近代化。"[1] 显然何先生对于耶稣会传教士的输入"西学",是作了"有罪"判定。而其之所以作"有罪"判定,著者以为乃是因为何先生坚持"坐标唯一论"所致。他以为评论耶稣会士之所作所为,只能有一个坐标,即"只能是以中国的近代化为其唯一的坐标;此外不可能再有别的标准"[2]。依照这个"坐标唯一论"而判耶稣会传教士"有罪",也许是对的。

但著者以为"可能再有别的标准",即设定另一个评判耶稣会士的"坐标"也许有可能。如本书所设定的"中国哲学批评史"这一坐标,就不能说毫无价值。若允许设立这一坐标,则耶稣会传教士输入"西学",以"希腊思想"重构中国传统哲学,就是"有功"的(有功于中国哲学批评

---

[1] 何兆武:《中西文化交流史论》,第103页。
[2] 同上,第120页。

第三期的成长),至少不能说"有罪"。以"中国的近代化"为坐标,他们"有罪";以"中国哲学批评的成长"为坐标,他们"有功",至少"无罪"。这都是因为"坐标"的不同所致,二者间也许是可以"兼容"的。只是需要放弃"坐标唯一论"的假定。

八、明末清初的"四教论争"

明末清初,儒、释、道、耶四教之间的"恩怨情仇",乃是中国哲学批评史重要的题材。

"四教论争"的基本格式,就耶教言,主要有三种:(一)联儒而反道、释,何兆武先生称之为"合儒",(二)联"先儒"(即孙璋《性理真诠》所谓"信经不信传,论经不论小字者")而反"后儒"(即孙璋《性理真诠》所谓"信经亦信传,论经亦论小字者"),何兆武先生称之为"补儒",(三)以天主教经学修改"先儒"理论,何兆武先生称之为"益儒"或"超儒"[①]。此三种格式实际是以儒、耶二教之关系为主体,释、道二教处在被排斥、否定的地位。就儒、耶二教的关系说,又以耶教为主体,儒教处在被利用、被曲解的地位。难怪学界有指责耶教"阳斥二氏"而"阴排儒教"以及"伪尊儒而实乱其道脉"之论[②]。

就儒、释、道三教而言,在"四教论争"中,三教对于耶教均既有拥护之言论,又有反对之言论。拥护的言论,如徐光启的"补儒易佛"说,以为传教士所传"西学","真可以补益王化,左右儒术,救正佛法者也"[③],以为可以从中找到一条到达太平盛世、"久安长治"的道路。倡此说者,徐氏之外,还有李之藻、杨廷筠、王徵、韩霖等。反对的言论既有来自儒

---

① 何兆武:《中西文化交流史论》,第19页。
② 同上,第44页。
③ 同上,第16页。

教的,如钟始声立于宋、明儒立场的反驳;亦有来自释教的,如释寂基、释费隐、释如纯、释密云等立于佛教教义的反驳;又有来自启蒙思想家的,如李贽、方以智、王夫之、黄宗羲等立于无神论的反驳;等等①。

细致地研究"四教论争",至今学界还没有完全展开。希望"中国哲学批评史"的建立,能够有助于这一领域研究的深化。

九、清代学术与"西学格式"

清代学术,曾被梁启超先生喻为欧洲的"文艺复兴",认为"其动机及其内容,皆与欧洲之'文艺复兴'绝相类",并认为欧洲所受"文艺复兴"之新影响,"我国今日正见端焉"②。"文艺复兴"的特点是"复古",所以他以为二百余年之清代学术,本质上就是"以复古为解放"。第一步是复宋之古,对于王学而得解放;第二步是复汉唐之古,对于程朱而得解放;第三步是复西汉之古,对于许、郑而得解放;第四步是复先秦之古,对于一切传、注而得解放。"夫既已复先秦之古,则非至对于孔孟而得解放焉不止矣。然其所以能著著奏解放之效者,则科学的研究精神实启之。"③

"文艺复兴"、"解放"、"科学"等字眼,没有"西学"的刺激,是得不来的;不放到"西学格式"的背景下,是读不懂的。所以如果说清代学术是有功于中华文明的,那它所以有功,正源于"西学"的刺激。正如宋明儒所以有功于中华文明,正源于"佛禅"的刺激。

明、清之际顾炎武,为纠正明末王学"束书不观,游谈无根"之流弊,倡导依据经书与历史立论,以"通经致用"为号召。是为"乾嘉学派"之

---

① 何兆武:《中西文化交流史论》,第38—43页。
② 梁启超:《清代学术概论》,《饮冰室合集·专集》之三十四,中华书局1989年版,第3页。
③ 同上,第6页。

源。阎若璩、胡渭等虽承继顾炎武考据传统,以汉儒训诂方法治经辨伪,有所创获,但已失顾氏"通经致用"之精神。后析出以惠栋为首之"吴派"及以戴震为首之"皖派"两大支。他们均宗汉儒经注,推崇东汉许慎、郑玄之学,故有"汉学"之名。

"汉学"已受"西学"之影响,梁启超曾有"戴震全属西洋思想"[①]之言,盖即论此。胡适之亦有"中国旧有学术,只清代的朴学,确有科学的精神"[②]之言,盖亦论此。

但"西学格式"成为主流,是在鸦片战争以后。钱穆《国学概论》有言:"又自鸦片战争后,外患迭乘,志士扼腕,思自湔袚,经世致用之念复起。而海禁既开,西学东渐,穷经考古,益不足以羁縻其智慧。康氏以今文公羊之说,倡为变法维新,天下靡然从风,而乾、嘉朴学亦自此绝矣。"[③]此处言康有为以"今文经学"中绝"乾嘉朴学",并有"变法维新"之言,似有康有为将"西学格式"推向主流之意。但钱先生同书又有言曰:"至于最近学者,转治西人哲学,反以证说古籍,而子学遂大白。最先为余杭章炳麟,以佛理及西说阐发诸子,于墨、庄、荀、韩诸家皆有创见。"[④]此处又明确认定章太炎为鸦片战争后重振"西学格式"之第一人。然后是胡适,然后是梁启超,然后是顾颉刚、钱玄同,然后是陈独秀、孙中山等等。

十、吴虞反孔非儒之格式

吴虞反孔非儒,是很出名的。在时间上,他甚至是"全盘西化"模

---

① 梁启超:《清代学术概论》,第65页。
② 胡适:《胡适文存》卷二《清代学者的治学方法》,上海亚东图书馆1921年版,第539页。
③ 钱穆:《国学概论》,商务印书馆1997年版,第310页。
④ 同上,第322页。

式之先驱(学界一般认为胡适是"全盘西化"模式之始祖)。关于他反孔非儒的格式,常有学者误认是"用一种传统文化(如老庄墨法)去反对另一种传统文化(如儒)"①,这当然不是采用"西学格式";但细究其思想,他反孔非儒所使用的武器,其实完全是"西式的",如以民主共和反对君主专制、以自由平等反对封建伦理、以思想解放反对文化专制等等。总之吴虞反孔非儒所采用的格式,在著者看来,完全是"西学格式"。

吴虞《辨孟子辟杨墨之非》(1910年发表于《蜀报》第一卷第四期)一文,可为中国哲学批评史的重要材料。其有反孔非儒之言曰:"天下有二大患焉:曰君主之专制,曰教主之专制。君主之专制,钤束人之言论;教主之专制,禁锢人之思想。君主之专制,极于秦始皇之焚书坑儒,汉武帝之罢黜百家;教主之专制,极于孔子之诛少正卯,孟子之距杨墨。……夫学术思想之在一国,犹人之有精神也。弥勒·约翰之言曰:无新思想、新言论,则其国亦无由兴。盖辨论愈多,学派愈杂,则竞争不已,而折衷之说出,于是真理益明,智识益进,遂成为灿烂庄严之世界。"②

"孟子辟杨墨",出现在中国哲学批评的第一期,其所采用的格式完全是"效用优先型"的;吴虞"辨孟子辟杨墨",出现在中国哲学批评的第三期,其所采用的格式完全是"西学格式"。站在中国哲学批评史的角度去看,这是"西学格式"与"原创格式"最为著名的较量之一。前文言"西学格式"除了"本体论优先"一层含义以外,还有另一层"尚强"、"尚力"的含义。吴虞《辨孟子辟杨墨之非》似乎就偏重于这后一层含义。吴虞要进攻的目标很明确,一曰"君主之专制",二曰"教主之专制";前者是儒学所设计的政治体制,后者是儒学的根本教义——纲常名教。

---

① 五加伦:《五四时期吴虞文化观的反思》,《四川大学学报》1990年第2期。
② 《吴虞集》,四川人民出版社1985年版,第13页。

吴虞要使用的武器也很明确,那就是"弥勒·约翰"等人所代表的西方近代自由精神。"弥勒·约翰"(John Stuart Mill,1806—1873年)是西洋近世文明的中坚人物之一。他是英国著名的哲学家、经济学家、逻辑学家,他的思想是感觉论的、功利论的与改良之资本主义的。他的著作,如《逻辑体系》(严复汉译为《穆勒名学》)、《自由论》(严复汉译为《群己权界论》)、《功利主义》、《政治经济学原理》等,不仅深刻地影响到西方文明世界,而且通过严复等人的译介,深刻地影响到中国人的思想。至少就中国哲学批评史而言,它们极大地促进了第三期"西学格式"的成长。

在留学日本期间,吴虞曾认真钻研欧美各国宪法、民法、刑法、国法学、政治学、经济学等,对卢梭、孟德斯鸠、斯宾塞、穆勒(即"弥勒·约翰")等近世西洋文明中坚之著作,尤其熟读深研。他曾有诗称赞卢梭:"苍茫政学起风涛,东亚初惊热度高,手得一编《民约论》,瓣香从此属卢骚。"① 表示他已完全接受以卢梭为代表的西洋近代民主思想。1912年9月28日他曾有"日记"曰:"太西学说,则胜于古,最近者亦最有价值。"②

吴虞采纳"西学格式"之一例,是以卢梭、培根、笛卡尔等人所代表的"人生而平等"之观念,去反击儒学所倡导的"人生而不平等"之观念。其《儒家主张阶级制度之害》(1917年6月)一文有言曰:"盖耶教所主,乃平等自由博爱之义,传布浸久,风俗人心皆受其影响,故能一演而为君民共主,再进而为民主、平等、自由之真理,竟著之于宪法而罔敢或渝矣。孔氏主尊卑贵贱之阶级制度,由天尊地卑演而为君尊臣卑、父尊子卑、夫尊妇卑、官尊民卑。尊卑既严,贵贱遂别……几无一事不含有阶级之精神意味。……苟非五洲大通,耶教之义输入,恐再二千余年,吾

---

① 吴虞:《读〈卢梭小传〉感赋》,《吴虞集》,第280页。
② 《吴虞日记》(上册),四川人民出版社1984年版,第70页。

人尚不克享宪法上平等自由之幸福,可断言也。"① "呜呼!太西有马丁路德创新教,而数百年来宗教界遂辟一新国土;有培根狄卡尔创新学说,而数百年来学界遂开一新天地。儒教不革命,儒学不转轮,吾国遂无新思想,新学说,何以造新国民?悠悠万事,惟此为大已!吁!"② 这样慷慨激昂的文字,还不足以证明吴虞之"西学"情结吗?吴虞心中已经十分清楚,任何一种传统文化,"道"也好,"法"也好,"释"也好,都已经不可能完成儒教"革命"与儒学"转轮"的使命,不可能让中国人步入"民主、平等、自由之真理"。唯有"西方文化"的输入,才能做到这一点;唯有"西学格式"的采用,才能彻底打败"原创格式。"

十一、谢著《中国哲学史》之批评格式及其影响

谢无量先生所撰《中国哲学史》,是近代中国由中国人自己撰写的最早的一部中国哲学史。该书初版于民国五年九月,至民国十七年九月已出至第九版,可知影响不小。

这部书是一部为以后《中国哲学史》之撰写奠定格式的"开山之作",而这种格式就是"西学格式"。兹略举数端以明之:

第一,整体布局是"西式"的。该书整体布局,明显受到"西方哲学史"的影响,是"用今世哲学分类之法述之"的③。西方哲学确有古代、近代与现代之分,而且界限十分鲜明,故"西方哲学史"一般依古代哲学、近代哲学、现代哲学之次第而撰写。而中国哲学很少有这样明确的界限,中国社会也无严格古代、近代、现代之分,按理,"中国哲学史"之

---

① 吴虞:《吴虞文录》卷上,上海亚东图书馆1921年版,第72—73页。文章原载《新青年》3卷4号,1917年6月1日。
② 同上,第79页。
③ 谢无量:《中国哲学史》,中华书局1916年印,《绪论》第3页。

撰写,不宜强分古代、近代与现代。但谢著《中国哲学史》却硬将"中国哲学"之内容,嵌入"西方哲学史"之框架中,而分出上古哲学史(含古代及儒家、道墨诸家及秦代两个段落)、中古哲学史(含两汉、魏晋六朝唐两个段落)及近世哲学史(含宋元、明清两个段落)等阶段。这些划分显然是很勉强的。当然这里并不是说就不能用"西方哲学史"的分期,来套到"中国哲学史"头上。学理上是允许这样做的。就跟不同的人可以穿同样的衣服,同一个人可以穿不同的衣服一样,套用"西方哲学史"的分期撰写"中国哲学史",也是对"中国哲学史"的一种"解读"。"解读"也许没有真假之分,但却有"兼容"与"不兼容"之分,"兼容"则"通顺","不兼容"则会出现"乱码"。

第二,所设"坐标"是"西式"的。要品评"中国哲学"丰富的内容,总要设立一个"坐标",否则无法品评。谢著《中国哲学史》设立的是什么"坐标"呢?是西方哲学之"坐标"。该书"绪言"开篇即言"西土"的"哲学"概念,认为"哲学"一词,旧籍所无,"盖西土之成名,东邦之译语,而近日承学之士所沿用者也"[①]。它认为"哲学"与"科学"是"今世学术之大别",又以庄子所论"道术"比拟"哲学",以庄子所论"方术"比拟"科学",更以扬雄所论通天地人之"儒"比拟"哲学",以扬雄所论通天地而不通人之"伎"比拟"科学",全都是"西式思维"。换言之,"西方哲学"是谢著《中国哲学史》解读中国哲学的背景与"坐标":西方"哲学"是解读"道术"之背景与"坐标",西方"科学"是解读"方术"之背景与"坐标";西方"哲学"是解读"儒"之背景与"坐标",西方"科学"是解读"伎"之背景与"坐标"。总之,中国"乃谓之曰儒学,谓之曰道学,谓之曰理学,佛氏则谓之义学,西方则谓之哲学,其实一也。地虽有中外之殊,时虽有古

---

① 谢无量:《中国哲学史》,《绪论》第1页。

今之异,而所学之事,所究之理,固无不同者矣"①。换言之,谢著《中国哲学史》认为"中国哲学"与"西方哲学"名虽异而"其实一",是异名同实的。再换言之,它认为"中国哲学"不过就是以中国为例证之"西方哲学",不过就是"西方哲学"在中国之"重版"或"修订版"。再换言之,它认为中国根本不存在能与"西方哲学"并肩而立的,有自己独特之个性的,不能以"西方哲学"替代的"中国哲学"。这样的一种思维,影响中国极其深远,后人所撰几乎所有的"中国哲学史",都处在这一思维的"阴影"之下。

第三,思维方式是"西式"的。详言之,是"本体论式思维"。再详言之,是以西方的"本体论式思维"去解读"中国哲学"。兹举其对老子哲学的解读以明之。谢著《中国哲学史》认为老子哲学是求"宇宙本体"的哲学,老子所谓的"道"就是"宇宙之本体","老子所谓道果何物乎？道既为宇宙万物本体,固非有一定之形,亦非有一定之名。若有定形定名,则直万物之一耳"②。它又有"然其所谓本体之道,又乌从生耶"之言,又有"以无名与有名,示本体与现象之别"之言,又有"西方学者,或引老子此章,以傅会耶教三位一体之说,然非老子之本义也"之言,又有"此其所以能为万物之本体矣"之言,更有"玄牝即指本体,玄牝之门,是谓天地根者,即由本体而为现象者也"等言,都是以西方"本体—现象"之思维,解读老子哲学,以为老子之"道"就是"本体",老子之"万物"就是现象。

谢著《中国哲学史》又解读老子论"本体"与"现象"之关系,曰:"然吾人唯见现象,不能见本体,老子乃立堂与奥二者之别,以示本体与现象之关系,曰:道者,万物之奥。"它引古代"寝庙之制"说明之,依制有堂

---

① 谢无量:《中国哲学史》,《绪论》第 1 页。
② 谢无量:《中国哲学史》第一编下,中华书局 1916 年印,第 6 页。以下谢氏引文,如无特别标注,均见谢著《中国哲学史》第一编下,第 6—10 页。

有室,室在内,故贵。堂中之制,东南隅曰㝔,东北隅曰宧,西北隅曰屋漏,西南隅曰奥。奥为尊者所居,故贵。以此说明"道"之尊贵,犹如寝庙堂屋之"奥","凡物之见于外者,皆其门堂也。奥处于内,故莫得见。盖堂譬犹现象,而奥譬犹本体也。"认为老子是以堂与奥之别显示现象与本体之别。老子"道者,万物之奥"是不是这样的意思,人们尽可以去解释;但以"西式思维"、以"本体论式思维"去解释,就只能是这样的意思。

　　谢著《中国哲学史》又专论老子所谓"现象"。它以为老子书中"无名天地之始,有名万物之母"、"众妙之门"、"玄牝之门,是为天地根"等语,"已由本体而略示现象所生"。又以为老子"道生一,一生二,二生三,三生万物。万物负阴而抱阳,冲气以为和"等言,是讲"万物"之所以"立"之理的,"故老子初以抽象示一二三数字,次由具体示阴阳二气,是为万物所由生之元素,不仅数理,故兼具物质也"。此处是明确以"元素"或"质料"释"气",释"一"、"二"、"三"。它并且以为"吾国古者皆以阴阳为物之元素"。它以为《系辞》"易有太极,是生两仪"之言,老子"道生之,德畜之,物形之,势成之,是以万物莫不尊道而贵德。……故道生之,德畜之,长之育之,成之熟之,养之覆之,生而不有,为而不恃,长而不宰,是谓玄德"等言,管子"虚无无形之谓道,化育万物之谓德"等言,都是要表达"道之生万物为无心"的意思;它以为"道生万物"就是本体之道"发为现象";它又把老子"天下万物生于有,有生于无"之言,解释成为"有为现象,无为本体",并强调说:"老子言无,是对有之现象而求其本体之言。……要之老子之宇宙论,以道之本体,无始无终,无形无状,无声无臭,独立万古,为一元气,更发而为阴阳,乃生万物耳。"以"本体"释"道",以"现象"释"万物",以"本体"释"无",以"现象"释"有",以"本体发为现象"释"有生于无",以"元素"或"质料"释"气",诸如此类,一句话,就是以西方"本体论式思维"释老子哲学,释中国哲学。这样的

181

格式一定,后来者鲜能出其范围。

我们读胡适先生的《中国哲学史大纲》(1919年),它对于老子哲学的解释,就未能出谢著《中国哲学史》之范围。它说老子最大的功劳,是在天地万物之外另设一个"道",而这个"道"的性质是"……生于天地万物之先,又都是天地万物的本源"[①]。此处"本源"即是"本体"义[②]。"道"是"本源",又因"道"与"无"等同[③],故"无"即是"本源"。相应的,"万物"就只好划入"现象"之列了。胡适此书更有一言,界定老子哲学与西洋哲学的关系,说:"老子的'天道',就是西洋哲学的自然法(Law of Nature,或译"性法"非)。日月星的运行,动植物的生老死,都有自然法的支配适合。凡深信自然法绝对有效的人,往往容易走到极端的放任主义。"[④] 以"自然法"释"天道",采用的亦是"西式思维"。

我们再读冯友兰先生的《中国哲学史》(1931年),它释老子之"道"为万物之所以生之"总原理",似已超出谢著《中国哲学史》之范围。但细加考察,还是没有。它释"道"为"理"的言论有:(一)"……至《老子》乃予道以形上学的意义。以为天地万物之生,必有其所以生之总原理,此总原理名之曰道。"[⑤] (二)"此谓各物皆有其所以生之理,而万物之所以生之总原理,即道也。"(三)"道即万物所以生之总原理,道之作用,亦即万物之作用。但万物所以能成万物,亦即由于道。"(四)"道非事物,只可谓为无。然道能生天地万物,故又可称为有。故道兼有无而言;无言其体,有言其用。"(五)"谓道即是无。……道乃天地万物所以

---

① 胡适:《中国哲学史大纲》卷上,商务印书馆1919年版,第56页。
② 参该书第54页对"本源"一词的论述。
③ 胡适:《中国哲学史大纲》卷上,第58页:"老子所说的'无'与'道'检(简)直是一样的。""老子把道与无看作一物。"
④ 胡适:《中国哲学史大纲》卷上,第64—65页。
⑤ 冯友兰:《中国哲学史》,中华书局1961年新1版,第218页。本段落中引冯氏文,如无特别标注,均见冯著《中国哲学史》,第218—222页。

生之总原理,岂可谓为等于零之'无'。"(六)"道为天地万物之所以生之总原理,非具体的事物……"(七)"道为天地万物所以生之总原理,德为一物所以生之原理……"等等。

"总原理"也好,"原理"也好,总之就是"理"。"理"而能"形而上",已具"本体"义;"理"而能"生天地万物",已具"本体"义;"理"而能以"无"为"体",以"有"为"用",已具"本体"义;"理"虽为"无"而不得等于零,已具"本体"义;等等。总之,冯著《中国哲学史》虽释老子之"道"为"理",似有别开生面之象,但细究之,依然不出谢著之范围。如要再以稍后出版的冯著《新理学》证之,则其对"理—气"的解释就完全落入到"形式—质料"的框架中,亦即落入谢著的框架中。

学界有一种看法,认为谢著《中国哲学史》"大抵没有越出传统的儒家古史观的藩篱"[①]。此说在"中国哲学史"的范围之内,也许是对的;但若放到"中国哲学批评史"中去观察,就有些不妥。因为它批评各家学说,很多地方甚至主体上的确是采用了新的"格式"。

十二、《新理学》之批评格式

张东荪对冯友兰《新理学》(1939年)曾有两点指责,一是谓其"以西洋哲学上新实在论派的所谓'共相'(universal)来解释理"[②],二是谓其以柏拉图"理念论"及其"分享"(participation)说"以改造理学","以为宋明理学本来可以作此解释"[③]。此两项指责有相通的地方,因为新实在论基本上是"柏拉图主义的复活"[④]。

---

① 《哲学大辞典·中国哲学史卷》,第118页。
② 张东荪:《思想与社会》,商务印书馆1946年版,第114页。
③ 同上,第117—118页。
④ 张东荪:《新哲学论丛》,商务印书馆1929年版,第103页。

张东荪的指责基本上合乎事实。因为整个一部《新理学》，从头至尾都是在用柏拉图和新实在论的语言说话。也经常牵扯到亚里士多德，但其所取用的，也只是亚氏偏向柏拉图的那些方面，亦即亚氏从柏拉图那里接受过来没有最终放弃的那些方面。站在中国哲学批评史的角度可以说，"新理学"之"新"只有"重新"之意，即把传统理学"重新"解释一番，"重新"解释时所依据的理论，所采用的格式，不是"新"的。柏拉图当然不"新"，新实在论延至20世纪30年代末，也已不再"新"。因之若不取"重新"义，"新理学"实在不"新"。其以"新"字冠之，恐怕就是指这个批评格式而言。

"新理学"之基本立足点，即是柏拉图关于理念(Ideas)界与现象界之严格划分的学说。《新理学》称理念界为"真际"，称现象界为"实际"，称真际与实际之关系为理念与现象之关系。基于此，《新理学》"重新"解释了一系列概念："理"被释为理念（柏拉图语）、共相（新实在论语）、形式（亚里士多德语）；"气"被释为质料；"真元之气"及"无极"被释为纯质料；"太极"被释为纯形式；"道"被释为从纯质料达至纯形式之历程；"两仪"被释为理念与现象两个世界；"四象"被释为纯质料向纯形式努力的四个阶段；"命"被释为个体必依共理而成；"性"被释为依共理而成之个体；"气质之性"被释为没有完全地实现理；"义理之性"被释为完全实现的理；"善"被释为合乎理念或共相；"恶"被释为不合乎理念或共相；"义理"被释为理念之含义；等等。《新理学》视中国哲学，尤其宋明理学，不过是柏拉图主义或新实在论之应用或例子。大而言之，视"中国哲学"不过是"西洋哲学"的某个应用或例子。

关于真际、实际及其关系，《新理学》可谓完全以柏拉图释之。它认为实际即现象，是有生有灭、有成有毁的，因而是暂时的、"不完全底"[①]，

---

① 冯友兰：《新理学》，商务印书馆1939年版，第94页。

同时又是"半清楚半混沌"的①。总之,"从真际或本然之观点看,所有实际底事物,没有能真正穷理尽性底,例如,如从方之理之观点看,则实际中之方的物,皆是不十分方,即皆是不完全底。若纯从此观点看,则我们的实际底世界,即是一不完全底世界,亦可说是一恶底世界。柏拉图之看实际,即从此观点看"②。

真际亦即理念界,却是"不生不灭,不增不减"的③,同时又是"不动不变"④,"无善无恶底"⑤。这永恒的不变的理念世界,是先于变动不居的现象世界而存在的,是本来就有的。"弓矢之理"先于弓矢而"本有"⑥,"三之理"先于三个桌子、三个椅子等等而"客观底有"⑦。总之,"实际上有依照某理之实际底事物,某理不因之而始有;无依照某理之实际底事物,某理不因之而即无。实际上依照某理之实际底事物多,某理不因之而增;依照某理之实际底事物少,某理不因之而减"⑧。有某理可以没有某物,无某理必定没有某物。有某理不必有某物,此为"理之无能";无某理必定没有某物,此为"理之尊严"。

《新理学》又以为理是模范,是标准,一事物只是摹仿了、依照了此模范或标准,才成为该事物。如"方之理",就是一切方底物的标准,"某方底物比某方底物更方或不如其方,皆依此标准说"⑨。其他一切事物,莫不如此,"一种,即一类,物,有一种物之理。一种事有一种事之

---

① 冯友兰:《新理学》,第123页。
② 同上,第138页。
③ 同上,第56页。
④ 同上,第82页。
⑤ 同上,第133页。
⑥ 同上,第78页。
⑦ 同上,第43—44页。
⑧ 同上,第55页。
⑨ 同上,第53页。

理,一种关系有一种关系之理"①。

以上所有见解,可说与柏拉图毫无二致。《新理学》对此并不隐讳。《新理学》曾毫不隐讳地承认,上述那些主张就是宋明儒的主张。其言曰:"理,宋儒亦称为天理。我们亦可称理为天理。"② 又曰:"我们的主张,是纯客观论。中国的旧日底理学,亦是纯客观论。中国人的精神,为旧日理学所陶养者,亦是纯客观论底。"③

由"纯客观论",就可牵连到《新理学》与"新实在论"的如出一辙。"新实在论"之"新",即在其强调共相乃是殊相之外独立存在的客观"实在",如认为在红的东西之外有一个独立的"红",在方的桌子、方的椅子等之外有一个独立的"方",等等。《新理学》对"理"(它认为即是共相)的解读,也是这样的。它对此有断然之言,曰:"我们的主张,可以说是一种纯客观论。照常识的看法,一件一件底实际底事物是客观底,但言语中之普通名词如人,马等,形容词如红底,方底等,所代表者,均不是客观底,或不能离开一件一件底实际底事物而独有。……但这种说法是说不通底。"④ 又曰:"我们的纯客观论则主张不独一件一件底实际底事物是客观底,即言语之中普通名词或形容词所代表者,亦是客观底,可离一件一件底实际底事物而独有。"⑤ 此处明白宣示《新理学》的"新实在论"立场,同时明白宣示《新理学》的反"唯名论"(即传统实在论或"旧实在论")立场。

"新实在论"的一个基本观点就是:每一事物都有其各自的理(即共相),如红有红之理、方有方之理、动有动之理、数有数之理等等;理与理

---

① 冯友兰:《新理学》,第 46 页。
② 同上,第 47 页。
③ 同上,第 46 页。
④ 同上,第 45 页。
⑤ 同上,第 50 页。

之间都不可归并,不可相互替代,因而理之数目,在理论上是无限的。《新理学》以同样的观点解读中国哲学,认为宋明理学中"太极"之"极",有二层含义:一曰标准,二曰极限。共相作为"实际底事物"的理,既是"实际底事物"的标准,又是"实际底事物"的极限,"方之理是方底物之标准,亦是其极限。方底物,必须至此标准,始是完全地方"①。

基于此,《新理学》继续往下推演:一物之理是一物的"极",万物之理是万物的"极",一切物之理是一切物的"极",此种"极"非一般所谓"极",而是"太极"。一切物之理就是所有理之全体,或曰众理之全。故众理之全就是"太极"。《新理学》断言:"所有之理之全体,我们亦可以之为一全而思之。此全即是太极。所有众理之全,即是所有众极之全,总括众极,故曰太极。"②

"太极"作为一切理之总括,其所含之理乃是"无量数底"。《新理学》谓其"好比一个无尽藏,随时取之不尽,用之不竭",同时认定此"无量数底""理"不是同时实现,同时有实例,而是逐渐实现,逐渐有实例。"所以必须如此者,因为理之实现,是有层次步骤底。高类之理之实现,必在低类之理已实现之后"③。

推演至此,《新理学》终于实现了新实在论与柏拉图的结合,将他们糅到一起:就其主张理有"无量数"而言,它是新实在论的;就其主张理有高低层次而言,它是柏拉图的。

《新理学》不仅以柏拉图和新实在论释"理",而且以"抽象—具体"释"形上—形下",认为形上的即是抽象的,形下的即是具体的。其言曰:"我们所谓形上形下,相当于西洋哲学中所谓抽象具体。"④ 理是形

---

① 冯友兰:《新理学》,第54页。
② 同上。
③ 同上,第121页。
④ 同上,第47页。

而上者,故理是抽象的;其"实际底例"是形而下者,故它们是具体的。形而上者可以不依赖于形而下者而"独有",故抽象可以不依赖于具体而"独有"①。

《新理学》更用亚里士多德所谓"质料"释"气"。它模仿亚氏,认为砖瓦等对于房屋是"料",砖瓦自身又有其"料",如泥土等。故砖瓦对于房屋为"料",只是"相对底料";泥土对于砖瓦为"料",亦只是"相对底料"。有一房屋而将其房屋性抽去,则此房屋只是一堆砖瓦;又自砖瓦而将其砖性及瓦性抽去,则此砖瓦只是一堆泥土;自泥土又可抽去其泥土性。逐次抽去,抽至无可再抽,《新理学》认为,即可得到"绝对底料"②。其言曰:"此所谓料,我们名之曰气;此所谓绝对底料,我们名之曰真元之气,有时亦简称气。"③此处"料"即是"质料","绝对底料"即是"纯质料";"气"即是"质料","真元之气"即是"纯质料"。还记得约四个世纪之前明末传教士对中国哲学的解读吗?在格式上,在思维方式上,《新理学》几乎就是那种解读的"重版"。

"中国哲学史"也许可以坦然地接受这一"重版"的事实,并以之为冯友兰先生对于中国哲学的新贡献。但"中国哲学批评史"却不能这样坦然地接受,不能这样贸然地将其定为"贡献"。"中国哲学批评史"要问:(一)这样的解读是合理的吗?(二)这样的解读在中国哲学批评史上是前沿的吗?(三)这样的解读是合乎中国哲学之实际的吗?(四)这样的解读是唯一的吗?(五)与其他种可能的解读相比,这样的解读是成功的吗?等等。总之"中国哲学史"可以以这样的解读为结果,不再往下追问;"中国哲学批评史"则只能以此为起点,将这样的解读作为研

---

① 冯友兰:《新理学》,第49页:"就真际之本然言,形而上者之有,不待形而下者,惟形而上者之实现,则有待于形而下者。"

② 同上,第64—65页。

③ 同上,第66页。

究的对象,继续追问下去。

十三、"张氏解读"的反驳

在《新理学》的解读之外,其实已经存在对于宋明理学的另一种解读。这就是张东荪的解读,可名曰"张氏解读"。

"张氏解读"的中心,是再三强调不能以柏拉图、亚里士多德、新实在论释"理",亦即不能以理念、形式、共相释"理";它以为"理"只能释为"条理"(order)。其言曰:"按中国的理颇似西方中世纪的 ratio essendi……以西方术语言之,乃同时是'natural order'又是'divine order'。"[1] 又曰:"所以理字若译为英文只可为 order(即秩序)。"[2] 再曰:"中国讲理是指'条理'而言。按条理一词,只可译为 order,不可译为 reason。"[3] 总之,释"理"为"条理"(order)乃是"张氏解读"一贯的主张;跟《新理学》释"理"为"共相",很有不同。

"张氏解读"一贯反对以柏拉图、新实在论释"理学",认为"宋儒的理既不类于意典(按:即柏拉图的'理念')更不是共相"[4]。柏拉图之"意典"(idea)与新实在论之"共相"(universal),有一个完全相同的主张,就是认为"意典""决不与其它意典有倚靠的关系"[5],"共相"决不会与其它共相有倚靠的关系;每一个"意典"、"共相"都是独立的,故它们之间根本构不成"条理"。"张氏解读"认为中国人讲的是"条理","条理"不是意典共相,而是各意典、各共相的关系,尤其是其间必然性的关系。

---

[1] 张东荪:《知识与文化》,商务印书馆 1946 年版,第 113 页。
[2] 张东荪:《思想与社会》,第 116 页。
[3] 张东荪:《理性与民主》,商务印书馆 1946 年版,第 83 页。
[4] 张东荪:《思想与社会》,第 117 页。
[5] 同上。

"张氏解读"认为这正是中国哲学、中国"理"与"意典说"、"共相说"(theory of universals)"根本上不尽同的地方"①。它以为中国之"理"是从"礼"引申而来,如周子《通书》"理曰礼"、"礼,理也,阴阳理而后和"等言,都是将"理"训为条理与秩序,所以绝"不可以柏拉图之意典与新实在论之共相相比拟"②。因为"礼"既不可能是"意典",也不能是"共相"③。

《新理学》讲"意典"、讲"共相",自然可以主张"理"离开"实际底事物"而独有;但"张氏解读"讲"条理",就决不能再持这样的主张。这是两种解读的又一根本区别。"张氏解读"以为"真属于外界"的条理,或"真的外界条理",是不存在的,所以理学家不会,也不可能主张"理"可以离开"实际底事物"而独立存在。朱子在《答刘叔文书》中曾有一言,曰:"所谓理与气但在物上看,则二物浑沦不可分开各在一处,然不害二物之各为一物也。若在理上看,则虽未有物而已有物之理。"好像其中有矛盾,因为一方面说理气不相离散,他方面又说理在先。"张氏解读"认为并没有矛盾,它以为理在先只是逻辑在先,不是时间在先。就存在言,理气不分开,不离散;就本末关系言,理为基本,是根本。对朱子来说,"每一事物都有所以如此之故,这个所以然之故决不离事物,事物消灭则其所以如此之故亦随之归于无有"④。朱子此处对理、气关系的理解,用柏拉图和新实在论根本解释不通。

关于"意典"和"共相"的数目问题,"张氏解读"以为朱子之说法,要比柏拉图和新实在论高明得多。柏拉图和新实在论主张每一种物均有一"意典"或"共相",各各种类不同,如弓之"意典"或共相"就完全不同

---

① 张东荪:《理性与民主》,第97页。
② 张东荪:《思想与社会》,第119页。
③ 同上,第103页。
④ 同上,第121页。

于飞机之"意典"或"共相"。朱子不取这样的见解,朱子主张"可以由一理而能显为多物",并不像柏拉图那样"把每一种事物认为有其独自的模型,一切物都是由各各的模型中造出"①。柏拉图的共相说可称为"模型式的共相说",数目可达无限;朱子的共相说可称为"月印万川式的共相说",数目上是有限的。在宋明儒的思路中,并不是在未有弓矢之先就已有弓矢之理,而只是在未有弓矢之先就已有普通物理;依据此物理可以造成弓矢,亦可以发明他物;可知飞机之理与弓矢之理并无绝对不同,至少飞机之理在若干方面是与弓矢之理相同的。"一理而显为多物",也就是这个意思。朱子曾有言痛陈此理,曰:"人物之生,天赋之以此理,未尝不同,但人物之禀受自有异耳。如一江水,你将杓去取,只得一杓,将碗去取,只得一碗,至于一桶一缸,各自随器量不同故,理亦随以异。"② 这样清楚的表白,难道还会跟柏拉图、新实在论混淆吗?!

就"一理而显为多物"言,宋儒之"理"是一而不是多,是有限而不是无限,这和柏拉图、新实在论强调共相有无限多,是根本不同的。如新实在论就认定,红、方、三角与人这些共相,可说都是各各独立的,故共相之种类,便可有无穷数,彼此不相干,各彻头彻尾自己存在。"张氏解读"于是指责说:"倘使我们以这样的共相来解释宋儒所谓的理则必见其为不伦。因为宋儒所说的理只是一个。"③ 朱子有明确之言,曰:"理只是这一个,道理则同,其分不同,君臣有君臣之理,父子有父子之理。"④ 这是"理一"的明白宣言,如何会是多,如何会是无限?就"理"说,只是一个;就"其分不同"说,是一而发现为多。"谓其为一,乃是就

---

① 张东荪:《思想与社会》,第122页。
② 《朱子语类》卷四《性理一》,《四库全书》本。
③ 张东荪:《思想与社会》,第115页。
④ 《朱子语类》卷六《性理三》,《四库全书》本。

其通而言。谓其为多,则是言其发现于各处遂有不同的作用。"①

"张氏解读"严格区分柏拉图之"idea"(eidos)与中国之"理",认为它们的相似完全只是表面的。idea 也许只相当于中国的"相"字。它以为"以相为理在中国是不能想像的"②,因为"相"是一片一片的,而"理"则只是界纹而已;"相"不离"见","见"即所谓知觉,而"理"不可能是一种知觉。"张氏解读"甚至主张,与其以新实在论解读"理学",还不如以黑格尔一派所谓的"客观唯心论"(Objective Idealism)解读"理学"③。这当然只是一个退而求其次的说法,实际操作起来恐怕亦很难。

"张氏解读"又反对《新理学》以"抽象—具体"释"形上—形下"。朱子《答黄道夫书》曾有言曰:"天地之间有理有气。理也者形而上之道也,生物之本也;气也者形而下之器也,生物之具也。是以人物之生,必禀此理然后有性,必禀此气然后有形。""张氏解读"以为此处朱子所谓的"形而下"只是有形可见之意,"形而上"只是无形无迹之意④。换言之,此处"形而上"只是谓无形无迹不可见不可听而已,正和英文之 insensible 或 non-perceptual 相当,绝不可释之为"抽象"⑤。抽象的东西如抽象的红,诚然也是不能由目而见,但却是一个心相,"张氏解读"以为朱子绝不会认"理"只是一个心相。如若如此,朱子之"理"就是不可理喻的。以此"张氏解读"断言,宋儒所说"形而上"一语,绝不可释之为"抽象的",因为"抽象"(abstraction)总是属于心理方面,是从全体中抽出若干点或若干方面。这样的"抽出"(to abstract)乃是一种心理作用,"决不能离心而自存的"⑥;如此则它们何以成为模范,何以成为轨则,何以

---

① 张东荪:《思想与社会》,第 116 页。
② 张东荪:《理性与民主》,第 84 页。
③ 张东荪:《思想与社会》,第 125 页。
④ 同上,第 144 页。
⑤ 同上,第 120 页。
⑥ 同上,第 115 页。

施于民众之行为而约束之?!"张氏解读"以为宋儒之所以视"理"为"形而上",不是因为"理"是抽象的,而是因为"理"是根本的,是"体"("体"指其重要性,不是西方"本体"之"体")。在这两者之间,是有"很重要的分别"的[①]。

"张氏解读"又反对《新理学》以"质料"释"气"。它以为"气"即是器或具,乃是显现(manifestation),它和质料(materials)是不相同的。朱子确有"无气则理便无挂搭处"之言,确有"非是气则虽有是理而无所凑泊"之言,确有"无那天气地质则此理没安顿处"等言,但这些话不是视"气"为"质料",而只是视"气"为"显现"。其中"所谓挂搭,所谓凑泊,所谓安顿,都是显现的意思"[②]。朱子也谈到"体"、"用",说"体是这个道理,用是他用处,如耳听目视,自然如此,是理也。开眼看物,着耳听声,便是用"[③],似是将"体"、"用"范畴用到"理"、"气"关系上。但"张氏解读"以为"体"、"用"关系同样不是"形式"、"质料"关系。只有"理"是"体","气"并不是"体","从这一点上便可知气不与'质料'一观念完全相同",总之,"用亚里士多德之'质素'一概念来解释朱子之气是不十分恰当的"[④]。

可知"张氏解读"已将《新理学》对于"理学"的"新"解释,几乎全盘否定,认为"理"只可释为"条理"而不可释为"意典"或"共相",认为不可以"抽象—具体"释"形上—形下",认为不可以"质料"释"气"等等。这是两种完全不同的解读,可分别名之曰"冯氏解读"与"张氏解读"。

[①] 张东荪:《思想与社会》,第114页。
[②] 同上,第121页。
[③] 《朱子语类》卷六《性理三》,《四库全书》本。
[④] 张东荪:《思想与社会》,第121页。

十四、两种解读之得失

"冯氏解读"基于"本体论式思维"而展开,"张氏解读"基于"非本体论式思维"而展开。两种解读也许都有存在的理由。但从"中国哲学批评史"角度来看,著者要问:(一)两种解读都是真理吗?(二)两种解读都有证据吗?(三)两种解读有高下之分吗?

第一个问题显然是无法回答的。因为宋明儒者已经死去,无以质对了,"真假问题"从此无法再问。第二个问题是可以回答的,但答案要么是"都有",要么是"都没有",根本无法以一种解读去否定另一种解读。第三个问题也是可以回答的,但要回答得让人信服,却很不容易。著者只能取一个角度以明之:以能解释更多现象者为上品,以不能解释更多现象者为下品;如此著者即可判"张氏解读"为上,判"冯氏解读"为下。理由如下:

理由之一:"张氏解读"能解释"理"之普施性,"冯氏解读"却不能。普施性不是普遍性,普遍性是一领域的共,普施性是跨领域的共。"共相说"或"意典说"解释了"理"之普遍性,却没能解释"理"之普施性。

依"共相说"或"意典说",物物各有其理,理理各各独立,互不依靠,则方之理不适用于红之领域,红之理亦不适用于方之领域。如此推下去,则必谓社会之理、自然之理与神之理是各各独立、互不相干的,社会之理不可施于自然,自然之理亦不可施之于社会,社会、自然之理更不可施之于神,神之理亦无可施之于社会、自然。这样的结论是不合乎中国之"理"的实际情形的。在实际上,中国之"理"是普施的、是相通的,"社会的秩序与自然的秩序以及神的秩序混合为一"①。社会的秩序名

---

① 张东荪:《思想与社会》,第103页。

曰"人伦",自然的秩序名曰"物则",神的秩序名曰"天理",在中国,人伦、物则、天理是混合为一的。只有把"理"释为条理,才能正确地说明这一点。

人伦就是 human order,物则就是 natural order,天理就是 divine order①,中国人并不认为此三者是各各独立、互不相干的,"中国人始终不分外界的秩序与内界的秩序之不同,更不分道德界上的秩序与自然界上的秩序之不同。换言之,即没有人事秩序与天然秩序之分别"②。人事的秩序是人自定的,天然的秩序是自然如此,不得不尔,两者如何能是同一种秩序呢?

解决这一问题可以有两种方式,一是把人事的秩序归于天然的秩序,一是把天然的秩序归于人事的秩序。中国人采取的是后一种方式。在中国,"礼"之概念在先,"理"之概念在后,"礼"属于社会秩序,而"理"当然就是自然秩序。中国思想的特色是谓自然秩序出于社会秩序,这想法虽有点奇怪,但却就是如此③。这也许正是中国思想之不同于西方思想的地方。中国人心中先有个社会秩序,有个道德的条理,然后使其普遍化而及于万物,所以程伊川(1022—1107年)在"一物之理即万物之理"一句话之前,另有一句话,叫做"一人之心即天地之心",又说"物我一理才明彼即晓此合外之道也"④。中国人之所以要把"人伦"化为"物则"和"天理",只是为了"加强道德法则之必然性"⑤,只是为了"使人对于社会秩序之存在加强其信心,即信其合理"⑥,并不表明中国人明白了"自然法"的道理。

---

① 张东荪:《知识与文化》,第 113 页。
② 张东荪:《理性与民主》,第 83 页。
③ 同上,第 92 页。
④ 张东荪:《思想与社会》,第 120 页。
⑤ 同上。
⑥ 同上,第 104 页。

总之，中国之"理"作为条理，乃是一个"浑括的名词"①，既是人伦，又是物则和天理，它只暗示一种力量，就是宇宙间人事上都必须有秩序，在秩序中各有"当然"，朱子训理为"当然之则"就是这个意思。在中国人的心目中，社会是一个有机体，宇宙亦是一个有机体；宇宙是一个大的人，人是一个小的宇宙。社会亦是一个比人稍大的宇宙，同时又是一个比宇宙为小的人，"这样的思想在原始孔教上不甚显明，到了宋儒却比较更为成熟"②。若不顾中国人的这种思想底蕴，硬把"理"尤其是宋儒之"理"释为意典或共相，显然是行不通的。

理由之二："张氏解读"能很好地解释"理一分殊"与"月印万川"等说法，而"冯氏解读"却不能。在谈到朱子"人人有一太极，物物有一太极"③之语时，《新理学》起初说"此说是否可以成立，我们可讨论"④。接着又说这"是一种神秘主义底说法，我们现在不能持之"⑤。在谈到"理一分殊"时，《新理学》把"理一分殊"解释为许多个体事物依照同一共相（理）而成，并特别说明"我们所说之理一分殊……是就逻辑方面说，只对于真际有所肯定。此说并不涵蕴实际底事物中间有内部底关联，所以对于实际无所肯定"⑥。"理一分殊"既与"实际"无关，就不是什么"分殊"，依然只是"理"，只是"理一"。《新理学》对于"理一分殊"根本就没有说通，也根本说不通。谈到"月印万川"，《新理学》更暴露出其缺陷，竟说"此不过是一比喻，比喻并不能替代解释"⑦，大有不屑一顾的神情。

---

① 张东荪：《理性与民主》，第110页。
② 同上，第94页。
③ 《朱子语类》卷九十四《周子之书》，《四库全书》本。
④ 冯友兰：《新理学》，第56页。
⑤ 同上，第58页。
⑥ 同上，第61—62页。
⑦ 冯友兰：《新理学》，第52页。

所有这些《新理学》不能解释的问题，"张氏解读"都有合理的说明。它认为，中国思想一贯是有一个最高原理在先，由此最高原理可推出不同支派，前者是"道"或"理"，后者是"术"或"事"。支派之不同，不在"道"不同，只在"术"不同，如儒道墨三家"都是主张以人法天"①，儒家主张法天是法其"大"，道家的法天是法其"自然"，墨家的法天是法其"爱"（即兼爱），都是"从一个根源而演出"②。由此而释"太极"和"理一分殊"就没有什么困难的了。万不可把"理一分殊"理解成"许多的红物依照着一个'红之理'而成，许多三角形依照一个'三角之理'而成"③，在宋儒，理只有一个，但"一理"可显于万物，"理一分殊"就是一理而显于万物的意思。朱子《太极图说解》说"太极无不在焉"，亦只是这个意思。理只是一个，但它却可适用于万物而不爽，太极只是一个，但它却可能无处不在，以致"人人有一太极，物物有一太极"，这就是"月印万川"的根本义。每一川中映着一个月亮，其实只有一个月亮，并没有万个月亮存在。所以宋儒根本上是"一元的多元论而不是多元的一元论"④。

《新理学》把"各物皆有太极"解释成各物依一切理而成⑤，显然是把"太极"理解为一切理，亦即众理之总汇，它对此观点"不能持之"，是对的。将"太极"释为众理之总汇这种观点，的确是"不能持之"的。对宋儒，理只有一个，"太极"只是这个发现为多元的一元（即理）之极致，"太极"只是理之极致或完全（perfection），不是众理之总汇。朱子明明说"太极者，如屋之有极，天之有极，到这里更没去处，理之极至者也"⑥，明

---

① 张东荪：《思想与社会》，第90页。
② 同上。
③ 同上，第122页。
④ 同上，第123页。
⑤ 冯友兰：《新理学》，第60页。
⑥ 《朱子语类》卷九十四《太极图》，《四库全书》本。

明说"太极是名此理之至极"、"太极只是个极好至善的道理",明明说"太极只是一个理字"①,《太极图说解》明明说"道体之至极则谓之太极",怎么能说"太极"是众理之总汇呢?只有持新实在论观点的人,才会有这样的理解②。

理由之三:"张氏解读"能恰当地解释理事关系问题,尤其是理在事先的问题,"冯氏解读"却做不到这一点。《新理学》一方面说"理不能'在'事上,亦不能在'事'中。理对于实际底事,不能有'在上''在中'等关系"③,另一方面又说,理是在事之先本来就有的,"所有底理,如其有之,俱是本来即有,而且本来是如此底"④,前后显然有矛盾。所以《新理学》最后只好干脆说"在旧理学中所有理气先后之问题,是一个不成问题底问题,亦可说是一不通底问题"⑤。

它说此问题不通,是因为它企图用"意典"或"共相"去释理,若改用"条理"去释理,这问题就是通的。"理在事先"只是逻辑先,不是时间在先,它只表明理不能从事中归纳得来;"理在事上"亦只是逻辑在上,不是空间在上,它只表明理乃是成于内界,它有事上的根据,但事却无法使之"成",所以它是在事之上的;"理在事中"亦是逻辑在中,不是实际在中,它只表明一理可以显为万有、布于万事,事只因为被纳入此理方才能成为可行的事。所以从根本上说,"在先"、"在上"与"在中"是不矛盾的,是互相依靠、互相发明的,是"通"的。

理由之四:"张氏解读"能很好地说明"心"的作用以及"心"与"理"之关系,"冯氏解读"却不能。《新理学》只用了极少的篇幅来谈"心",而

---

① 《朱子语类》卷一《太极天地上》,《四库全书》本。
② 张东荪:《思想与社会》,第 123 页。
③ 冯友兰:《新理学》,第 52 页。
④ 同上,第 54 页。
⑤ 同上,第 82 页。

所谈的结果竟是不要"心",它说:"无论所谓心之性是生或是知觉灵明,照我们上面的说法,我们不能承认有宇宙底心。上所述程朱或陆王所说之宇宙底心,以及西洋哲学中所谓宇宙底心,皆是实际底,……照我们的系统看,是不可解底。"①

这话是对的,照《新理学》的系统,的确不需要"宇宙底心",因为"意典"或"共相"是先在的,是与我们的"心"无关的,更与"宇宙底心"无关。但对"张氏解读"而言,"心"却是绝对必要的,因为正是此心才使得一理化为万有,正是此心才使得人伦、物则、天理的隔阂被打通。"心"的根本作用在于此"打通","心"而能打通,便是"宇宙底心。"

我们说过,对中国人而言,人伦、物则、天理就是一理,而且是先有人伦,而后普施为物则、天理。由人伦如何过渡到物则、天理,不是一个简单的问题,而是一个根本重大的问题。"心学"之出现,正是为了解决这个问题。

所以"心学"跟"理学"不是对立的,而是相辅相成、不可分割的。上面的问题是心学家和理学家共同面临的问题,所以理学家要谈"心",心学家也要谈"理"。理学家谈"心",旨在强调,正是"心"打通了一理和万有;心学家谈"理",旨在强调,"心"所打通的只是"理"而不是任何别的东西。

回到"心"的问题。无论是程朱还是陆王,都是从"通"的方面去谈"心"的。朱子说"必须兼广大流行底意看,又须兼生意看。且如程先生言仁者天地生物之心,只天地便广大,生物便流行,生生不穷",旨在强调"心"与道同其"广大"、同其"流行",就此意义说,"心"即"生",生生不穷之"生",所以朱子云:"发明心字,曰,一言以蔽之,曰生而已。"又说:"虚明不昧,便是心。""心官至灵,藏往知来。"又说:"心是个没思量底,

---

① 冯友兰:《新理学》,第162页。

只会生。"朱子又用"虚明洞澈"来讲"心",说"唯心乃是虚明洞澈"①,又说"虚明而能应物者便是心"、"心理流行,脉络贯通,无有不到"、"有外之心,不足以合天心"②,表明"心"的功用就在于把部分与全体打通,把自己与宇宙打通。故此"心"必须虚,虚则不隔,必须明,明则乃透③。

王阳明也是从这个角度去谈"心"的。"请问先生曰:'我看这个天地中间,什么是天地的心?'对曰:'尝闻人是天地的心。'曰:'人又甚么教做心?'对曰:'只是一个灵明。'曰:可知充天塞地中间,只有这个灵明。人只为形体自间隔了。我的灵明,便是天地鬼神的主宰。"④ "心"即是"一个灵明",有这个"灵明",方才有"通"。宇宙是个整个儿的有机体,在其中人只是其一部分,心之功用就在于把部分与全体打通,所以对阳明所说"你看此花时此花分明起来"不可解作此花在你心内,只可解作此花与你心共现(compresence),亦即打通。

朱子把"心"的功用规定为打通与散透,是要说明,正是"心"打通了一理与万有。他说:"性即理也,在心唤作性,在事唤作理。""所知觉者是理,理不离知觉,知觉不离理。""理无心则无着处。""心与理一,不是理在前面为一物。""性便是心所有之理,心便是理之所会之地。""心、性、理,拈着一个则都贯穿,惟观其所指处轻重如何。""心之全体湛然虚明,万理具足,无一毫私欲之间。其流行该遍,贯乎动静,而妙用又无不在焉。"⑤

王阳明"代表这个道统的主流并且更有发挥"⑥,他和朱子各有偏重,他强调的是,"心"所打通、散透的正是"理"。他说:"心即理也。此

---

① 以上朱熹言论均见《朱子语类》卷五《性理二》,《四库全书》本。
② 《朱子语类》卷九十八《张子书之一》,《四库全书》本。
③ 张东荪:《思想与社会》,第125页。
④ 王阳明:《传习录下》,《王文成公全书》,《万有文库》本第三册,第33页。
⑤ 以上均见《朱子语类》卷五《性理二》,《四库全书》本。
⑥ 张东荪:《思想与社会》,第127页。

心无私欲之蔽即是天理,不须外面添一分,以此纯乎天理之心,发之事父便是孝,发之事君便是忠,发之交友治民便是信与仁。"又说:"虚灵不昧,众理具而万事出,必(心)外无理,心外无事。"① "夫物理不外于吾心,外吾心而求物理,无物理矣。遗物理而求吾心,吾心又何物也?""若鄙人所谓致知格物者,致吾心之良知于事事物物也。吾心之良知,即所谓天理也。致吾心良知天理于事事物物,则事事物物皆得其理矣。"②

总之,一理要发为万有,必须有"心","心"要打通与散透,必须有"理",心即理也,理即心也,心与理是不可或缺的。而只有把"理"释为条理,才能说明上述的一切。

理由之五:"张氏解读"能很好说明中国人为什么没有彼岸世界的观念,"冯氏解读"却不能。《新理学》把"理"释为意典或共相,必然会涉及彼岸世界的问题,因为正是柏拉图的意典说演成了西方文化中彼岸与此岸的截断两分与对立。若理学家采用的是柏拉图的思维方式,理学家也应承认有一个彼岸世界的存在,就像基督教和康德一样。但是,理学家没有,"宋儒思想对于纯理界与事物界之对立并不有所主张。若说他们是主张两个世界,毋宁说他们是偏于承认只有一个世界"③,"中国人在其根性上就不喜欢出世的一套思想"④。

"中国哲学批评史"有一项职责,就是务必表明它对于各种不同解读的态度。若此项工作"责无旁贷",则我们只能暂时断曰:"张氏解读"要明显优越于"冯氏解读",张氏"新理学"要明显优越于冯氏"新理学"。这里也反映出著者的倾向,就是著者不主张用"本体论式思维"解读中国哲学,因为中国哲学的思维本身就不是"本体论式"的。

---

① 王阳明:《传习录上》,《王文成公全书》,《万有文库》本第二册,第2、14页。
② 王阳明:《答顾东桥书》,《王文成公全书》,《万有文库》本第二册,第39、42页。
③ 张东荪:《思想与社会》,第118页。
④ 同上,第112页。

十五、现代哲学史上历次"论战"之格式

中国现代哲学史上"论战"很多,各次论战中双方或多方所使用的"武器"如何,所采纳的"格式"如何,是"中国哲学批评史"应予关注的。其中内容或许相当丰富,只可惜本书无以详论。详论恐得俟诸异日,或俟诸他人。

李振霞的《中国现代哲学史纲要》,以"论战"为纲而展开。该书列举了中国现代哲学史上的大小十四次"论战",分别为(一)问题与主义论战,(二)社会主义论战,(三)无政府主义论战,(四)科玄论战,(五)无神论、有神论论战,(六)国家主义论战,(七)戴季陶主义论战,(八)陈独秀主义论战,(九)中国社会性质问题论战,(十)中国社会史问题论战,(十一)唯物辩证法论战,(十二)王明主观主义论战,(十三)唯生论、力行哲学论战,(十四)新理学、新心学论战[1]。这十四次"论战"发生的时间,是"从五四运动到中华人民共和国成立"[2]。

这些"论战"中,"中国哲学批评史"应特别关注"科玄论战"、"中国社会史问题论战"、"唯物辩证论战"、"新理学、新心学论战"等跟"哲学"关系紧密的几次论战。"科玄论战",著者以为是"中国现代哲学之母";"唯物辩证法论战",著者以为是中国现代哲学从多元论走向一元论之"转折点";"新理学、新心学论战",著者以为是"西学格式"经历的一次重要考验。

历次"论战"共有的核心,就是"中西论战":一方以为西学之"理"就是人类普遍之"理",中国是这普遍之"理"的一个例证;另一方以为西学

---

[1] 李振霞:《中国现代哲学史纲要》(上册),红旗出版社1986年版,第10—13页。
[2] 同上,第10页。

之"理"并非人类普遍之"理",中国不只是一个例证,而是有其可与"西方之理"并立的"中国之理"。前者是立足于"西学",以"西学格式"横扫一切;后者也是立足于"西学",但力图给"西学格式"划定一个活动范围。总之在中国哲学批评的第三期,"西式格式"是免不了的,差别只在如何界定"西学格式"的内涵。

十六、蔡、郭、贺诸先生之哲学批评

没有西方哲学的背景,我们也许还可以从事中国传统哲学的研究;但没有西方哲学的背景,我们却无法从事中国现代哲学的研究。因为中国现代哲学本身就是西方哲学的延伸。延伸的方式可以有很多种,但大体上都只是延伸而已。中国现代哲学诞生、成长与成熟的过程,就是西方哲学向中国输入,在中国落地生根并开花结果的过程。

于是中国现代哲学的研究,集中在两大内容:一是西方哲学的输入与探讨,二是传统思想的整理与诠释。两大内容都依赖于西方哲学:前者自不必说;后者所谓"整理与诠释",也是依西方哲学之理而进行的"整理与诠释"。若有人要写一部《中国现代哲学史》,可以谈其他内容,但这两大内容是必须要谈到的,是不可或缺的。这意味着研究者必须要有雄厚的西方哲学之知识背景,同时也具备中国哲学知识背景。因为西方哲学是通向中国现代哲学的一座桥,没有这两方面的知识储备,实际上就是没有能力走过这座桥。他一定会半途而废,达不到彼岸;即使颤颤巍巍勉强走过去,留下的文字一定味同嚼蜡,如隔靴之搔痒,又如隔岸之观火。

中国现代哲学家张东荪曾在《理性与民主》(1946 年)一书中写下一段名言:"……凡能彻底了解西洋哲学的,同时亦能了解中国哲学。现在一班学哲学的人不能了解中国哲学,并不是由于他们学习了西洋哲学,乃是因为虽学习了西洋哲学,而仍未彻底了解。"① 此话用之于中国传统哲学,或许有"太过绝对"之嫌;若用之于中国现代哲学,则几乎就是"绝对真理"。"西洋哲学"是了解中国现代哲学的一把钥匙,没有这把钥匙,摸摸锁还可以,要想打开,窥其堂奥,便成为一种不可能。

近一百多年来中国现代哲学的成绩如何,亦即输入西方哲学与整理传统思想的成绩如何,早该有人总结,也已经有人总结了。第一份总结报告,就是蔡元培1923年12月发表的长文《五十年来中国之哲学》。这篇约2.4万字的文章发表的时候,正值"中国现代哲学"的萌芽期。这篇文章认为在当时中国"还没有独创的哲学",所以严格地讲"中国之哲学"一词不能成立,要讲只能讲"中国人与哲学的关系"。文章把当时"中国人与哲学的关系"分为两方面,一方面是"西洋哲学的介绍",另一方面是"古代哲学的整理"。前一方面,文章提到严复之引介"天演论"、李石曾(煜瀛)之引介"互助论"、王国维之引介德国哲学(主要是叔本华和尼采学说)、张东荪与张君劢等之引介柏格森哲学、胡适与蒋梦麟等之引介实用主义(主要是杜威)以及赵元任与张崧年等之引介罗素哲学。后一方面,文章论及石埭杨文会、南海康有为、浏阳谭嗣同、平阳宋恕、钱唐夏僧佑、余杭章炳麟等人。他们的整理国故"不是受西洋哲学影响,就是受印度哲学影响的"②。文章对当时两方面的工作都评价不高,认为"成绩也不过是这一点",并认为这正是这一时期"中国哲学还没有发展的证候"③。

第二份总结报告,是郭湛波1935年面世的《近五十年中国思想史》一书。该书认为"近五十年中国思想"发展的第一阶段以"尊孔"与"排斥西洋之思想"为特征,时间是自1894年"甲午之役"至1911年民国成

---

① 张东荪:《理性与民主》,第125页。
② 《蔡元培选集》,中华书局1959年版,第230页。
③ 同上,第247页。

立，代表人物是康有为、谭嗣同、梁启超、严复、章炳麟、王国维、孙中山等；第二阶段以"工业资本社会思想输入"①与"崇拜科学及西洋文明"②为特征，时间是辛亥起义（1911年）至北伐成功（1928年），代表人物是陈独秀、胡适、李大钊、吴敬恒（稚晖）、梁漱溟、张东荪等；第三阶段"以马克思体系的辩证唯物论为主要思潮"并以此来"反对"第二阶段"工业资本社会的思想"③，时间是自"北伐成功"至1935年，代表人物是冯友兰、张申府、郭沫若、李达、陶希圣等。该书也专门谈到"中国五十年来思想的介绍"以及"五十年来中国古代思想之整理与批评"两方面。前一方面论及严复之介绍英国思想、李石曾之介绍互助论、王国维之介绍德国思想、胡适等之介绍杜威思想、张东荪与张君劢之介绍柏格森思想、张申府等之介绍罗素思想、陈独秀等之介绍马克思思想、李大钊与李达等之介绍俄国及辩证唯物论思想等；后一方面则论及胡适、梁启超、冯友兰、郭沫若、吴虞等人及"反孔思潮"、"疑古思潮"、"诸子思潮的复兴及整理"等思潮。对前一方面该书评价很高，认为"中国近五十（年）思想最大之贡献，即在西洋思想之介绍"，并认为"这些介绍对于中国近代思想影响甚大"④。对于后一方面，该书评价也不低，认为中国固有思想经胡、梁、冯诸氏的整理，于是"焕然一新，系统井然"，尽管该书也认为"这种工作仍是发端"，并未"完成"⑤。这是一部中国近现代思想史的总结报告，其中当然是以现代哲学为主体。

第三份总结报告，是贺麟1945年面世的《当代中国哲学》一书。该书除论及"时代思潮的演变与批判"、"知行问题的讨论与发挥"外，主要

---

① 郭湛波：《近五十年中国思想史》，北平人文书店1935年版，第95页。
② 同上，第195页。
③ 同上，第196页。
④ 同上，第385页。
⑤ 同上，第303页。

的两章,一就是"西洋哲学的绍述与融会",二就是"中国哲学的调整与发扬"(他原来的顺序是倒过来的)。关于前者,该书论及严复、梁启超、王国维、胡适、张东荪、金岳霖、冯友兰、郑昕、陈康、沈有鼎、谢幼伟、施友忠、唐君毅、牟宗三、方东美、张申府、洪谦、黄建中、赵紫宸、谢扶雅、曾宝荪、宗白华、蔡元培、吴宓、冯至等先生,视野要比前两份报告宽广。书中不仅充分肯定"西洋哲学之传播到中国来"对建设中国现代哲学的极端重要性[1],而且对中国人在这方面的工作评价颇高,认为其"内容异常丰富","出我意料以外"[2]。关于后者,该书论及康有为、谭嗣同、梁启超、章太炎、欧阳竟无、梁漱溟、熊十力、马一浮、孙中山、蒋介石、胡适、冯友兰、汤用彤等先生,且评价也较高,认为"中国哲学在近五十年来是有了进步",且认为造成此种进步的正是"西学的刺激"[3]。

著者愿意把蔡元培、郭湛波、贺麟诸先生的总结报告,视为第三期中国哲学批评的一个段落,同时又是中国现代哲学史研究的第一阶段。这个阶段经历二十多年时间,已经过去了;中国现代哲学史研究的第二阶段已经开始,但恐怕还得要延续几十年;之后必有一个中国现代哲学史研究的第三阶段,有人写出几本类似于冯友兰《中国哲学史》那样的经典名著。第一阶段的工作是宏观的,是中、西哲学分开论之的,是打扫战场的工作;第二阶段的工作是微观的,是中、西哲学合而论之的,是攻坚战,最为艰苦;第三阶段的工作又将回到更高层次的宏观,更高层次的综合,那将是一种需要"天才"的"创造境界"。

---

[1] 贺麟:《当代中国哲学》,宗青图书出版公司1978年版,第26页。
[2] 同上,第66页。
[3] 同上,第2页。

十七、20世纪哲学批评之主导格式:"本体论居先"

在本体论与知识论之关系方面,中国现代哲学家主要持两种见解:一种见解是主张以本体论迁就知识论,可称为"知识论居先"之立场;一种见解是主张以知识论迁就本体论,可称为"本体论居先"之立场。前一种立场以张东荪等人为代表,后一种立场以金岳霖等人为代表。就势力来说,"本体论居先"之立场占有绝对优势。

贺麟(1902—1992年)在其著名论文《知行合一新论》中曾断言:"不批评地研究思想与存在的问题,而直谈本体,所得必为武断的玄学①,不批评地研究知行问题,而直谈道德,所得必为武断的伦理学②。……不研究与行为相关的知识,与善相关的真,当然会陷于无本的独断。"③在20世纪中国哲学家中,倡导此种"无本的独断"的,不在少数。熊十力是如此,金岳霖是如此,冯友兰同样是如此。

玄学方面的此种"无本的独断",有两个根本的特征,一是断然肯定世界有一个终极本体,哲学即是本体论,或哲学必有本体论;二是断然肯定此一本体不以知识为依据,甚至与知识相冲突,本体论先于知识论,而非相反。固持此种立场,可以说是20世纪中国哲学的主流,甚至几乎可以说是其全部。唯有张东荪及其"架构论"构成一个典型的例外。在否认本体、摒弃本体论这一点上,张东荪几乎是一木独支。

熊十力(1884—1968年)是现代中国固持"武断的玄学"的中坚。张东荪与熊十力两先生在学术上的多次争论,无不与此点有直接的关联。

---

① 文章单行时附以"dogmatic metaphysics"。
② 文章单行时附以"dogmatic ethic"。
③ 贺麟:《知行合一新论》,《近代唯心论简释》第三编,独立出版社1944年版,第52—53页。

在张东荪,本体是在知识之后的,有不有本体,须视知识之结果而定,知识中有则有,知识中无则无。而在熊十力,本体是在知识之前的,肯定或否定本体之有无,不必依据知识之结果。他认为证得本体乃是哲学的唯一职责。按张东荪的逻辑,知识中无本体,我们便不可谓有本体;但按熊十力的逻辑,却是正因知识中无本体,我们才可断定有本体。这样截然相反的两种思路,并存于20世纪中国之哲坛,是耐人寻味的。

或许有人会这样驳难于著者:熊十力之本体与张东荪之本体,本不为一物,故其理论根本是不可比较的。此话诚然有一定道理,但尚需细加分析。熊十力所言之本体为何,是很明白的。他认为,就宇宙生成而言,本体之所以成本体者,在于(1)本体是俱万理、含万德、肇万化、法尔清净本然的,(2)本体是绝对的,(3)本体是幽隐、无形相,即无空间性的,(4)本体是恒久、无始无终的,即无时间性的,(5)本体是全、圆满无缺、不可剖割的,(6)本体是不变而变、变而不变的,谓其不变,已涵变于其中,谓其变,已涵不变于其中①。简言之,熊十力之本体主要有四方面的定性:一曰本体为万理之原、万德之端、万化之始,此为本体之原始、本源义;二曰本体既无对又有对,既有对又无对,此为本体之绝对义;三曰本体既无始,亦无终,此为本体之无限义;四曰本体可显为无穷尽之大用,此为本体之终极义②。以此原本、绝对、无限、终极之本体,而比之于西方哲学,可说熊十力先生所言之本体与西方哲人所言之本体,是完全一致的。换言之,熊十力并没有在一般所谓本体之外,另行提出一个自有特别含义的本体。对于此点,张汝伦先生亦有论及,他说熊十力之本体"较之西方形而上学的相关思想,也并无特别之处。熟悉西方形而上学思想的人,恐怕都不会觉得熊十力的本体论有什么特别

---

① 参胡啸:《"新唯识论"》,见《中国学术名著提要·哲学卷》,第954页。
② 参熊十力:《体用论》第一章,中华书局1994年版,第48—68页。

新鲜的地方。这并非熊氏无能,而是传统形态和思路的形而上学早已穷尽了其内在的可能性,再也提不出什么新东西了;同时也显示形而上学改弦更张势在必行。尤其是面对经验科学在人类精神世界与日常生活中前所未有的地位和支配性影响,形而上学必须重新寻找自己的活力所在"①。

张东荪在《中国哲学史上佛教思想之地位》(1950年)一文中,明确而简洁地把本体规定为:"本体一概念是由'原始'与'本质'两概念混合抽绎而成。"② 即谓原始与本质乃系本体之最根本义。这与熊十力"在宇宙论中,赅万有而言其本原,则云本体"③ 之言,可谓如出一辙,毫无二致。"赅万有",言其本质也;"本原",言其原始也。总之,熊十力言本体,走的是西方哲学的路子,张东荪言本体,走的也只是西方哲学的路子。两先生所言之本体,是基本一致的,因而两先生之学说,是可以互相比较的。由此则可断言,在本体观上,张东荪和熊十力两先生,确实是走上了两条完全不同的道路。

设立"武断的玄学",固持"无本的独断",不仅是熊十力的立场,而且亦是金岳霖的立场。和熊十力一样,金岳霖认定"道"之世界"非知识所行境界"。"道"既不在理智与知识中,关于"道"的一切描述,便只能是"无本的独断",以"道"为中心或基础的玄学,便只能是"武断的玄学"。这一倾向在金岳霖的理论中,表现得极为明显。他著《知识论》,在未及讨论知识之前,便预先设立"有外物"和"有正觉"两个假定,便是最具有典型意义的"独断"行为。"有外物"一命题,是无论如何须先加

---

① 张汝伦:《近代中国形而上学的困境》,载陈明主编《原道》第三辑,中国广播电视出版社1996年版,第302页。
② 张东荪:《中国哲学史上佛教思想之地位》,载《燕京学报》第三十八期,1950年。
③ 熊十力:《新唯识论》(语体文本)卷上第一章,载《新唯识论》,中华书局1985年版,第249页。

讨论,无论如何不能作为自明之公理引入知识论的。"有外物"如果是自明的,知识论实无建构之必要。《论道》一书谓"道"不在理智与知识中,是一种独断;《知识论》一书认定"有外物"不证自明、可直接承认,是一种独断;认为本体论是知识论的基础,本体论为知识论提供方向与基调,更是一种绝对的独断。在《知识论》一书里,他把本体排斥在知识论之外,而断言"假如有不可知的本体本书也不讨论"、"无论它有或没有,本书不讨论这一问题",并说"作者在别的立场也许承认有类似本体而又无法可知的'东西',但是在知识论我们仍无须乎牵扯到那样的'东西'"①。金岳霖严格区分本体论与知识论,目的即是要阐明本体论与知识论之关系。此种关系,他本人虽未敢明白说出,但其意见却是极显明的。就是他认为,知识论当以本体论为基础、为鹄的,而不是相反②。在讨论知识之先,金岳霖便断然设定了两个毫无根据的前提——"有官觉"和"有外物"。他提出的理由是:"不承认有官觉,则知识论无从说起,不承认有外物,则经验不能圆融。"③ 张东荪追求的是宇宙观向知识论看齐,以宇宙观迁就知识论;金岳霖追求的却是知识论向本体论看齐,以知识论迁就本体论。张东荪认定的是知识论里没有的东西,本体论绝不能设立;金岳霖认定的却是本体论里可以成立的,知识论里亦应当而且必然可以成立。张东荪视本体论为知识论之延伸,认为本体论当维持知识论的尊严、程序与结论;金岳霖则视知识论为本体论之后殿,认为知识论当维持本体论之一系列假定,并从各方面为这些假定作知识论上的辩解。两种思路,两种立场,构成为两种完全不同的哲学。

---

① 以上数句均见金岳霖:《知识论》,商务印书馆1983年版,第5页。
② 胡军《金岳霖》一书论及此点云:"金岳霖认为,本体论是全部哲学的基础。……这一目标要求本体论和知识论的一致,而一致的基础是本体论。"(台湾东大图书公司1993年版,"导言"第8—9页)胡伟希《金岳霖的"两个世界"》一文亦认定金有元学或形而上学"可以为知识论提供基础"之思想(文载《哲学研究》1995年增刊)。
③ 金岳霖:《知识论》,第76页。

冯友兰之"新理学",亦颇具"独断"意味,似更无需多说。其永恒、绝对、超时空、"不生不灭,不增不减"之"真际",垂为有限、相对、第二性、具体之"实际"之范型,前者支配后者,且先于后者而存在,即是一个例证。总之20世纪中国哲学的主潮,是(一)肯定本体之存在,(二)肯定本体论可以绕开知识论而设立,(三)肯定本体论为知识论之基础。也就是说,20世纪中国哲学的主潮,是构建"武断的玄学",奉持"无本的独断"。

十八、"尚强"、"尚力"格式之一个例证

"尚强"、"尚力"是"西学格式"的另一项重要内容。"西学格式"在中国哲学批评的第三期取得绝对优势,"本体论居先"是一种表现,进化论"横行霸道"、"横冲直撞"亦是一种表现。

西洋思想中影响中国最大、最成功者,就是进化思想。进化思想有如禅宗,它是外来的,但却彻底本土化了:佛教变成中国人自己的思想(禅宗)用了将近十个世纪;进化思想却竟然在几十年时间里就变成为中国人自己的思想,不能不说是一种奇迹。

这一奇迹使著者震惊的,不仅在中国人接受速度之快,更在其接受程度之深。原本就有适宜的土壤,移植过来而成活,这算不得程度深;原本根本没有适宜的土壤,移植过来而竟很快成活,这才是真正的程度深。中国传统的思想系统中,是没有多少进化论的种子的,换言之,进化观念与中国传统思想系统是根本不能兼容的。中国原有的只是一个循环主义的宇宙观,如《易经·象卦》所谓"无往不复"、《系辞》"变动不居,周流六虚"、《老子》所谓"万物并作,吾以观其复"、"物壮则老",《庄子·田子方》所谓"消息盈虚,一晦一明"、《秋水》"年不可举,时不可止,消息盈虚,终则有始"等等。此种循环主义的宇宙观之于历史便是"治

乱循环",之于政治便是"五德终始",之于社会便是"善恶循环",之于广大民众就是"否极泰来"、"物极必反"、"人心厌乱,天道好还"等一整套观念。此种循环主义的宇宙观是反直线论的,既反直线进化,又反直线退化。西方人曾有直线退化的观念,但后来生出进化论,终于把主张直线退化的退化论打败,从而演成进化论一统天下之局面。中国人不同,中国思想自始即视宇宙为一往复流行之宇宙,儒家虽亦言退化,但其退化只不过是巨大循环中之一环而已。此循环不息之宇宙,是无所谓进化,亦无所谓退化的。

西洋之"进化论"(theory of evolution),最初只与生物有关,谓一切生命形态均有一发生、发展与演变之过程。evolution一词源于拉丁文,意为"展开",1762年首次被瑞士学者邦尼特应用于生物学中。古希腊哲人已有生物进化思想,如阿那克西曼德即认为生物产生于太阳蒸发之湿的元素、人由鱼变化而来等。18世纪法国科学家布丰提出物种变化论,认为现代动物均是由少数原始类型进化而来。18世纪中叶法国哲学家狄德罗提出超生物界的泛进化思想,认为无机物可进化为有机物,有机物可进化为动物,动物可进化为人。18世纪末德国哲学家赫尔德著《人类历史哲学》,认为人由最初的海生生物进化而来。后德国大哲黑格尔再次超越生物界,而提出普泛的进化论,认为自然界经过无机界而进入有机界,有机界经植物、动物最后演化出人类。1809年法国生物学家拉马克著《动物学哲学》,创立第一个比较严整的生物学的进化理论。1859年达尔文著《物种起源》,提出地球上现存所有生物均源于共同祖先之思想,创立了科学的影响最大的生物学的进化理论。19世纪80年代,魏斯曼等创立新达尔文主义。20世纪30年代,杜布尚斯基等创立名为"综合进化论"的生物进化理论。总之"进化"思想在西洋是一脉相延,日益精进,不仅从未中断过,而且与时俱进,愈往后愈成为占统治地位的思想。

中国人接受进化论,当然是从生物学的进化论开始的,但中国人却似乎从来就没有认真对待"生物学的"之定语,一讲进化论,就立即溢出生物界之外。且看最早引介(同时的还有马君武先生)达尔文学说的梁启超先生对进化论的理解:"但今所以草此篇之意,欲吾国民知近世思想变迁之根由,又知此种学术,不能但视为博物家一科之学。而所谓天然淘汰优胜劣败之理,实普行于一切邦国、种族、宗教、学术、人事之中,无大无小,而一皆为此天演大例之所范围。不优则劣,不存则亡,其机间不容发。凡含生负气之伦,皆不可不战兢惕厉,而求所以适存于今日之道云尔。"① 此即梁任公给当日中国人引介的达尔文的进化论。这进化论当然不光是达尔文的,它已包含梁任公本人的理解。达尔文是把进化论严格限定在生物界的,并没有说进化论这种"天演大例"可以范围生物之外的"邦国、种族、宗教、学术、人事"等等;把"天演大例"的范围扩大,是梁任公的"功劳",并不是达尔文本人的。

梁任公的这篇《天演学初祖达尔文之学说及其略传》写于 1902 年。在此之前,早已有严复越过达尔文及其宣传者赫胥黎(Thomas Henry Huxley,1825—1895),而直接宣传斯宾塞(Herbert Spencer,1820—1903)的进化论。斯宾塞的进化论与达尔文、赫胥黎的进化论相比,有什么特异之处吗? 有的。达尔文、赫胥黎的进化论是被严格限定在生物界的,如赫胥黎的那本被严复译为《天演论》的《进化论与伦理学》,就特别强调自然界的物竞天择的进化原则不适用于人类社会,在人类社会中起作用的是道德准则与"伦理过程",简言之,是同情心或良心,它是对社会生存斗争的抑制与对抗;该书强调"进化论"适用生物界,"伦理学"适用于人类社会。但斯宾塞却认为物竞天择的进化原则不仅适用于动植

---

① 梁启超:《天演学初祖达尔文之说及其略传》,《饮冰室合集·文集》之十三,中华书局 1989 年版,第 17—18 页。

物界,而且适用于无机界与人类社会,因而他的进化论是一种普泛主义的进化论。

所以严复译赫胥黎《天演论》①,著者以为不是在引介达尔文、赫胥黎生物学的进化论,而是直接引介斯宾塞社会学的进化论,故著者不视严复为引介达尔文学说的第一人,而只视其为引介斯宾塞主义的第一人。严复当然是移植进化论入中国的最大功臣,但他越过生物学的进化论而直接引介斯宾塞,甚至以斯宾塞曲解达尔文、赫胥黎之做法,以及他断章取义、"颠倒附盖"、"取便发挥"之"做"《天演论》(鲁迅语)而不是客观介绍天演论之方式,是著者无论如何不敢苟同的。故著者以为严复先生不是学理上移植进化论入中国的最大功臣,只是社会上、政治上、心理上鼓吹进化论的最大功臣。严复先生断章取义、"颠倒附盖"、"取便发挥"之"做"法,不仅影响到梁任公对达尔文学说的引介方式,而且影响到几乎整个中国学界。

梁任公之师康有为(1858—1927年)就是直接应用进化论于中国社会之一人。他以进化论解释中国传统之公羊"三世说"、《礼记·礼运》小康大同说等,而著《大同书》,将传统循环论"三世说"转换成进化论"三世说"。谓"神明圣王孔子,早虑之忧之,故立三统三世之法,据乱之后,易以升平、太平,小康之后,进以大同"②。中心意思是主张夏商周三代不同,当随时因革,是谓"通三统";主张中国社会之发展必历由低到高之据乱世、升平世、太平世三阶段,是谓"张三世"。总之以为人类社会是进化的,由君主专制而至君主立宪,由君主立宪而至民主共和,就是一种进化。

孙中山(1866—1925年)同样亦把进化论运用于人类社会,而提出

---

① 该书 1897 年首刊于《国闻报》之增刊《国闻汇编》,1898 年分别出湖北沔阳卢氏慎始基斋木刻版及天津嗜奇精舍石印版。
② 康有为:《大同书》,中华书局 1935 年版,第 11 页。

普泛主义的进化思想。认为世界之进化可分为"物质进化之时期"(无机界)、"物种进化之时期"(生物界)、"人类进化之时期"(社会历史)三个互相衔接的阶段,而"人类进化之时期"又可分为"洪荒时代"、"神权时代"、"君权时代"与"民权时代"等几个阶段。孙先生普泛主义的进化论,谓各阶段之进化必经革命方能实现,完全是为其政治革命服务的,不是纯学理的探讨。

陈独秀、李大钊(1889—1927年)、鲁迅(1881—1936年)等新文化、新道德的代表人物,亦无一不是普泛主义进化论的信奉者。

为什么中国的思想家们从来就不认为达尔文、赫胥黎生物学的进化论是有界限的,是有一定范围的?在著者看来,那是因为现实的需要压倒了学理的探讨。严复引介进化论,一开始就是出于现实的目的,是想在中国败于甲午战争后,振中国人之士气,所以严复可以越过达尔文、赫胥黎而直接宣传斯宾塞。他最早引介进化论的《原强》等文(发表于光绪二十一年,即1895年),就是以斯宾塞进化论为基调来理解达尔文进化论的。到梁任公1902年撰《天演学初祖达尔文之学说及其略传》,仍继续了这一思想格局。

同年,马君武用文言文译达尔文《物种起源》之一部分于《横滨新民丛报》(1902—1903年),恐怕是中国人客观而系统地介绍达尔文进化论的最早尝试[①]。《物种起源》的全书中译本,迟至1920年才由中华书局出版。再后才有1954年的三联书店版、1955年的科学出版社版以及1981年的商务印书馆版(入"汉译世界学术名著丛书")等[②]。当达尔

[①] 马先生之前有一些西方来华传教士及某些洋务企业的译书机构曾对达氏理论有零星介绍,如清同治十二年(1873年)农历闰六月二十九日的《申报》就刊有《西博士所著〈人本〉一书》一文,提及"大蕴"(即达尔文)的"《人本》"(即《人类起源及性选择》)一书,并做简要介绍。

[②] 其间有周建人《达尔文以后的进化思想》一文,揭载于《东方杂志》第十八卷第二十三号,1921年12月10日出版。

文的进化论被较全面地介绍进来时,斯宾塞的进化论早已深入中国人心中,不可动摇。

总之中国人是先知斯宾塞,后知达尔文与赫胥黎;先知普泛进化论、社会学的进化论,后知生物学的进化论;先有出于政治等功利目的的介绍,后有纯学理上的探讨。

如果说严复是引介斯宾塞社会学的进化论之第一人(1895—1898年),梁启超、马君武是引介达尔文、赫胥黎生物学的进化论之第一批人(1902—1903年),则张东荪便是引介哲学的进化论即进化哲学(Philosophical evolution)之第一人(1918年)。他引介达尔文的生物学的进化论其实亦不晚,早在 1906 年他就和蓝公武合译了达尔文的《物种由来》,登在 1906 年 11 月 30 日出版的《教育》杂志第一年第一号上[①]。但张东荪的主要贡献是引介进化哲学,在此之前他先译介《物种由来》,学理上的顺序是正常的、科学的。且看他对"进化哲学"的解释:要明白"新创化论"必须拿"创化论"来对照比较;而述"创化论"又必须拿普通的进化论来对照比较,方易明白。换言之,即要明白"穆耿一派的创造进化论"必须拿"柏格森一派的创造进化论"来对照比较;而要明白"柏格森一派的创造进化论"又必须拿"达尔文或斯宾塞一派的生物学上进化论"来对照比较。他明确声明:生物学的进化论与哲学的进化论虽有关系而却非一物;且从其发生的先后来讲,哲学的进化论反在生物学的进化论以前。希腊的"亚那席曼德"(Anaximander,阿那克西曼德)、"亚那席曼尼"(Anaximenes,阿那克西米尼)、"黑拉克莱陀"(Heracleitus,赫拉克利特)、"鲁克莱第斯"(Lucretius,卢克莱修)以迄"亚里士多德"无不是把宇宙认作为一个大的迭进的历程,可见哲学的进化论是发源于希腊的。不过后来耶稣教大盛,把这种物种顺次自生说改为物种各别为

---

① 该杂志由冯世德等先生发起之"爱智会"主办,在日本东京出版。

神所造说。至于生物学的进化论之所以出现,原是由家畜豢养与植物种植以及古生物的发现得着无数的实例,证明物种自变说是真理,于是对于神造说施以反抗。虽亦可以说是一种复兴,然其来源却不尽同。以前的进化思想是一种宇宙观,大半由于推想,所以是哲学的——尤其是宇宙论的;而以后的进化思想是无数的事实,所以是科学的。至于综合这些事实以造成一个系统的宇宙观,这是哲学家的事,而生物学的进化论初无成见于此。"所以进化论在生物学上与在哲学上依然是两件事。亦可以说生物学的进化论对于各派进化论的哲学是严守中立的"①。

生物学的进化论非张东荪所论之重点,他所要讨论的是由进化论而建立的哲学——进化哲学。自从达尔文从生物学上提出进化论以后,第一个引出哲学系统的,张东荪认为就是斯宾塞,其次是费斯开(J. Fiske)。斯宾塞把生物学的进化论扩展为适用于自然与社会的普泛进化论(亦有人称普遍进化论),而认为"进化的法则"乃是我们唯一能知道的东西。宇宙于人有不可知的一面,如物质的内性、动力的本质等等,是为不可知界;宇宙于人又有可知的一面,如物质的排列、动力的向背等等,是为可知界。不可知者本体,可知者现象,故可知界即是现象界。而可知于现象界者,即是现象界所通行的法则——"进化的法则"。我们无以知物质与动力之本性,却可以知物质不灭与动力不消,可以知物与力常自变化不居,可以知其变化绝非胡来,而是有一定法则可寻,此种法则就是所谓"进化的法则"。张东荪以为斯宾塞的进化哲学,就是这样建立起来的。

"进化的法则"之确切的内容是什么?斯宾塞肯定回答说:是物质

---

① 张东荪:《新创化论》,《东方杂志》第二十五卷第一号,1928年2月10日,第98—99页。

的凝聚与动力的消散。物质的凝聚与动力的消散，就是所谓进化。何为物质的凝聚？斯宾塞答曰：由星云进化为星辰，便是由散漫而到凝聚，由混杂而到结构；生物的由浑沦的原形质渐渐发生心核，一变而为有构造，就是凝聚；有机体的由本来的简单渐变为复杂，就是凝聚。总之世界不过是物质与动力的聚散，此种聚散又不是一次既成、维持永久的；聚而复散，散而复聚，成而复毁，毁而复成，每一次的聚散都绝非前一次的简单重复，而是一次比一次更精微，一次比一次更显著。故张东荪以为聚散、成毁的由浑而到分、由细而到著、由粗而到精、由隐而到显，就是斯宾塞所谓的"进化的法则"。

柏格森对斯宾塞此种的进化论提出批评，而有自己的"创造进化"(creative evolution，张东荪译为"创化")之说，这是进化哲学发展的第二步。柏格森以为屑片的反复聚散与屡次成毁，是无所"添新"(Something more)的，因而实不足以称进化，换言之，只有变迁、变化而无进化。故柏格森以为不讲进化则已，要讲进化就必须着眼于"创新"，即有些新东西从旧东西中不期然而然生出来。"创新"要有"创"有"新"，即"新"东西必须是"创"出来。柏格森常以放花炮为喻，花炮之散放源于一冲，初无预定目的，亦无法预测其方向，只是一冲而已。但此一冲，却有"新"东西出来，柏格森以为这就是所谓"进化"。言"进化"而不同时言"创新"，柏格森以为就不是"进化论"，就只是"伪进化论"。张东荪以为柏格森的此种主张"是不错的"，"柏格森的进化哲学所以比斯宾塞的进化哲学来得高明，就是在此"[①]。

如果说斯宾塞学说的出发点是当时的物理学，柏格森学说的出发点是当时的心理学，张东荪以为"新创化论"或曰"层创的进化论"(Emergent evolution)的出发点，则是当时的化学，辅之以生物学。层创

[①] 张东荪：《新创化论》，《东方杂志》第二十五卷第一号，第100页。

的进化论以英国大生物学家摩尔根(L. L. Morgan,张东荪译为穆耿)及亚历山大(S. Alexander,张东荪译为亚历桑逗)、斯墨次(J. C. Smuts)、康节(G. P. Conger)、薄丁(J. E. Boodin)、色拉斯(R. W. Sellars,张东荪译为山勒斯)等人为代表,他们特别注重 emergent 一词,此词可译为"创出品",亦可译为"突创品",是指甲乙两物合而创出另一个丙物而言。此丙物并非甲乙之和,设若仅为甲乙之和,则只可名为"混合品"(mixture)或"化和品"(compound)。如水绝非 H_2 和 O 之和,水之性质完全在 H_2、O 所有的性质之外,水对 H_2、O 而言就是新东西,就是新性质,就是"突创品"或"创出品"。层创进化论以为电子的组成原子、原子的组成分子、分子的组成物质、细胞的组成各种器官乃至生命的出于物质、心灵的出于生命等等,莫不秉此同一的 emergent 原理。

摩尔根和亚历山大等人以为柏格森的批评斯宾塞固然是对的,但柏格森本人亦不是没有问题。柏格森认为进化只是常自创新不息,其创新不可预知、不可预测,则进化岂不变得完全不可捉摸?未来既是绝对不可预知的,又安能谓其为"进"、为"创"?"进化"与否与"创新"与否又安能知道?不知"进化"不知"创新"又何以能成一种"进化哲学"?以此摩尔根和亚历山大等人断言,柏格森指斯宾塞进化论为"伪进化论",其实柏格森本人之进化论亦有不真之危险,亦有陷入"不可知论"之危险。故他们起而修正之。张东荪以为"这种突创的进化论是位于斯宾塞与柏格森之中间:七分近柏格森,而三分近斯宾塞。亦可以说是调和两家的学说而又新辟一条路"①。

摩尔根等人和柏格森一样,都讲"创新",只是他们所谓"创新"不是像柏格森那样漫无限制、不可预知,不是无迹可寻的,而是有迹可寻的。这进化之"迹"在摩尔根那里表现为若干层阶,物质为第一层阶,生命为

---

① 张东荪:《新创化论》,《东方杂志》第二十五卷第一号,第 102 页。

第二层阶,心灵为第三层阶等等,每上一级层阶均以下一级层阶为底子、为质料。在亚历山大那里则层阶更繁,他以为最低一层只是"空—时",称 A 层;之上生出 B 层,是物质之初性如形、动、碍等;之上生出 C 层,是物质之次性如色、声、味等;之上生出 D 层,是有机体即有机化合物;之上再生出 E 层,方是生命即生物;之上生出 F 层,是心灵;之上生出 G 层,是为"第三性"即真伪、美丑、正邪、是非、善恶等"价值"(是相对于初性、次性而言的);之上再生出 H 层,是所谓"神性"(Deity),此为亚历山大层阶之最高层、之顶层。这些层阶就是"创新"的轨迹,亦就是层创进化论认为进化有迹可寻的所谓"迹"。

张东荪以为层创进化论除了"层阶"概念之外,更可注意的是"从属"(Dependence)概念。"从属"概念是讲各层阶间的关系。"旧式唯物论"以为生命既出于物质,故当受物质之支配;心灵既出于生命,故当受生命之支配。层创进化论刚好相反,他们以为物质虽创出生命,但物质既在生命层下,必反而服从于生命、从属于生命,在生命层下的物质与不在生命层下的物质迥然不同,其不同点即由于这个生命支配于其上。"旧式唯物论"以低的而支配高的,故以为高的为虚幻、为无用、为不实;层创进化论以高的而左右低的,故以为高的必是有效的与实在的,不是仅为幻影。张东荪以为这个以高御低、以上御下的"从属"原则,"却须十分重视,因为从此不但便导入了唯心论,并且折入到十分坚强有力的唯心论,折入到伟大无止的理想主义与浪漫主义"[①]。

"层阶"、"从属"概念之外,"关系"(relatedness)概念同样重要。张东荪以为此处所谓"关系",就是普遍所谓的"结构"(structure)或"架构"。如 ABC 三元素,可构成 ABC、BAC、BCA、CAB 等样式,每一样式都是一整体,性质各各完全不同;其所以不同之故,即在内部结构有异。

[①] 张东荪:《新创化论》,《东方杂志》第二十五卷第一号,第 105 页。

化学上的所谓"同质异物"（allotropy），表现的就是这一原理：炭、黑铅、金刚钻三者同为碳素分子构成，只因分子间分配与布局不同，而有完全不同之性质；换言之，决定性质者不在质料，只在关系，只在结构，只在格局。科学是在不断地退出"质料主义"而进入"结构主义"，并有以"结构主义"吃掉"质料主义"之势。古代思想总以为实物是模仿结构（亚里士多德称为"形式"）而成，以为未有质料以前，早有结构高悬于空中以为万物之范型；近代思想则把质料与结构打成一片，以为结构不能离质料，质料更不能离结构，二者完全凝一，完全相吸纳，变为只是观察的方面不同而已；层创进化论更进一步，将进化思想插入"结构主义"之中，以为结构是进化的，不是一成不变的，以为结构的进化不是渐渐的，而是一跳一跳"实现"的。层创进化论所谓"创新"，其实并非"质料"之新，"不过关系的样式变化罢了"；"新"的本质是结构样式、结构布局的变化。张东荪说："总之，近世科学可算以格构概念占领其全部：不仅物理学化学注重于此，即生物学心理学亦皆以此为其基础。"① 而"格构"又与"突变"密切相关，故张东荪又说："这个跃生或突变的概念在近代科学上亦成了不刊之论了，其重要与结构的概念相等。"②

"突变"又成为"层阶"、"从属"、"关系"之后的另一个重要概念。张东荪以为最初在生物学上发现"突变"的是"坻费里"（De Vries），其"突变论"（Theory of Mutation）人所共知；后来在物理学上助长"跳跃"（Jump）概念的，是普朗克（Planck）的"量子论"；后来心理学上的"全局派"（Gestalt Theory）即格式塔心理学，亦认定人类心理的进化是一层一层全体而进的。近代生物学、物理学、心理学等科学所以特别注重这个"突变"概念，张东荪以为，就因为这个概念是与"结构"、"关系"、"格构"

---

① 张东荪：《新创化论》，《东方杂志》第二十五卷第一号，第108页。
② 同上，第110页。

概念密切相关的:"既是注重格构便当然不能不趋向于突变。因为一个格构是一个全体;由这个全体变到那个全体便不能不是一种跳跃。所以格构除非是不变,变则必是突跃。"① 层创进化论吸收了科学上的"突变论",又比科学上的"突变论"更加圆满,它把"突变"概念与"连续"概念调和起来,认定"突变"同样可以把握、可以捉摸、可以有迹可寻:进化虽是一跳一跳的,然只能由第一层跳到第二层,由第二层跳到第三层,绝不能跨层跳跃,由第一层跳到第三层,或由第二层跳到第六层;这就是以层次或层阶来限制跳跃,使跳跃仍有秩序,使"突变"仍有轨迹。

张东荪以为层创进化论的优点有如下一些:(1)尽收创化论之长处而不抛弃旧式进化论(如斯宾塞等)之长处;(2)尽收唯心论之长处而不抛弃唯物论之长处;(3)尽收多元论之长而不抛弃一元论之长处;(4)尽收机械论之长处而不抛弃自由论之长处;(5)尽收哲学(即玄学或形而上学)之长处而不背科学之事实,复不与宗教相抵触。总之张东荪是认为,这样的一种进化论"自有其颠扑不破的所在"、"实较以前的各种进化论都为精巧周密"、"其长处却是很多"、"颇具匠心"。它确是偏于调和,但其调和在当时思想界中却是"最巧妙的,亦可以说是最成功的"②。

同时代的中国思想家,有人关注斯宾塞的进化哲学(严复不是,严复关注的是其有关社会的部分,即社会学的进化论),亦有人关注柏格森的进化哲学,却很少有人关注摩尔根、亚历山大一派的进化哲学。发掘这一派中的闪光思想,并把它们严肃认真地引介给国人,恐怕只是张东荪一人或少数几人的功劳。引介生物学的进化论,张东荪不是最早的(梁任公、马君武在1902—1903年,张东荪在1906年);引介社会学的进化论功在严复等人(严复在1895—1898年,康有为在1913—1919

---

① 张东荪:《新创化论》,《东方杂志》第二十五卷第一号,第111页。
② 同上,第112—113页。

年),与张东荪关系不大;张东荪的贡献是引介哲学上的进化论(Philosoplical evolution),即进化哲学。进化哲学是最不为中国思想界看重的,张东荪却从其中发现了"闪光点",如层创进化论的"结构主义"、"从属"原则等,是完全可以开一思想上的新纪元的。

著者谓中国思想界向不看重进化论中的进化哲学,是有充分根据的。查进化论输入中国史,中国人输入进化论之用力用时,超过输入任何一种西洋思想,不可谓不用功;但用功的方向重在社会学的进化论,其次是生物学的进化论,最后才是进化哲学。1922年上海《民铎》杂志以三卷四、五两号为"进化论"专号,输入之力度前所未有。专号上的文章,如常乃惪的《读鲍尔文(J. M. Baldwin)〈发展与进化〉(Development and Evolution)》(三卷四号)、陈兼善的《进化之方法——对于突变说及渐变说之评论》(三卷四号)、陈兼善的《进化论发达略史》(三卷五号)、瞿世英的《社会进化史》(三卷四号)等,均只涉及生物学的进化论;少数篇章涉及社会学的进化论。专号之外,还有不少引介进化论的文章,如1910年周建人的《达尔文主义》(《新青年》八卷五号)一文,把生物学的进化论扩展到人类社会;1921年费鸿年的《非达尔文主义》(《学艺杂志》四卷三号)一文,既引介达尔文主义(Darwinism),又引介非达尔文主义(Anti-Darwinism);1934年张栗原的《生物发展法则与人类社会发展法则》(《新中华》二卷二十三期)一文,把达尔文确立的生物发展法则和马克思(文中称"嘉尔")确立的人类社会发展法则相提并论,认为两者"有深切的关联",一为"有机体之消极的适应自然的法则",一为"人类之积极的适应自然的法则";1920年1月曹任远的《达尔文与近代社会思想》(《新群》第一卷第三号)一文,认定近代各派社会思想之根本原理"皆出于达尔文之天演论","皆以达尔文竞争进化之说,为其立论之根据,而各异其解释";1921年丁文江的《哲嗣学与谱牒》(《改造》三卷四、五号)一文,直接把"物竞天择"等原理应用于人种改良,"哲嗣学"即优生学;1922年费觉天翻译的《达尔文主义与社会主义》(《评论之评论》二卷二号)一文,宣称"社会主义并不否认达尔文底'生存竞争'法则";等等。所论几乎全部是涉及社会学的进化论的,纯以引介生物学的进化论为目的者和纯以引介哲学的进化论为目的者,少之又少。

中国绝大多数近现代思想家都以生物学的进化论或社会学的进化论为自己立论的基础,如严复、康有为、孙中山等;唯张东荪是以哲学的进化论即进化哲学为自己立论的基础。中国绝大多数近现代思想家都以改造现实政治、社会、心理等功利的动机,作引介进化论的出发点;唯张东荪是以纯学理的探讨、纯学术的引进之动机,为引介进化论之出发点。尽管影响中国社会、中国政治、中国心理最大者,不是张东荪引介的"进化哲学",而是严复等引介的社会学的进化论和生物学的进化论,但张东荪在学理方面、学术方面引介进化论的努力与成绩,却是我们无论如何不能抹煞的。

第三期中国哲学批评所采用的"西学格式",亦基本以生物学的进化论或社会学的进化论为自己立论的基础,如此则哲学的进化论即进化哲学,就被排除在外。

十九、未来哲学批评的一个可能方向:"知识论居先"

在中国现代哲学史上,张东荪是明确提出形而上学或本体论必迁就知识论立场的第一位哲学家。先有一个形而上学的设定,然后以知识论去证明此设定,此种以形而上学为知识论基础的做法,是张东荪所不同意的。另一种倾向如康德,以知识论作形而上学的"导言"或"序曲",讲知识论只是为了建立本体论,也不为张东荪所认可。基于此,著者断言:在"本体论居先"占绝对优势的哲学氛围中,张东荪已经提出了未来哲学批评的一个可能方向。

以知识论为形而上学的先导,这是康德所做的;以形而上学的假定为知识论之基础,这是金岳霖的一贯主张。张东荪反对这两种倾向,视知识论为一切学问的根基,认为宇宙的本相不应事先假定,而只应到知识之结构中去寻找。离开了知识之所得,我们就不能对这世界说任何话。

康德把《纯粹理性批判》一书的缩写本定名为《任何一种能够作为科学出现的未来形而上学导论》,充分暴露康德对知识论与形而上学之关系的看法。"纯粹理性批判"是谈知识论的,但它却只是未来形而上学的导论。康德谈知识论问题,"醉翁之意不在酒",目的并不在知识论本身。张东荪在《知识与文化》一书的《绪论》里,表明自己是想要建立一种"独立的知识论",与康德取不同的立场。他说:"在西方哲学上有所谓'知识论在先'(priority of epistemology)的问题。本书并不想以知识论作为形而上学之序论或先奏曲。故本书之目的在使知识论成为一种独立的学问,这个学问不专是为了形而上学作先导,并且亦可与社会科学作伴侣,当然即无所谓居先与不居先了。原来作形而上学先导的知识论是不注重于讨论知识的各方面而只注重于认识问题,所以可名之曰认识论(theory of cognition),可以康德的《理知检别》(Kant's Critique of Pure Reason)作一代表。"①

厚厚一册《纯粹理性批判》,无非是证明了这样一个道理:把我们思维中的知性概念、范畴运用到超感性的无限的东西上去,是不合理的、不合法的,换言之,超感性的本体不能以科学知识为根据,在科学知识里找不到超感性的本体②。这样一个结论,张东荪亦是承认的。不同之处在于,康德证明在知识中找不到本体,是为了在道德中、在实践理性领域设置这个本体,而张东荪既承认在知识中找不到本体,他便不再

---

① 张东荪:《知识与文化》,第1页。
② 参张世英等:《康德的〈纯粹理性批判〉》,北京大学出版社1987年版,第52—53页。

去寻找,而视本体为一无根据的假设。张东荪不逾越其严格的知识论立场,在知识中能找到的,他便承认,在知识中不能找到的,他便毅然地放弃。在知识中找不到本体,不管是"心"之本体还是"物"之本体,他便不认为世界有一个本体。我们只能根据知识提供的信息来描述世界的结构。从严格的知识论立场出发,张东荪没有本体论,而只有一个宇宙观。知识提供给我们的只有"架构"(structure)而没有"实质",换言之,知识告诉我们说,"物"只是架构不是实质、"生"只是架构不是实质、"心"亦只是架构不是实质,所以我们只能认为这个宇宙是无数架构套合交织而成的一个总架构,而不是任何别的东西。张东荪的"架构论"只是其知识论的延伸,而不是超越知识论的假定。

早在1932年,张东荪便明确提出了"方法论上的认识论主义"(Methodological epistemologism),这对中国哲学而言,是一种全新的方法论。此一方法论的根本点,是要将传统哲学的"本体论居先"彻底转变为现代哲学的"知识论居先"。张东荪对此有相当明确的意识,他说:"……我的意思不妨名之为'方法论上的认识论主义'(Methodological epistemologism),这就是说,我们的起点必须就是我们自己的'认知'(the Cogita of Cognition)。因为一切都须在知以内。譬如我说有一个桌子,必是我知道这个桌子的存在,纵使这个桌子是独立存在,但这由于知道而方能说他是桌子。所以我们研究一切而比较上最不可少的就是这个知。因为必须先有知而后有一切。换言之,即一切都须在知以内与知俱存而不能离了知。……明白了这个道理便可知道'认知'是最根本的、最基础的、最直接的、最显明的事实。我们为研究的便利计,应当以这种最直接的、最基本的、最自明的事实为起点,这就是所谓'方法论上的认识论主义'。"[①] 详言之,他认为人们研究哲学于方法上应以"认识

---

① 张东荪:《认识论的多元论·方法论上的认识论主义》,载《大陆杂志》第一卷第三、四、五期,1932年。

论"为出发点,这种出发点较之詹姆士以"心理学"为出发点,柏格森以"生物学"为出发点,罗素以"物理学"为出发点,柏拉图以"伦理学"为出发点等等,都"来得最基本,最直接而牵涉最少"。此外张东荪也不主张以名学为出发点,因为于此所谓"名学"系指"形式名学"而言,亦包括"符号名学"在内,他不相信这种"名学"可以作为"最基本,最元始的,最直接的"起点。他以为以"认识论"为出发点,不是只要"认识论"而抛弃其他,因为这种办法纯粹只是出于方法上的便利,他名之曰"方法论上的认识论主义",只是注重在"方法论"字样,要使人明白以"认识论"为出发点的主张是只限于在"方法论"一方面。他认为真能继笛卡尔而发挥这个意思的,便是康德;他自己是以康德为基础,更上一层楼。

1937年1月,张东荪将修改后的《多元认识论重述》长文再次发表,明确意识到此种"方法论上的认识论主义",将会给哲学发展带来"很重大的后果"。该文认为传统的哲学是以形而上学"居首"(primacy),必先有形而上学然后才有知识论、道德论以及宇宙论等。自英国的洛克把知识问题提出以后,康德乃把旧的形而上学(即所谓独断的形而上学)"打死了",却又重新由他的认识论另指示一个新的形而上学之可能的途径。可以说由洛克到康德,把这个"居首"问题确定了。所谓居首就是"在先"的意思:就是以研究知识为第一步工作,这个工作不必有所等待,其他工作却必须等待这个工作做完,可以说这是预备工作;不经过这个预备工作绝不能贸然进入哲学本部的研究。这就是康德所达到的境界。

《多元认识论重述》长文认为从康德的理论出发,本可"发生很重大的结果",但康德却没有把这个"结果"发挥出来。康德虽承认"以认识论居首为方法",但却在认识论上开了一个后门,使形而上学又可以在一个新的领域中成立。只需看他后来又作两个《批判》,便可证明。把康德的三个《批判》合观起来,张东荪认为康德并不完全是把认识论来代替形而上学,乃只是把认识论作为形而上学的"序论"或"前奏曲"。张东荪提出的"方法论上的认识论主义"却不甚相同:康德在其《纯粹理性批判》中所采取的态度自然是以知识的限界而把超越的形而上学推翻,但在后两个《批判》中却又从另一方面开了一条活路;"方法论上的认识论主义"却堵死"后门",不留"活路"。换言之,康德对于认识论与形而上学的关系依然取传统的见解,即形而上学依然是在认识论以外;而"方法论上的认识论主义"却力图突破此种"传统的见解",而把形而上学吸收在认识论之中:"我把形而上学中的本体论根本上完全取消。而仅留有宇宙论。不过这个宇宙论却就隐隐约约宿于认识论中。这就是说,我们研究人类的知识即大致上可以窥探宇宙的结构。因为宇宙的结构虽非完全呈现于知识中,然至少二者有若干的相应。所以我们即根据在知识中所呈现的宇宙结构可加以推论而扩大之,便成为一个宇宙论。因此我的认识论同时乃就是一部分的宇宙论。换言之,即同时就是一部分的哲学。再详言之,即依我此说,认识论不是替哲学开先路,乃是认识论中即含有哲学(形而上学)。这是我与康德不同的所在。这个不同乃是根据于学说内容。因为康德的认识论中预留了新的形而上学可以发生的地位,而我此说则是自足的,没有余地留给别的,读者看了下文自可知道。"[①]

张东荪认为康德之所以在认识论之尾给形而上学预留地盘,乃是因为他承受了"洛克以来对于感觉的见解"。此种见解分"心"为二,一方面是采自外来的材料,他方面是综合这些材料的"能力"。这种"材料"与"能力"的对立,便是洛克以来西洋的传统说法。康德承绪了此种说法,把"材料"与"能力"的对立转换成"杂乱"与"统一"的对立,并进而

[①] 张东荪:《多元认识论重述》,见胡适、蔡元培、王云五编《张菊生先生七十生日纪念论文集》,商务印书馆1937年版,第96—98页。

转换成"外来"与"主观"的对立、"外与"(given)与"内赋"(innate)的对立,甚至"后天"与"先天"、"经验"与"逻辑"的对立。而实际上,此种对立是不存在的,是人为造成的,是一种"教条"(蒯因语),是一种"两橛论"(Bifurcation theory,怀特海语)。张东荪说明了自己与此种理论的根本不同,他说:"我的主张则以为首先应该抛弃这个两橛论的成见。"他认为近代心理学早已证明感觉不是独立自存的了,詹姆士对于这一点论述尤为精辟。不但他是如此,现代全局派(Gestalt School)亦有更进一步的证明,例如柯勒(Kohler)即打破刺激对于感觉的恒率。所以在心理学上,以感觉为材料而构成知觉之说,到今天已几无人再承认。不过这样的论调却是由心理学而出发,他认为研究认识论固然亦当取材于心理学,但认识论却不必为心理学所限制、所决定。他以为研究认识论应得首先决定一件事:即所谓"认识论的观点"。什么是认识论的观点?就是他所谓的"方法论上的认识论主义",即是以认识论作为一种独立的研究;而在这个研究上以认识为起点(即出发点)而不以其为终点。即不先从心理学入手,亦不先从形而上学入手,更不先从名学入手,而是直接从本身入手,把所谓"认识"即认为是唯一材料、"起码的事实",而不是其他科学所得的结论。他又把这样的态度名之曰"认识论的观点",这样的观点并不是完全排斥心理学、名学与形而上学,只不过以为不宜以这些科学为出发点而已;至于有借助于这些科学之处,仍不妨尽量采取之。他说:"我之所以反对材料与能力的对立与杂多与统一的对立即因为我认为这样乃是采取心理学的观点,而不是认识论的观点。倘使取认识论的观点,则我们只须率直承认'认识'这个事实就行了。至于这个事实是怎样一回事,则须待分析后方可明白。不必在尚未十分细研究以前而遽然对于这个'基本事实'而又假定其以前的状态如何。所以两橛论是犯了假定太多之弊。这是我与康德不同的地方,其影响与意义却足以牵动我的多元论与康德的学说之全部。"①

恪守"认识论的观点",张东荪明确提出了否定本体的思想。要实现哲学的"认识论转向"或"知识论转向",实现中国哲学批评的格式转换,著者个人认为,并不一定非得否定本体、不要本体论;但否定本体、不要本体论的哲学,却肯定是实现了"认识论转向"或"知识论转向"的。张东荪一直是不承认本体论的。早在1924年,他便认定"本体"是正在创造中的,而不是已成的。他说:"我……以为本体宁可是正在创造中的,而不是已成的。我们不妨以进行来代起源;我们即使知道了宇宙的起源亦必不能算完全知道了宇宙的本体。……所以我们不必注眼于根源而当注眼于进程。这便是我的本体观。"② 这样的"本体"无疑是动的本体,是正在构成中的本体;这样的"本体",以一般本体论者的眼光观之,无疑不是本体。1932年,张东荪又对"本体"发难,认为通过知识论我们找不到本体,所以本体只是一种设定或要求。他说:"……我们不管在经验上是否有常在不变的本质,而总是想拨开这些万变的现象去探求其背后的本体,则这个本体不过是我们的一种要求而已。在其未实现以前即有了要求,则这个要求便是一个假设,亦可名曰设定。"③说本体是设定,是说它没有知识论上的依据;既没有知识论上的依据,对张东荪这样以知识论居先的人而言,也就没有了可靠的根基;所以他主张不要"本体"。他在《认识论的多元论》一文的结尾,在阐发了其全部知识论后说:"……自相对论、量子说、波子论出来以后,整块的'物质'已不能有了。"④ 换言之,本质,由此而演成的本体,已不能有了。

---

① 张东荪:《多元认识论重述》,见胡适、蔡元培、王云五编《张菊生先生七十生日纪念论文集》,第99—101页。
② 张东荪:《科学与哲学》,商务印书馆1924年版,第89—90页。
③ 张东荪:《认识论的多元论》,载《大陆杂志》第一卷第三、四、五期,1932年。
④ 同上。

1934年的《唯物辩证法之总检讨》一文并再次重申:"……我们所要知道的只是科学对象的'事实'而不是形而上学对象的'本体'。"①

否认本体,不承认本体论,张东荪的此套主张,是出了名的。南庶熙是一位积极地从各方面为张东荪辩护的人,他在很多方面对张东荪的理解,是比较准确的。他在《答二十世纪记者叶青》一文里说:唯物论"把本体论看作哲学研究中极重要的一个部门。东荪先生的哲学没有那样的本体,当然没有那样的本体论。我说东荪先生所谓本体即是英文的 Reality,而绝不是英文的 Substance"②。就是说,张东荪虽也有时提到本体,提到本体论,但却绝不是 Substance 意义上的本体,而只是 Reality 意义上的"本体"。南先生对张东荪的这个说明,是恰当的。通过这个 Substance 与 Reality 的分别,张东荪字里行间前后左右的"自相矛盾"处,也就悄然冰释了。1936年发表的陈伯达的《腐败哲学的没落——为批判张东荪编的〈唯物辩证法论战〉而作》一文,对张东荪的哲学,也有一点上的准确把握,这就是它认定张东荪是否定本体论的。该文说:"腐败的哲学家已索性地否认了哲学上本体论的存在,却假称哲学上只剩下认识论了。"③

张东荪所否定的"本体",是什么意义上的"本体"呢? 他在不同地方、不同语境中,对"本体"有不同的表述。但核心意思是明确的:他所谓"本体"并没有什么特别含义,和西洋哲学中"本体"的含义一样,都是指背后、底层、最终、原本、原始之实体。他所否定的"本体",也是这个

---

① 张东荪:《唯物辩证法之总检讨》,见张东荪编《唯物辩证法论战》上卷,民友书局1934年版,第192—193页。
② 南庶熙:《答二十世纪记者叶青》,见张东荪编《唯物辩证法论战》上卷,第289页。
③ 陈伯达:《腐败哲学的没落——为批判张东荪编的〈唯物辩证法论战〉而作》,载《读书生活》第4卷第一、二期,1936年。

意义上的"本体"①。

二十、"西学格式"之限度及其可能转换

"西学格式"到目前为止,占统治地位的格式是"本体论式思维",已如上述。未来中国哲学批评要有一个好的前景,固守这个格式是不行的。著者以为以"本体论式思维"批评中国哲学,不如以"非本体论式思维"批评中国哲学,来得优越。

西洋哲学虽以"本体论式思维"为主导,但并不是说西洋哲学中就没有"非本体论式思维"。实际上"非本体论式思维"在西洋哲学中一直存在,只是不占主流地位而已,是一个支流。西洋哲学之所短,正是中国哲学之所长,这个支流正可作为未来中国哲学批评可采用的格式。

---

① 且看张东荪对于"本体"的界定:(一)一个名曰现象(appearance),一个名曰本体(reality)。本体又可名曰实质(substance)。(张东荪:《哲学》,上海世界书局1931年版,第11页)(二)实体说就是本体论,乃是研究宇宙的最终本体是什么。(同上,第64页)(三)不能和西文的 substance(即本体)相比拟。因为照西文这字的原训是"背后的东西"的意思,因此总离不了"本质"(ultimate stuff 即原始材料)的意思在内。(张东荪:《从西洋哲学观点看老庄》,载《燕京学报》第16期,第138—139页,1934年)(四)这个"黄"与"硬"当然是所谓"属性"(sttributes),但每一属性必有所附丽。他所依附的就是底层;由底层乃生有"本体"的观念。于是这个本体乃变为无尽的泉渊。……但凡属性所云谓必系对于一个本体而施。(张东荪:《知识与文化》,第179页)(五)……于是有因果必有相互,有相互必有本体。三者同为不可缺。……这个见解真能道破西方人本体论上的根本条件。(同上,第186页)(六)至于本体在西方却近于"本质"(ultimate stuff)。(同上,第213页)(七)须知西方人所谓本体(即本质)即是指宇宙的原本材料(ultimate stuff or substratum),而我们中国不注重于这个材料本身与材料所造者之分别。因此我们中国人所追求者不是外物的根底,而是部分如何对于整体的适应。(同上,第102页)(八)本体是指万物的"底子"(substratum),而整体是把宇宙当作"一个"。(同上,第117页)(九)因为西方的 Matter 观念根本上与 Substance 有关系,而中国比较上最缺少的就是这个观念。(同上,第133页)(十)关于"体"这一范畴,上文既已言之,是由神的概念蜕化而来,先含有"原始"的意义。……后来始转为 ousia 即英文的 Being。更成为 Substance,于是变成为"本质"的意义。(张东荪:《本无与性空》,载《现代佛学》第一卷第1期,第15页,1950年)以上都是张东荪的原话。

第一，未来中国哲学批评可以"符号哲学"为格式，批评中国传统哲学。中国传统哲学的基本概念是"符号论"的，而非"实在论"的。"水"不是指海水、池水，而是象征所有跟"水性"有关的东西；"土"不是指黄土、砂土，而是象征所有跟"土性"有关的东西；"天"不是天文学上的天；"地"不是地理学上的地；"人"不是生物学上的人；"心"不是心理学上的"心"；诸如此类，不胜枚举。总之中国传统哲学的所有概念，都只是"符号"，而不是实指。所以此前对中国传统哲学所做的"实在论"解读，如冯友兰《新理学》的解读，如金岳霖《论道》的解读，常常出现误读。未来中国哲学批评要避免误读，就必须改弦更张，放弃"实在论格式"，而采纳"符号论格式"。这可能是真正逼近中国传统哲学之"本来面目"的关键步骤。

第二，未来中国哲学批评可以"生机哲学"为格式，批评中国传统哲学。西洋哲学中柏格森、杜里舒等人的"生机哲学"或"生命哲学"的思维方式，与中国传统哲学的思维方式，基本相同。怀特海的"过程哲学"，亦属此类。"生机论"的对立面是"机械论"或"辩证法"，后者的共同特征，是严格区分人伦、物则和天理，认为人道不同于物道，人道和物道又不同于神道，认为社会律不同于自然律，社会律和自然律又不同于宗教律，总之其共同特征是强调人与人之间、人与物之间、物与物之间的"隔"。若采用这样的格式去解读中国传统哲学，中国传统哲学就会变成一堆"乱码"，毫无意义可言。少数地方也许能"读通"，但主体部分肯定是"读不通"的。因为中国传统哲学是以肯定人与人之间的"不隔"、肯定人与物之间的"不隔"、肯定物与物之间的"不隔"为其根本特征的，简言之，是以"通"为其根本特征的。它强调天地万物共属一个有机体，所有关系都是"内在"的，都是"通体相关"的。这样的"有机整体"的哲学，若受到"机械论"或"辩证法"的解读，不可能不成为"乱码"！所以未来的中国哲学批评，要想逼近中国传统哲学的"本来面目"，在格式上就很有必要弃"机械论"而采"生机论"。

第三,未来中国哲学批评可以"现象论"为格式,批评中国传统哲学。"现象论"或"现象主义"在西洋哲学中,是一股不小的思潮。代表人物有德国之康德、奥地利之马赫、英国之休谟与斯宾塞等等。他们否认现象之外的本体,认为人类认知能力之所及,只能达于现象,不能达于本体。"现象学"作为主张从现象中寻求本质的一种哲学,似亦属此类。中国传统哲学亦以"现象主义"与"非本质主义"为特征,以否认本质之"现象论"等解读之,当是"名正言顺"。若以"本质主义"解读之,则肯定"读不通",至少主体部分"读不通。"

第四,未来中国哲学批评可以"解释学"为格式,批评中国传统哲学。"解释学"在考察人的"理解"(Understanding)活动时,(一)否认它是"纯客观"的活动(承认"偏见"),(二)否认它是"纯认知"的活动(承认"历史性"),(三)否认它是"意义唯一"的活动(承认意义的"多样性")。这些说法和中国传统哲学可以相通。"纯粹"是西洋哲学的主流理想,看重"不纯粹"只在20世纪后半期才出现。中国人不讲"彼岸",不讲"天堂",就因为哲学上没有"纯粹"之追求;可说中国传统哲学的主流是不讲"纯粹",或只讲"不纯粹"。若以西洋讲究"纯粹"之主流哲学,去解读中国不讲究"纯粹"之主流哲学,肯定有扞格不入之处。不如放弃"纯粹",就以"不纯粹"解读之。"解释学"基本是主张"不纯粹"的,以之为格式解读中国传统的哲学,大体应是"通顺"的。

为什么一定要求"通顺"?著者答曰:哲学批评最起码的要求就是"通顺";哲学批评史的使命,就是要将原来"不通顺"的批评,变成"通顺"的。"通顺"与"不通顺"可以两存,但不能相提并论;哲学批评史肯定是以"通顺"为上品,而以"不通顺"为下品。

以上就是"西学格式"在未来的可能转换,核心是从"本体论式思维"切换至"非本体论式思维",从"本体论居先"切换至"知识论居先",

从"实在论"切换至"非实在论",从"主谓式句辞"切换至"类比推理",从"因果关系"切换至"函数关系"……至于其限度,"本体论优先"也好,"尚强"、"尚力"也好,目前都正"茁壮成长",支配着中国哲学家的头脑,论其"限度"为时尚早。能走多远,亦很难逆料。但其格式已到了"改弦更张"的时期;完全已有"改弦更张"的必要。

结语:走出中国哲学批评的"连类"时代
——五论创建"中国哲学批评史"

金岳霖在冯友兰《中国哲学史》之"审查报告"中,认为"中国哲学史"可以有两种写法。一种写法是"把欧洲的哲学问题当作普通的哲学问题"来对待,同时"把欧洲的论理当作普通的论理"来对待;另一种写法是"把中国哲学当作中国国学中之一种特别学问"来对待,同时把欧洲论理学当成一种"特别的"而非"普通的"论理学来对待。第一种写法是把中国哲学史写成"在中国的哲学史",第二种写法是把中国哲学史写成"中国哲学的史"。

如果按照第一种写法去写,则第一个先决条件是要弄清楚中国学者所讨论的问题,是否与欧洲哲学问题一致。如果一致,它就是哲学问题,如果不一致,它就不是哲学问题;它或者整个的是,或者整个的不是,或者部分的是,或者部分的不是。第二个先决条件是要弄清楚中国思想家的思想架构是不是可以"代表一种论理","这种论理是否与欧洲的空架子的论理相似";如果是,它可以写进哲学史,如果不是,它不可以写进哲学史。如果按照第二种写法去写,则这两个先决条件就变成为两个根本的设定:欧洲的哲学不是普世哲学,而只是诸多哲学之一种;欧洲的论理不是普世论理,而只是诸多论理之一种。[①]

[①] 金岳霖:《冯友兰中国哲学史审查报告》,见冯友兰《中国哲学史》"附录",神州国光社,1931年。

一、我们正处在"连类"中

金岳霖本人倾向于以第一种写法去写"中国哲学史",因为"现在的趋势,是把欧洲的哲学当作普通的哲学问题。……这种趋势不容易中止","现在的趋势是把欧洲的论理当作普通的论理"。同时因为他清楚地知道,根据第二种态度与写法去写"中国哲学史","恐怕不容易办到",因为"现在的中国免不了时代与西学的影响"[①]。金岳霖说"冯先生的态度也是以中国哲学史为在中国的哲学史",而不是"中国哲学的史",也是把中国的哲学当作"发现于中国的哲学",而不是中国特有的"与普通哲学不必发生异同的程度问题"的哲学[②]。金在这里只论及冯,其实谢无量、胡适、熊十力等"中国哲学史"的其他作者与研究者,也大都持这样的态度。

本书前面已言,谢无量所撰《中国哲学史》,作为近代中国人撰写的最早的一部《中国哲学史》,奠定的就是典型的"中西哲学同质论"格式。具体言之,就是以西方的"本体论思维"去解读"中国哲学"。如对老子哲学的解读,谢著《中国哲学史》认为老子哲学是求"宇宙本体"的哲学,老子所谓的"道"就是"宇宙之本体"。它有"以无名与有名,示本体与现象之别"之言,又有"此其所以能为万物之本体矣"之言,更有"玄牝即指本体,玄牝之门,是谓天地根者,即由本体而为现象者也"等言,都是以西方"本体—现象"之思维,解读老子哲学,以为老子之"道"就是"本体",老子之"万物"就是现象。它认为老子是以堂与奥之别显示现象与本体之别。它又明确以"元素"或"质料"释"气",释"一"、"二"、"三"。

[①] 金岳霖:《冯友兰中国哲学史审查报告》,见冯友兰《中国哲学史》"附录"。
[②] 同上。

并且以为"道生万物"就是本体之道"发为现象",把老子"天下万物生于有,有生于无"之言,解释成为"有为现象,无为本体",并强调说:"老子言无,是对有之现象而求其本体之言。"① 以"本体"释"道",以"现象"释"万物",以"本体"释"无",以"现象"释"有",以"本体发为现象"释"有生于无",以"元素"或"质料"释"气"。诸如此类,一句话,就是以西方"本体论思维"释老子哲学,释中国哲学。

胡适的《中国哲学史大纲》也是基于"西方哲学史",尤其是"实用主义"的框架写成的,故《哲学大辞典》说它"主张以西方哲学的体例和模式,来构思和建立中国哲学史体系",又说它"以实验主义的面貌塑造中国古代哲学,忽视以至抹煞中国哲学的特殊性"②。金岳霖说"简直觉那本书的作者是一个研究中国思想的美国人",有"大多数美国人的成见"③。胡啸也说它"以唯心主义实验主义的面貌塑造中国古代哲学家"④。我们读胡适这部书,可知它对于老子哲学的解读,未能超出谢著《中国哲学史》的范围。

冯友兰的《中国哲学史》分期上"自成一说"⑤,但内容上依然是把中国哲学视为西方哲学的一个"例证"。李约瑟说冯书没有充分认识到宋明儒者"有机自然主义已极具现代气息"这一问题,批评该书把"理"、"气"两个范畴"与亚里士多德的形式和质料相对等",乃是"大谬不然"⑥。冯著《中国哲学史》释老子之"道"为万物之所以生之"总原理",似已超出谢著《中国哲学史》的范围。但细加考察,还是没有。它有许

---

① 谢无量:《中国哲学史》,第 6—10 页。
② 冯契:《哲学大辞典·中国哲学史卷》,上海辞书出版社 1985 年版,第 121 页。
③ 金岳霖:《冯友兰中国哲学史审查报告》,见冯友兰《中国哲学史》"附录",第 6 页。
④ 潘富恩:《中国学术名著提要·哲学卷》,复旦大学出版社 1992 年版,第 933 页。
⑤ 冯契:《哲学大辞典·中国哲学史卷》,上海辞书出版社 1985 年版,第 118 页。
⑥ 李约瑟:《评冯友兰〈中国哲学史〉》,载王中江、高秀昌编《冯友兰学记》,三联书店 1995 年版,第 100 页。

多释"道"为"理"的言论,如"以为天地万物之生,必有其所以生之总原理,此总原理名之曰道","道为天地万物所以生之总原理,德为一物所以生之原理"① 等等。"总原理"也好,"原理"也好,总之就是"理"。"理"而能"形而上",已具"本体"义;"理"而能"生天地万物",已具"本体"义;"理"而能以"无"为"体",以"有"为"用",已具"本体"义;"理"虽为"无"而不得等于零,已具"本体"义;等等。总之冯著《中国哲学史》虽释老之"道"为"理",似有别开生面之象,但细究之,依然不出谢著之范围。如果再以稍后出版的冯著《新理学》证之,则其对"理—气"的解释就更是完全落入到"形式—质料"的框架中,落入谢著的框架中。"新理学"之基本立足点,即是柏拉图关于理念(Ideas)界与现象界之严格划分的学说。《新理学》称理念界为"真际",称现象界为"实际",称真际与实际之关系为理念与现象之关系。基此《新理学》"重新"解释了一系列概念②。如此推衍下来,《新理学》视野中的中国哲学,尤其宋明理学,不过就是柏拉图主义或新实在论之应用或例子。大而言之,"中国哲学"不过就是"西洋哲学"的某个应用或例子。

以上几部"中国哲学史"或几项中国哲学批评,都是以第一种写法写成的,它们以"中西哲学同质论"为立场,明显"抹煞"了中国哲学的特殊性,至少是对此种特殊性凸显不够。

这种写法把中国哲学史写成"在中国的哲学史"而不是"中国哲学的史",其实质就是"连类"③。回顾中国思想的发展,在佛教中国化的

---

① 冯友兰:《中国哲学史》,第218—222页。
② 冯友兰:《新理学》,商务印书馆1939年版,第64—66页。
③ 香港中文大学哲学系刘笑敢先生称为"反向格义",并将其定义为"自觉地以西方哲学的理论方法和思维框架来研究中国哲学的方法"(见其《反向格义与中国哲学方法论反思》,载《哲学研究》2006年第4期)。著者则以"自觉地以中国哲学的理论方法和思维框架来研究外国哲学的方法"为"格义",而以"自觉地以外国哲学的理论方法和思维框架来研究中国哲学的方法"为"连类"。不使用"反向格义"一词。著者《走出"中国哲学史"研究的"格义"时代》一文所讲的"格义"(文见《哲学研究》2005年第6期),宜改为"连类"。

过程中,曾经历过一个"格义"的阶段。其实质是将佛经中名相与中国固有的哲学概念(主要是老庄哲学概念)和词汇进行比附,即借用与佛法相近相通的中国原有概念解释佛法,以让更多的人了解佛法深义。如支谶(东汉末)援"本无"、"自然"概念诠释佛学的"空",慧远援引《庄子》疏解佛学的"实相",以及以"无为"释"涅槃"、以"五常"配"五戒"等。此种方法的特点是"生解",就是机械地比附,因而易流于曲解佛法本义,不免失之牵强。它在中印文化交流、融会的早期,曾起过一定的积极作用。但终究不是长远之计。至公元410年左右鸠摩罗什的译本出来,此种方法便渐行废弛。前后流行约250年。

明末以来的"中国哲学批评",也曾经历过一个短暂的"格义"时期,但很快就从"格义"过渡到"连类",并还在经历"连类"的阶段。如果说佛教中国化过程中的"格义"是以中国原有概念"格"佛学之"义",则"中国哲学批评"中的"连类"就是以西方哲学概念,尤其是"本体论思维","格"中国哲学之"义"。如以"本体—现象"比附中国的"本末"、以"逻辑"比附中国的"名"、以"共相"比附中国的"理"等等。这种方法在"中国哲学批评"的早期是必需的,也取得了很多可喜的成果。但总是停留在这个阶段,却是有问题的。所以有必要提出"走出中国哲学批评的连类时代"的任务。

二、走出"连类"的一种可能性

撰写一部专门凸显中国哲学之特殊性的"中国哲学史",是有可能的;以"中西哲学异质论"为立场去从事"中国哲学批评",也是有可能的。张东荪的"中国哲学史讲义"及其他相关著述,就是这样的一部"中国哲学史",就是这样的一种"中国哲学批评"。他旗帜鲜明地以金岳霖所说第二种写法、第二种态度从事"中国哲学史"的研究,始终不移地把

"中国哲学"当作"中国特有的哲学",把"中国哲学史"当作"中国哲学的史"而非"在中国的哲学史"。他的理论基础就是当时西方流行的知识社会学,以及他自己创立起来的知识社会学理论。

知识社会学包含一个广泛的理论体系,其中的观点五花八门。但几乎所有的知识社会学家,都持有一个共通的见解,那就是他们的"观点主义"或"视角主义"或"面观主义"(perspectivism)。就是承认任何一种知识体系都只是"偏"而非"全";任何一种论断都只有相对的真实性,而没有绝对的真实性;我们只有揭示每一种观点所含的偏见或障蔽,才有可能发现一种"综合性的真理"。这意味着知识社会学的首要目标,是要"矮化"那些自称为绝对真理的理论,而把它们特殊化为一种"观点"。在知识社会学看来,唯一可靠的纯粹知识不存在,柏拉图以来超验知识的真实性不存在,适用于所有民族、所有文化、所有领域的"普世知识"不存在。总之一句话,普遍必然的真理不存在。黄瑞祺《曼海姆——从意识形态论到知识社会学诠释学》一书所附的两个例子,有助于我们了解知识社会学的"观点主义"。一个例子是宋代诗人苏轼的诗《题西林壁》,诗曰:"横看成岭侧成峰,远近高低各不同,不识庐山真面目,只缘身在此山中。""横"、"侧"等相当于"观点"或"视角";"只缘"是"局外人观点",认为只有置身庐山之外才能获得对于庐山的"综合性真理"。另一个例子是战国荀子的"解蔽"篇,它有"凡万物异则莫不相为蔽,此心术之公患也"之说法,与"观点主义"的意思接近;它又有"兼陈万物而中县衡焉"以去除"蔽塞之祸"的说法,接近于知识社会学的"中庸化"或"综合性真理"之说法。总之,知识社会学是把知识或思想只视为"社会文化基础的一个函数"[①]。

---

① 黄瑞祺:《曼海姆——从意识形态论到知识社会学诠释学》,台湾巨流图书公司2000年版,第179页。

知识或思想既只是"社会文化基础的一个函数",则我们把"欧洲的哲学问题"当作"普通的哲学问题",把"欧洲的论理"当作"普通的论理",就是有问题的。因为中国和欧洲,有着完全不同的"社会文化基础"。换言之,上面所说的"中国哲学史"的第一种写法,基于"中西哲学同质论"的写法,就必须暂时搁置。只要我们认定哲学思想乃是"社会文化基础的一个函数",我们就必须采取第二种写法,即立足于"中西哲学异质论",把"中国哲学史"写成"中国哲学的史",而不是"在中国的哲学史"。

张东荪的《思想言语与文化》、《中国思想之特征》以及后来的"中国哲学史讲义"等,就是采用第二种写法写成的。如写于1940年左右的《中国思想之特征》,就是一项重要的基于知识社会学的"中国哲学批评"。虽然张东荪本人不主张把这部分内容视为一部完整的"中国哲学史"[①],但它作为经典知识社会学论著《知识与文化》一书的第三编,实际就是作者本人的知识社会学观点在中国哲学批评中的直接运用,上承《思想言语与文化》,下启"讲义",构成一项完整的、脉络清晰的"中国哲学批评"。

这项研究专门论述"中西思想之根本异点"。论述的结果是得出三点结论:第一,中国哲学不是西方哲学中所谓"本质或本体的哲学"(substance philosophy),不是"因果原则的哲学"(causality philosophy),而只是"函数哲学"(function philosophy);第二,中国哲学不是"形式哲学"(form philosophy)或形式逻辑支配下的哲学;第三,中国哲学根本上不追求"最后的实在",故"本质"概念是插不进去的[②]。把这三条综合起来,就可看出中国哲学的几个根本特征:在存在论方面,只讲现象而不

[①] 张东荪:《知识与文化》,第99页。
[②] 同上,第99—101页。

讲本体;在概念运用方面,只讲符号或象征而不讲实指;在关系论方面,只讲函数关系而不讲因果关系;在逻辑方面,只讲类比推理或比附(analogy)而不讲"主谓式句辞"(Subject – predicate proposition)。这些特征已经涉及西方哲学的核心,若是能够成立,就完全可以组织成迥异于西方哲学的另一种哲学。张东荪的"中国哲学批评"也许是不能成立的,但却给我们打开了走出"连类"时代的一扇门,至少是提供了一种可能性。

三、走出以"本体论"比附中国哲学的误区

"本体论"(Ontology)在西方哲学中,具有至高无上的地位。亚里士多德曾把它视为第一哲学的"核心",笛卡尔把它视为全部知识的"根",莱布尼茨把它视为一个"独立自主"的体系,沃尔夫把它视为"全部哲学的基础和一个重要分支",康德、黑格尔等西方大哲亦莫不以解决"本体论"问题为"优先"考虑。只是到了20世纪,才出现了一股势力较大的反"本体论"思潮。可知"本体"是西方哲学的最根本追求。西方哲学的始祖泰勒斯认为一切由水而出又复归于水,显然是以水为本质而以万物为现象,以水为实在而以万物为虚幻。他的这个态度就把西方哲学两千多年的方向,根本上决定了;西方哲学的最高目的是求得本体,求得现象背后的"最后实在"。故西方哲学中本体与现象(reality and appearance)或本质与现象(essence and phenomenon)的区分,乃是当然的"公理"。

以"本体论"比附中国哲学这种思维模式,从"中国哲学"出现的时候起就有了。明确表达此种观点的代表人物,至少有汤用彤、熊十力等先生。汤用彤以"本体论"解读魏晋玄学,认为玄学家的天道论已经"不拘于构成质料(Cosmology),而进探本体存在(Ontology)",认为玄学所以

超出汉代学术者,在其"脱离汉代宇宙之论(Cosmology or Cosmogony)而流连于存存本本之真(Ontology or theory of being)",认为王弼注《老》而阐贵无之学,实际上就是对于"本体"的追求,"无"就是"本体"——"无对之本体(Substance)"、"空无之本体(reality)"[①]、"神秘主义的超时空的'本体一元论'(无)"。熊十力则以"本体论"解读全部哲学,包括中国哲学。他以证得本体为哲学的唯一职是,他立足"中西哲学同质论"的立场,认为中国哲学中有西方式的"本体论"[②]。他认为本体可设定于知识之前,肯定或否定本体之有无,不必依据知识之结果。认为正因知识中无本体,我们才可断定有本体,才去追求本体。认为本体之所以成本体者,在于(一)本体是俱万理、含万德、肇万化、法尔清净本然的,(二)本体是绝对的,(三)本体是幽隐、无形相,即无空间性的,(四)本体是恒久、无始无终的,即无时间性的,(五)本体是全、圆满无缺、不可剖割的,(六)本体是不变而变、变而不变的,谓其不变,已涵变于其中,谓其变,已涵不变于其中。他所说本体主要有四方面的规定性:一曰本体为万理之原、万德之端、万化之始,此为本体之原始、本源义;二曰本体既无对又有对,既有对又无对,此为本体之绝对义;三曰本体既无始,亦无终,此为本体之无限义;四曰本体可显为无穷尽之大用,此为本体之终极义[③]。以此原本、绝对、无限、终极之本体,而比之于西方哲学,可说熊十力所言之本体与西方哲人所言之本体,是完全一致的。他并没有在一般所谓本体之外,另外提出一个自有特别含义的本体。他说中国哲学中有"本体",就是有这样的"本体"。

张东荪、张岱年等先生则试图走出以"本体论"比附中国哲学的误区,凸显中国哲学的特殊性。张东荪认为中国哲学是不同于西方哲学

[①] 汤用彤:《汤用彤学术论文集》,中华书局1983年版,第214—239页。
[②] 熊十力:《体用论》第一章,中华书局1994年版。
[③] 同上,第50—51页。

的另一种哲学:中国职能主义的宇宙观只讲天地万物对于宇宙全体的职责或职能,天地四时日月,各司其职以成就整体就行了,并不认为有一个独立的"本质"在它们的背后。他认为对中国哲学而言,"不注重'本体'已成为一种心理上的习惯了"①。他与熊十力之间有很多的学术争论,其中最值得注意的,就是中国哲学有无本体论之争。熊十力认为有,张东荪认为无。张于1936年3月23日所写《关于宋明理学之性质》一文中"再答熊十力先生"一节的核心观点就是:"弟始终以为本体论为西方哲学之特色。……中国最古之玄学自是《易经》。《易经》只讲宇宙论,而无本体论。若以不甚正确之言表之,则可谓西方确有本体论;印度只是以宇宙论当本体论讲;中国又只是以人生论当本体论讲。"② 全篇以中、西、印三大哲学体系之比较为背景,认定(一)本体论为西方哲学之特色,(二)中国哲学讲宇宙论而无本体论,(三)中国思想之优点在其"神秘主义"(即以道德观念、宇宙见解、本体主张三者为一事而不加区别之态度),(四)中、印哲学之别在"见"与"行"、"澈"与"乐"之别。这则短文让我们听到了"中国哲学批评"领域发出的不同声音:用西方本体论观念或"本式思维"注解中国哲学是不恰当的,因为中国哲学中根本就不存在西方式的本体论或"本式思维"。

在差不多同时期的《思想言语与文化》一文中,张东荪以基本相同的思维方式,提出"中国人的宇宙观是唯象论"之重要观点,重申中国思想上"自始即没有'本体'(substance)这个观念"。认为中国根本上就没有关于这个概念的字,中国人的文字是象形文字,故中国人的思想"只以为有象以及象与象之间有相关的变化就够了"。他说:"中国的宇宙观是唯象论。'象'这个字不仅与西文'phenomenon'相当,并且与西文

---

① 张东荪:《知识与文化》,第101页。
② 张东荪:《关于宋明理学之性质·再答熊十力先生》,《文哲月刊》第一卷第六期,1936年,第6—7页。

'symbol'相当。甚至于又有'omen'的意思。但有一点宜注意：即象的背后并没有被代表的东西。象的指示只在于对于我们人类。因为象乃是垂训。所以后来把天上的彗星等怪象都变为预示凶兆。"① 中国哲学的概念由于是象征性的，并非实指（如"水"并非实指 water），故哲学上的"水"即等于政治上的"阴"，亦即等于人生观上的"柔"，亦即等于美学上的"黑"等等，如此则宇宙观直接就是政治观，直接就是人生观，直接就是美学观，等等。

张东荪所否定的"本体"，就是熊十力所肯定的"本体"。在《中国哲学史上佛教思想之地位》（1950年）一文中，张东荪明确而简洁地把本体规定为："本体一概念是由'原始'与'本质'两概念混合抽绎而成。"②即谓原始与本质乃系本体之最根本义。这与熊十力"在宇宙论中，赅万有而言其本原，则云本体"③ 之言，可谓如出一辙，毫无二致。"赅万有"，言其本质也；"本原"，言其原始也。可知熊十力言本体，走的是西方哲学的路；张东荪言本体，走的也只是西方哲学的路。两先生所言之本体，是基本一致的，因而两先生之学说，是可以互相比较的。由此则可断言，在"中国哲学有无本体论"一点上，张东荪和熊十力两先生，观点的确是完全不同。

认为"中国哲学无本体论"的学者，还有张岱年。他认为西方哲学中以现象为假为幻、本体为真为实这样的本体论，"在中国本来的哲学中，实在没有"，"以本体为唯一实在的理论，中国哲人实不主持之"④。关于"中国哲学中之活的"、"历久常新"的东西，他总共列举了六项，"无本体论"摆在第一位。他说："中国哲学中向无现代英国哲学家怀悌黑

---

① 张东荪：《思想言语与文化》，《社会学界》第十卷，1938年，第37页。
② 张东荪：《中国哲学史上佛教思想之地位》，《燕京学报》第三十八期，第156页。
③ 熊十力：《新唯识论》，中华书局1985年版，第249页。
④ 张岱年：《中国哲学大纲》，中国社会科学出版社1982年版，第9页。

所破斥的'自然之两分'。中国哲学中的宇宙论,未尝分别实在与现象为二事,未尝认为实在实而不现,现象现而不实。……中国哲学不以实幻讲本根与事物之别,这实在是一个很健全的观点。"① 没有西方式的"本体论",被视为"很健全",这在近代以来的中国哲学批评中并不多见。它无疑也是走出以"本体论"比附中国哲学的误区,凸显中国哲学之特殊性的重要尝试。张先生已明确提出了整理中国哲学系统"最忌以西洋哲学的模式来套"② 这样一个重要任务与奋斗目标。

四、走出以"实在论"比附中国哲学的误区

"实指"或"实在论"也是西方哲学的根本追求之一。认为理论描述了实在的实在论(realism),是西方哲学的主流传统。泰勒斯的"水"、阿那克西曼德的"无规定者"、阿那克西米尼的"气"、毕达哥拉斯的"数"、赫拉克利特的"火"、恩培多克勒的"四根"(土、水、气、火)、阿那克萨戈拉的"种子"(有形式、颜色、气味之别)、德谟克利特的"原子"(十分坚硬)等等,都是指实的,都是实在论的。所以亚里士多德才把概念(concept)规定为反映客观世界之联系与关系的逻辑形式,并由此规定了西方哲学对"实指"的根本追求。认为理论描述了实在的实在论(realism),才成为西方哲学的主流传统。但是反观中国哲学中的那些概念,如阴阳五行等,就不能说它们是"实指"的。我们不能说中国哲学中的"水"就是实指"water","火"就是实指"fire","金"就是实指"metal","木"就是实指"tree","土"就是实指"soil"。这类的概念在中国哲学中都不是"实指"的,它们只是一个代表、一个象征、一个符号:"水"代表一切与

---

① 张岱年:《中国哲学大纲》,第587页。
② 同上,"自序"第19页。

"水性"相关的"性","火"代表一切与"火性"相关的"性",等等。所以用西方"实在论"的观念去解读中国哲学,总是格格不入的。

胡适、冯友兰等,是用西方"实在论"观念解读中国哲学的代表人物。冯友兰曾用名实关系去比附中国哲学中的指物关系,亦曾用新实在论的"共相"去比附"理",包括"朱子的形而上学"。在《公孙龙哲学》一文及《中国哲学史》等书中,冯(亦包括金岳霖)都试图以新实在论或柏拉图学说解释中国哲学,如1930年6月刊于《清华学报》第六卷第一期的《公孙龙哲学》一文,就是"以现代新实在论个体之物存在(Exist)、概念潜存(Subsist)释'离坚白',说明公孙龙以理智观察世界,故'然不然,可不可',所论皆与常人感觉所见不合"[①]。再如《新理学》一书,便是以西洋哲学上新实在论派的所谓"共相"(universal)等来解释"理"。这就在很大程度上破坏了中国哲学的"原生态",并把中国哲学"矮化"为西方哲学的一个"例证"。

力图走出"实在论之中国哲学观"的关键人物,是张东荪。1945年初在《中大学报》第三卷第一、二合期刊出的《朱子的形而上学》就是此种反对立场的直接表现。1946年的《知识与文化》、《思想与社会》、《理性与民主》三书,以及1950年的《公孙龙的辩学》一文,同样一如既往地反对冯的新实在论的"中国哲学观"。如《公孙龙的辩学》一文就在胡适、冯友兰等对公孙龙哲学的解释之外,另行提出了一种对于公孙龙哲学的新解释。

胡、冯等囿于其实用主义与新实在论立场,以名实关系去解释《公孙龙子》中的指物关系,换言之,视指与物的关系即是名与实的关系;张东荪则以为万万不可。他以为"指"只限于在有"这个"、"那个"的情况上,不像"名"那样可以空泛广遍。换言之,他以为"指"是不脱空的,它

[①] 蔡仲德:《冯友兰先生年谱初编》,河南人民出版社1994年版,第87页。

必有当前的对境,即必有实际的对象为其所指①。张东荪以为公孙龙所说的"指",就是"以手指来指物而加以云谓之指"②,这样的"指"是绝不离开"这个"、"那个"的。换言之,他以为"指"表达的是一个判断(term),如"这是老张"、"那是老李"、"此是牛"等等,而不只是一个名词(name)。判断的形式必是"aRb",而名词的形式只是"a"或"b"。此处的解释也许更接近《公孙龙子》的原意。《公孙龙的辩学》一文分析胡适、冯友兰等人对"指物论"的解释,认为其有"解不通的地方",而作者本人对"指物论"的解释,却"可以不改一字,不删一字,不变原有的断句,而以原文参证原文,自然通顺"③。文章自认此种解释要比前人已有的解释"比较上平易与顺利"。文章合并讨论"白马论"、"坚白论"、"通复论"三篇,认为公孙龙的意思似乎注重于"单纯物相"(simple qualities),主张单纯物相不可与复合体(complex)同日而语,亦不可与抽象的共名相混。文章基于此又有对"胡适一流"的批评,说胡适一流的解释"则因此误导入于唯心论,以为他主张若没有心官做一个知觉的总机关则一切感觉都是散漫不相统属的。其实乃是大错。公孙龙以天地与其所产皆为物,并不把物认为心影。且他主张离是藏,而藏乃是'自藏'(原文:有自藏也,非藏而藏也)。可见他只是主张分析,而与唯心唯物无涉"。在讨论"名实论"的时候,认为"名实论"文字上并不十分费解,目的依然在于正名。而正名"不外乎想减除名与实间的距离",欲达此目的,公孙龙除了主张专名以外,又"十二分强调分析之重要"。文章最后的结论,是认为"公孙龙只是主张分析"。文章以为公孙龙主张专名,这是"不进步的";但公孙龙又十分强调分析,这是"很进步的"。以分析加于专名之上而合为一事,多少可免于古代专名太繁多之弊;而特重分析以对于专

---

① 张东荪:《公孙龙的辩学》,《燕京学报》第三十七期,第37页。
② 同上,第36页。
③ 同上,第42页。

名尽量去其不必要的繁多,则更可没有什么流弊。公孙龙注重辩察,就是注重分析,而分析恰可抵消古代崇尚专名之偏弊。文章说:"最主要的一点,即我所谓公孙龙的一贯精神,就是他主张还元到单纯物相,用以决定复合物相与抽象名辞。从反面来讲,即是他想打破西方传统逻辑上的一个名辞之内包外延。这便是他的奇特处。可见他是对于复合体与抽象者反而相当轻视。就因为有这个态度遂与墨家分道扬镳了。他似乎不是概念论者(conceptualist)。"①

关于冯友兰用"共相之学"解释"理学"一事,《朱子的形而上学》主张"我们不能用其他的超时空者,例如新实在论的共相与柏拉图的意典(Idea)来解释朱子的理"②。《思想与社会》一书更明确说:"以西洋哲学上新实在论派的所谓的'共相'(universal)来解释理……和宋儒原理相差太远。"③"我敢言此说不能成立。"④ 张东荪另行提出了自己的解读。他的解读,可名曰"张氏解读"。"张氏解读"的核心,是再三强调不能以柏拉图、亚里士多德、新实在论释"理",亦即不能以理念、形式、共相释"理";它以为"理"只能释为"条理"(order)。这是中国现代哲学史上两种完全不同的"新理学":以"实在论"为基础的冯友兰的"新理学",和以"知识社会学"为基础的张东荪的"新理学"。虽两者在学理上可以"两存之",但张东荪的"新理学"却比冯友兰的"新理学"能解释更多的现象。如"理"之普施性、"理一分殊"与"月印万川"、理事关系尤其是理在事先之说法、"心"的作用及"心"与"理"之关系、"彼岸世界"等问题,张东荪的"新理学"能很好地说明,冯友兰的"新理学"却解释不通。换言之,张东荪的"新理学"能很好地保护中国哲学的"原生态",冯友兰的

---

① 张东荪:《公孙龙的辩学》,《燕京学报》第三十七期,第49—54页。
② 张东荪:《朱子的形而上学》,《中大学报》第三卷第一、二合期,1945年,第6页。
③ 张东荪:《思想与社会》,第114页。
④ 同上,第117—118页。

"新理学"却保护不了。

　　总之张东荪认为中国哲学最根本最原始的祖先是《易经》,"易"是供占卜之用的,后人对此卜吉凶的加以合理的解释,遂变成为有哲学味的东西。之所以有可能对之进行合理的解释,就因为卜噬必用象征,亦只是象征;如果用于指实,就无法加以解释了。每一个象征代表"一个可能的变化"(possible alternative),世界上一切变化可以归纳为可能的若干种;这样便可由一种变化而连类推到其他的可能变化,直至发展为一种有条理有秩序的宇宙观。这种宇宙观,可以在《易经》的"系辞"与"序卦"上见到。张东荪认为后来儒家的宇宙观由此而出,道家的宇宙观亦由此而出①。这样发展出来的宇宙观,根本就不可能走上"实在论"的道路。

五、走出以"主谓式句辞"比附中国哲学的误区

　　"主谓式句辞"(Subject – predicate proposition)是西方哲学的根本支柱。"主谓"的思维决定了西方哲学的"实体—属性"思维,面对任何一个对象,要问它的"实体"是什么以及"属性"是什么。"属种关系"或"从属关系"或"类种关系"或"主从关系",成为西方哲学中不证自明的理论基础;"从属判断推理"或"从属性推理"或"差等关系推理",成为构建西方哲学之大厦的基石。相应地,"因果关系"也成为西方哲学的根本追求之一。德谟克利特最早阐明因果范畴的重要意义,认为万物之生灭变化均有其因,均有其严格的必然性,哲学的任务就是找到此种"因"。亚里士多德提出"四因说",以"形式因"为"第一因"。这个"第一因"后来被中世纪哲学家指称为上帝。后来又有斯宾诺莎的"自因说",霍尔

---

　　① 张东荪:《知识与文化》,第99页。

巴赫之绝对的、必然的、宿命式的因果观,以及康德对因果之普遍必然性的论证,黑格尔对因果同一性的论证等。直到现代,西方哲学家才开始怀疑因果关系的客观性,主张以"函数"概念取代"因果"观念。

"主谓式句辞"与"因果关系"等等的思维表达式,主要的就是"形式逻辑"或"传统逻辑"。以此解读中国哲学的哲学史家,可举金岳霖为代表。他有《简论不相容的逻辑系统》、《不相融的逻辑系统》等文,间接批驳张东荪"中国无形式逻辑与因果关系的思维"等观点;他更有"针对于东荪先生的议论而作的"二万余言的长篇专文,直接批驳张东荪《不同的逻辑与文化并论中国理学》一文中的同类观点。金的观点综合起来,大致如下:第一,逻辑是唯一的。他说:"如果我们就各系统的相同点着想,我们仍然回到同一的逻辑。"① 第二,逻辑命题是永真的。他说:"现在只说这样的命题根本不可以假,而同时无往而不真。就根本不可以假说,我们要表示逻辑命题的消极性;就无往而不真说,我们要表示逻辑命题的积极性。"② 第三,逻辑命题对事实毫无表示,但逻辑命题也有积极性。说逻辑命题对于事实毫无表示,与说逻辑命题有积极性,是两句相矛盾的话,但金岳霖却将它们"意外地"、超越中西各大家地统一起来了。他说:"可是,逻辑命题也有积极性,……逻辑命题的积极性,在它是任何实在的必要条件这一点表示出来。逻辑命题的消极性,在它不是任何实在的充分条件这一点表示出来"③。第四,逻辑就是必然的理。他说:"逻辑学的对象——逻辑——就是必然的理。必然的理当然没有传统与数理的分别。"④ 他并以此纠正张东荪:"如果张先生

---

① 金岳霖:《简论不相容的逻辑系统》,《金岳霖学术论文选》,中国社会科学出版社1990年版,第555页。
② 同上。
③ 同上,第553页。
④ 同上,第554页。

把逻辑两字限制到必然的理,他会感觉到甲乙同一,而根本没有不同的逻辑。其实张先生有此感觉,不过他比较地习于传统逻辑学而不甚习于数理逻辑学而已。"① 以上就是金岳霖对张东荪"中国无形式逻辑与因果关系的思维"等观点的批驳。

张东荪的主要看法是:中国哲学强调乾、坤、巽、离、坎、兑、震、艮等在宇宙上各有定位,但从来不认为它们之间以及它们与宇宙整体之间,有什么"属种关系"或"实体—属性关系"。所以他说中国哲学不是西方的"形式哲学"。他说中国人没有"种"(genus)与所属的"类"(species)之分别,其故乃是由于不把"属性"(attributes)中的"重要者"(essentials)标举出来。所以中国人"不注意于独立的天然种类"(natural kinds),那些配入全体的各种变化"只是相关的符号而已,不是天然的种类"。他甚至认为,不注重分类上的"差德",乃是中国不能发展出类于西方 17、18 世纪的科学,如西方的叙述科学(动物学、植物学等)的原因②。同理,忽视"主谓词"也发展不出西方式的"本体"追求。中国人追求的是"整体"(integral whole),即万物一体;西方人追求的是"本体",即本质。"整体"并不就是"本体"。"本体"是指宇宙的"原本材料"(ultimate stuff or substratum),是有质地的所谓"质料";中国人对此没有感觉。中国人不注重于这个"材料本身"与"材料所造者"的分别,因为中国人追求的不是"万物的根底",而只是"部分如何对于整体的适应",落实到天人关系,"适应即是天人通"③。总之张东荪始终相信西方传统名学上的"主谓式句辞"是中国所没有的;亚里士多德名学根本上所依赖的就是这个"主谓式句辞",中国言语中没有"主谓式句辞",故根本就产生不出亚氏名学,产生不出西方传统意义上的名学。相应地,"函数哲学"在西洋

---

① 金岳霖:《简论不相容的逻辑系统》,《金岳霖学术论文选》,第 554 页。
② 张东荪:《知识与文化》,第 100 页。
③ 同上,第 102 页。

"是很晚出的"①。因果观念以一因一果的相连,而想求得现象背后唯一的本质或本体;"函数哲学"则只讲可能的变化及其相互关系,只讲相关共变。西方哲学中"很晚出"的"函数"观念,正是中国哲学自始以来的根本特点。

张东荪那篇受到金岳霖批驳的《不同的逻辑与文化并论中国理学》长文,首先言明逻辑跟着文化走的道理,表达出一种完整的知识社会学的逻辑观。该书依据不同的文化或文化的不同方面,对逻辑作了"一个大概的分类":一为传统逻辑(traditional logic)或形式逻辑(formal logic),简称逻辑甲(logic A);二为数理逻辑(mathematical logic),或亦涉及符号逻辑(symbolic logic),简称逻辑乙(logic B);三为形而上学的逻辑(metaphysical logic),简称逻辑丙(logic C);四为社会政治思想的逻辑,简称逻辑丁(logic D)。文章认为,以主体与属性的哲学及因果律的哲学为背景的传统逻辑,在中国哲学史上是没有的。

西方哲学的基础主要是逻辑甲,它有几个根本的方面:第一,它是以主体与属性的哲学及因果律的哲学为背景的,其根本的思维方式是主—客式或本—末式。就是主体与赋性(substance and attributes)这两个概念②。第二,它是以整理或调整言语,使之合乎理法为主要职志的,它研究的是"人类说话"(human discourse)中所宿有的"本然结构"(intrinsic structure)③。第三,它所使用的基本工具是主谓式(subject-predicate form)命题、概念包涵(concept inclusion)、云谓法则(law of predication)、同一律(law of identity)及二价系统(two valued system)等,这些基本观念又都是设定的、无根据的④。第四,它是由文化上的需要逼迫出来

---

① 张东荪:《知识与文化》,第99页。
② 同上,第201页。
③ 同上,第200页。
④ 同上,第201页。

的,既"不属于理性",又"非关外界自然情形",换言之,它完全是社会的[1]。

中国哲学的基础主要是逻辑乙,它也有几个要点:第一,如果说逻辑甲是基于"本体哲学"(substance-philosophy)与"因果哲学"(causality-philosophy),那么逻辑乙则是以"关系哲学"(relation-philosophy)或"函数哲学"(function-philosophy)为背景[2]。换言之,与逻辑甲注重主谓关系、因果关系不同,逻辑乙注重的是平列关系、函数关系。第二,如果说逻辑甲是以同一律为最高的最根本的原则,那么逻辑乙则还有其他根本原则[3]。"我主张数理逻辑与传统逻辑完全是两个来源"[4]。第三,逻辑乙的要素不外(a)逻辑常项,(b)真值表,(c)非两价系统式[5]。第四,关于数理与逻辑的关系,不主张数学的基础是在于逻辑,至多亦不过表明数学与逻辑可以沟通而已[6]。第五,如果说逻辑甲的职志是调整言语,是应文化上的需要而生的,那么逻辑乙的职志则在于表明"数理思想"(mathematical thinking),亦是应文化上的需要而生的[7]。张东荪强调逻辑乙亦受文化的左右,亦是跟着文化走的。

张东荪认为中西哲学是建立在两种不同的逻辑或名学之上。西方名学的唯一基础是"同一律"(law of identity),故他称西方名学为"同一律名学"(identity-logic)。而"同一律"又源自"主谓式句辞"。由"主谓式句辞"、"同一律",又生出"本体"(substance)的观念;所以"本体"在西方

---

[1] 张东荪:《知识与文化》,第201页。
[2] 同上,第60页。
[3] 同上,第202页。
[4] 同上,第202—203页。
[5] 同上,第203页。
[6] 同上,第60—61页。
[7] 同上,第203页。

思想上"为绝对不可缺少"①。而中国言语则(一)不一定要主语,(二)没有和西文动词 to be 相当的字,(三)没有和西文 it 相当的"不定者"(the non-definite),故中国思想上便"不把'本体'当作一个重要问题"。这又是言语"左右"思想、言语"引导"思想的一个实例。如果说西方名学是一种"同一律名学",张东荪以为,中国名学则可称为"相关律名学"(correlation-logic)或"两元相关律名学"(logic of correlative duality)②。这种名学是西方名学之外的另一种名学,是没有建筑在"同一律"上的名学(logic without identity)。张东荪分析这两种名学,认为在分类上,西方名学是"甲"与"非甲"二分,中国名学则是大小、上下、善恶、有无等对分,二分要求分"尽"(exclusiveness),对分法则不要求"尽";在定义上,西方名学必使"定者"(definiendum)与"定之者"(definiens)之间画一等号,中国名学则只有"训义"如"政者正也"、"儒者柔也"等,而没有"定义"。总之"中国人的思想是根本上不能套入于西方名学的格式内。而中国人所用的名学只好说是另外一个系统"③。西方的同一律名学用所谓"三段论法",就是推论;中国人却不用这样的推论,中国人有的只是"比附"(analogy)。如"仁者人也"一句,就是一种"比附"的想法。《孟子》书中"人性之善也,犹水之就下也"、"性犹湍水也"、"犬之性犹牛之性,牛之性犹人之性"等语句,亦都是一种"比附"的讲法。英国学者吕却慈(Richards)就不把中国人的此种逻辑视为"西方人的逻辑"。这种完全用"比附"来做论据的逻辑,即是所谓 analogical argument,张东荪名之为 logic of analogy。这种逻辑在西方名学看来,是"很有弊病"的。但张东荪以为,此种逻辑诚然不宜施用于严格的科学思想上,但用于"一班政治上的议论",却是行得通的。

---

① 张东荪:《思想言语与文化》,《社会学界》第十卷,1938年,第30页。
② 同上,第33页。
③ 同上。

张东荪和金岳霖在逻辑观上的争论,甚至在整个知识论上的争论,代表了知识社会学的逻辑观与"中西哲学同质论"的逻辑观的争论。在"中西哲学同质论"的逻辑观看来,在各种不同的逻辑系统的背后,存在着一个普遍、永真而又唯一的"本来的逻辑",这个逻辑就是解读中国哲学的唯一"密码";而在知识社会学的逻辑观看来,只存在各种不同的逻辑系统,根本不存在一个普遍、永真而又唯一的"本来的逻辑",通行于中西哲学中。中国哲学并不受西方"形式逻辑"的支配,这是张东荪的观点;中国哲学与西方哲学一样,同受"形式逻辑"的支配,这是金岳霖等人的观点。就中国现代哲学的情形而言,张东荪知识社会学的逻辑观不占主流;占绝对优势的是"中西哲学同质论"的逻辑观,金岳霖、章士钊、牟宗三等现代大家,都是"中西哲学同质论"的逻辑观的代表。

六、走出"连类"不是不要"西学格式"

用本体论、实在论、主谓式句辞等等"西学格式"去批评各家学说,重构中国传统哲学,是把中国哲学的生动内容,生硬地套入西方哲学的框架中。这被一些学者称为"把上等的茅台变成劣质的 XO"、"把上好的龙袍变成三流的西装"。这正是"连类"原本的"精义"所在。这样去做的最早一批人,果然不是中国人,而是明末来华传教的天主教耶稣会会士。他们"企图以一种更彻底的经院哲学来代替中国原有的经院哲学",也就是以经院哲学对中国原有哲学进行"新的解释或改造"①。他们以"形式—质料"观念释"理—气"、以"潜能—现实"观念释"性—德",为后来一批学者撰写"中国哲学史"及从事中国哲学批评提供了"范本"与"楷模"。使得以本体论思维、实在论思维、主谓式句辞等等"西学格

---

① 何兆武:《中西文化交流史论》,第33页。

式"重构中国传统哲学的那条线,成为三百余年间解读中国哲学的主线,没有这条线,几乎就没有所谓"中国哲学史"或"中国哲学的现代化"。

而非本体论、非实在论、非主谓式句辞等等,正是中国哲学的最根本特征。由张东荪、张岱年等少数哲人发掘出来的这些特质,保护了中国哲学的"原生态",凸显了中国哲学的独特性,使得中国哲学不再只是西方哲学的一个"例证"。他们已经跳出"生解"与"曲解"的阶段,开始专注于"中国哲学"而不是"在中国的哲学",专注于"中国哲学的史"而不是"在中国的哲学史"。尤其是张东荪的"中国哲学批评",自始至终是以批评胡适《中国哲学史大纲》、冯友兰《中国哲学史》及其他相关学者的"中国哲学批评"为背景的,表达的是他们之外的另一种"中国哲学观"与"中国哲学史观"[①]。总起来看,胡适、冯友兰、金岳霖、牟宗三等,是以西方哲学之"长"为中国哲学特征,是基于"中西哲学同质论"的一种批评[②];张东荪、张岱年等则是以西方哲学之"短"为中国哲学特征,或以中国哲学之"长"为中国哲学特征,是基于"中西哲学异质论"的一种批评。

走出"连类"时代,不是要摆脱"西学",不是要走出以"西学格式"解读中国哲学的时代。走出"连类"时代的确切含义,是走出以本体论思维、实在论思维、主谓式句辞等格式解读中国哲学的时代。只要能保留中国哲学的"原生态"、凸显中国哲学的独特性,以任何格式去解读,都是可以的。在这方面,张东荪、张岱年等少数哲人开辟的道路,其实还

[①] 张东荪:《公孙龙的辩学》,《燕京学报》第三十七期,1950年。《中国哲学史上佛教思想之地位》,《燕京学报》第三十八期,1950年。《本无与性空》,《现代佛学》第一卷第一期,1950年。

[②] 牟宗三:《中国哲学的特质》,上海古籍出版社1997年版。陈坚:《评胡适和牟宗三的"中国哲学特征论"》,《广西大学学报》1999年第5期。

只是其中的一条路或两条路,后人还有很多工作可做。知识社会学可成为一种格式,"符号哲学"、"生机哲学"等亦可成为一种格式。"连类"与"非连类"之间基本的界限还是有的:"连类"是"把上等的茅台变成劣质的 XO"、"把上好的龙袍变成三流的西装"的一种解读方式;"非连类"则是保留"茅台"、"龙袍"之"原生态"的一种解读方式。所谓走出"连类",就是尽最大努力不要把上等的茅台变成劣质的 XO,不要把上好的龙袍变成三流的西装。走出"连类"之说的合法性,就在这里。走出"连类"时代最起码的要求,就是"通顺"。

走出"连类"时代,关键是要将原来"不通顺"的解读变成"通顺"的,而不在于简单变换格式。"通顺"与"不通顺"理论上或许可以两存,但却不能相提并论:"中国哲学史"的撰写与中国哲学批评,肯定是以"通顺"为上品,而以"不通顺"为下品。而"通顺"的标准就是保留中国哲学之"原生态",凸显中国哲学之独特性。

附录：

简论"西方哲学批评史"之创建

"西方哲学批评史"至少应包括两方面的内容：一是西方人对西方哲学之批评，考察其成败得失；二是中国人对西方哲学之批评，亦考察其成败得失。两方面的内容可以分开写，也可以结合起来写；著者以为结合起来写或许更有深意，更能体现中国人所创"西方哲学批评史"之特色。

创建"西方哲学批评史"与创建"中国哲学批评史"，可以有相同的理由，也可以有不同的理由。所以不同，就因为"西方哲学"与"中国哲学"的研究现状，是不相同的。"中国哲学"领域至少已有"中国哲学史史料学"和"中国哲学史方法论"两门学科之创建、两门课程之讲授；而这在"西方哲学"领域，是没有的。从这个角度说，目前中国之"西方哲学"的研究，显然是落后于"中国哲学"研究的。不仅"西方哲学批评史"需要创建，就连"西方哲学史史料学"、"西方哲学史方法论"之类基础学科，也需要从零开始进行建设。

一、创建"西方哲学批评史"之理由

创建"西方哲学批评史"的理由，著者以为主要有三项：一是学科建设方面的理由，二是材料方面的理由，三是内涵方面的理由。现请分别述之。

第一，学科建设方面，迫切需要"西方哲学批评史"。查"西方文学"，其中"西方文论"或"西方文学批评史"学科，总是要占很大的比重；甚至可以说，它在"西方文学"研究领域中的地位，是不可或缺的。这不仅对研究"西方文学"的西方人是如此，就是对研究"西方文学"的中国人，同样是如此。中、西研究者或许会有所偏重，如西方人详而中国人略，但中国之"西方文学"的研究者，不管他如何"略"，总不能把"西方文论"或"西方文学批评史"都"略"掉；各大学中文学或文学系，总不能把这门课"略"而不提。

为什么哲学系就可以对"西方哲学批评史"根本不提呢？是因为外国没有这门学科，所以中国就不提吗？外国有没有，著者目前不太清楚。但著者可断言的是：外国有，我们可有；外国没有，我们亦应当有。因为这是"西方哲学"领域，学科方面的一个"基本建设"。"西方哲学史"的研究，外国早就有了，中国人要想在这个方面超越西方人，是很难的；若"西方哲学批评史"外国没有，不正给中国人留下一片"施展拳脚"的天地，空出一块"大有作为"的田地吗！中国各大学哲学系有无数优秀的头脑，创建一门"西方哲学批评史"应该不是一件很困难的事！在这个领域超越外国人，也应该不是一件很困难的事！这是就学科建设方面，谈创建"西方哲学批评史"的理由。这个理由几乎无需多论，因为这是深化"西方哲学"研究的必备步骤。除非我们不想深化"西方哲学"这个领域的研究，或者现实生活不需要深化这个领域的研究，否则"西方哲学批评史"就是绝对必需的。

第二，材料方面，"西方哲学"中"批评史"的材料，几乎是现成的。如"柏拉图对话集"中各哲学家之间的辩论，就是"西方哲学批评史"很好的素材。"西方哲学史"看重结果，不太讲辩论的过程；"西方哲学批评史"则专门研究其过程,探讨辩论各方所采用的批评"格式"。这样的研究与探讨,对于我们明了"西方哲学"的本质,会帮助很大。

再如"经院哲学"(scholasticism),也可成为"西方哲学批评史"的重要素材。经院哲学是以理性形式,以抽象、烦琐之方法,论证基督教教义与神学之"真理性"的一门学问。简言之,是以哲学证神学。这样的一门学问在"西方哲学史"中,或许是没有太大的意义的,故许多"西方哲学史"对此写得极为简略,甚至略而不提;但对"西方哲学批评史"而言,这却是一座宝藏,一个值得重点而详细研究的阶段。为什么?就因为"西方哲学批评史"只重"形式"而不重"实质",换言之,只重它"如何"以哲学证神学,而不重它"是否"能够以哲学证神学。再换言之,"西方哲学批评史"只重点研究"经院哲学"之方法与"格式",总结其经验教训;至于其有没有"真理性",在哲学上能不能成立,"西方哲学批评史"可以暂时不管,甚至根本不管。早期"经院哲学"重视对《圣经》及其他宗教典籍的"注释",这个"注释","西方哲学批评史"就可重点研究之;10世纪以后"经院哲学"内部出现长达几个世纪的唯名论与唯实论(或实在论)之间的"争论",这个"争论","西方哲学批评史"就可重点研究之;"后期经院哲学"(16世纪末至17世纪初)注重自然法理论,从上帝之全善"推论"出人之理性与意志,及其在自然秩序中之地位,这个"推论","西方哲学批评史"就可重点研究之;19世纪中叶以后又出现所谓"新经院哲学",试图以经院哲学"解释"现代自然科学与现代哲学,这个"解释"及其方法,"西方哲学批评史"亦可重点研究之。这样一来,"西方哲学史"中的"弱项",就可一跃而成"西方哲学批评史"中的"强项"。

再如"解释学"(Hermeneutics),几乎就可直接拿来作为"西方哲学批评史"的材料。古希腊文"解释"(Hermeneuein)一词,原指对于神谕的"解说",涉及"原意"与"解说者"、"解释"等方面,这个"解说",就是"西方哲学批评史"研究的重点;至中世纪,出现一批专门以"解释"或"注释"《圣经》及其他宗教典籍为职业的人,"解释"或"诠释"成为一门单独的学问,这个"解释"或"注释",就是"西方哲学批评史"研究的重点;现代西方哲学着力于"意义"之"寻求",或通过分析语言、词句、逻辑关系等"寻求"各种命题、陈述、句子之意义(如科学主义诸派),或通过分析异化、沉沦、死亡等"寻求"人之存在的意义(如人本主义诸派),这个"寻求"(其方法、格式、得失等),就是"西方哲学批评史"研究的重点;"哲学解释学"肯定"前结构"或"偏见"在理解或解释活动中的不可避免与不可或缺,这个"前结构"或"偏见",就是"西方哲学批评史"研究的重点;还有所谓"解释学循环"(Hermeneutic circle),亦应是"西方哲学批评史"研究的重点。诸如此类,不胜枚举。总之"解释学"可有与"西方哲学批评史"重叠的地方,但却不可能相互替代。

　　类似"对话集"、"经院哲学"、"解释学"的材料,在"西方哲学"中还有很多。可知在"西方哲学"领域,并不缺乏"西方哲学批评史"的材料,只是没有详加整理而已。若是详加整理,就可比较容易地写成一部"西方哲学批评史"。这是就材料方面,论证创建"西方哲学批评史"的必要性。

　　第三,内涵方面,有很多"西方哲学史"覆盖不到的地方,必以"西方哲学批评史"研究之。如"经院哲学"与中国"经学"之比较,就是"西方哲学史"覆盖不到的,这个区域正好是"西方哲学批评史"的用武之地。中国哲学中有所谓"我注六经"与"六经注我"之"解释学"的探讨,其与"经院哲学"之训诂、诠释、考据等,正可"相互发明"。这个"相互发明"只有在"西方哲学批评史"中,才能得到完整而准确的论述;若放到"西方哲学史"中去讲,就显得有点不伦不类了,可能既讲不通,也讲不透。

　　再如哲学史的分期问题,黑格尔曾把到他本人为止的全部"西方哲学"分为"希腊哲学"(从泰勒斯至新柏拉图派哲学,公元前 600 年至公元 5 世纪左右,时约 1000 年)、"中古哲学"(以经院派为主,时 1000 余年)、"近代哲学"(从培根、笛卡尔等人开始)三个时期①。这种分法可能和中国人的分期法有些不同。再如"现代西方哲学"的上限,中国学者有定为"19世纪40年代"者,有定为"19世纪末"者,有定为"第一次世界大战与俄国十月革命"者,亦有定为"第二次世界大战"者,等等。这些分法也可能跟西方人的相应分期法,有些不同。这些"不同","西方哲学史"不会着力去研究,但却是"西方哲学批评史"研究的重点。假如中、西学者有"相同"的分期法,"西方哲学批评史"要研究何以"相同"及其所致之后果;假如中、西学者有"不同"的分期法,"西方哲学批评史"要研究何以"不同"及其所致之后果。这几乎是"西方哲学批评史"的专门任务,是"西方哲学史"完全可以不管的。

总之,在内涵方面,"西方哲学史"或有许多"被遗忘的角落",不交给"西方哲学批评史",根本无法处理。这亦是创建"西方哲学批评史"的一个重要理由。

二、创建"西方哲学批评史"之方式

创建"西方哲学批评史",可以参照"西方文学批评史"来进行,也可以参照"中国哲学批评史"来进行。当然亦可以另闯新路。这只是一个方式、方法的问题,内容上并没有太大的区别。

现举一例,来说明"西方哲学批评史"之创建方式。众所周知,黑格尔的《哲学史讲演录》以及罗素的《西方哲学史》等史类著述,乃是"西方哲学批评史"的重要材料。如何处理这类材料呢?可以分析它们各自之立场、观点和方法,即分析它们评点各家哲学之"格式";亦可以采用

---

① 黑格尔著,贺麟、王太庆译:《哲学史讲演录》第一卷,商务印书馆1959年版,第108—109页。

比较研究的方法,进行各"格式"之间的对比研究,以此取得经验与教训。黑格尔《哲学史讲演录》(1833年)之前,已经存在众多的"哲学史"或"西方哲学史"著述,如斯丹雷(T. Stanley)的《哲学史》(*History of philosophy*,1655)、布鲁克尔(J. J. Brucker)的《批评的哲学史》(*Historia critica philosophiae*,1742—1744)、提德曼(D. Tiedemann)的《思辨哲学之精神》(*Geist der Spekulativen philosophie*,1791—1797),以及布勒(J. G. Buhle)的《哲学史教程》(*Lehrbuch der Geschichte der philosophie*,1796—1804)、邓尼曼(W. G. Tennemann)的《哲学史》(*Geschichte der Philosophie*,1789—1819)、阿斯特(F. Ast)的《哲学史纲要》(*Grundriss einer Geschichte der philosophie*,1807)、李克斯纳(Rixner)的《哲学史手册》(*Handbuch der Geschichte der philosophie*,1822—1823)等等[①]。罗素的《西方哲学史》(1945年)之前和之后,有关"西方哲学"的史类著述,亦有很多。这些著述以及它们之间批评"格式"的异同,"西方哲学批评史"都应该研究。但对中国学者而言,黑格尔的《哲学史讲演录》(*Vorlesungen Uber die Geschichte der philosophie*)和罗素的《西方哲学史》(*A History of Western philosophy*)恐怕是其中最为著名的两部。就是再加上梯利(F. Thilly)的《西方哲学史》(*A History of Philosophy*)及文德尔班(W. Windelband)的《哲学史教程》(*Lehrbuch der Geschichte der Philosophie*),最为著名的也不过就这四部书。所以创建"西方哲学批评史",可就从这四部书,尤其是前两部书的研究开始。

或许已有许多学者注意到,黑(格尔)著"哲学史"与罗(素)著"哲学史"批评各哲学家之"格式"很有不同,亦即从事品评的立场、观点和方法等,很有不同。但具体描述起来,究竟有哪些不同,恐怕就只有少数学者"知其所以然"了。据著者的观察,它们之间"格式"的不同,是很根

[①] 黑格尔著,贺麟、王太庆译:《哲学史讲演录》第一卷,第110—113页。

本的,在黑著"哲学史"中地位很高的哲学家,到了罗著"哲学史"中,恐怕就地位一般;反之,在罗著"哲学史"中地位很高的哲学家,黑著"哲学史"也许会不屑一顾。这并不是批评对象有忽高忽低的变化,完全是因为批评"格式"不同、"坐标体系"不同而引起的。

黑著"哲学史"采用的是一种什么样的批评"格式"呢?著者以为就是"整体优先"的格式。这个格式把整部哲学史视为一个"哲学整体"的次第展开;每一个别的哲学系统,不过是这"哲学整体"的一个环节而已;由于这个"哲学整体"在时间上是不断成长的,所以时间上在后的哲学体系,其地位一般是要优于时间上在前的哲学体系。著者以为黑著"哲学史"之批评"格式",至少有三个要点应把握:一是"整体论",认为各家哲学共同构成一个整体;二是"环节论",认为各家哲学均只是整体的某个环节;三是"成长论",认为各家哲学均只是整体成长过程中的某个阶段。采用这样一个"格式"批评各家哲学,关键是看对"哲学整体"如何解释,解释不同,则各家哲学的地位就要发生变化。

关于"整体论",黑格尔说:"……个别部分之所以有其优良的价值,即由于它们对全体的关系。这种情形在哲学里更是如此:在哲学史里也是如此。"① 个别哲学系统的价值,取决于它对"哲学整体"的关系。个别哲学系统与政治、社会等环境之关系,又该如何考量呢?黑格尔认为无须过多考量,因为他认为哲学与环境之间的关系,乃是一种"外在关系"。他说"哲学有它的起源、传布、成熟、衰落、复兴的历史,它的教师、推进者和反对者的历史",这是其内在的部分。至于其外在方面,它也常常与宗教、政治、科学等发生关系,但那只是"外在关系",只是"哲学的外在存在和外在历史"②。所以黑格尔不主张以"环境"为坐标,来

---

① 黑格尔著,贺麟、王太庆译:《哲学史讲演录》第一卷,第11页。
② 同上,第14页。

品评各家哲学。

关于"环节论",黑格尔曾拿"庙宇"作比喻,认为各个哲学系统不过就是整座"庙宇"的廊、柱、砖、瓦、窗……而已。他说:"每一个哲学系统即是一个范畴,但它并不因此就与别的范畴互相排斥(……)。这些范畴有不可逃避的命运,这就是它们必然要被结合在一起,并被降为一个整体中的诸环节。"① 哲学系统的无限多样性与独特性,于是被"扬弃"了,"哲学史"不再是"一系列的单纯的意见、错误和思想游戏"②。个体为整体而存在,并因整体而获得自身之价值;若它脱离整体,不愿向整体低头,不愿"降格"为整体的一个"环节",它便立即失去其意义与价值,它在"哲学史"中就没有地位。孤立的个体自身毫无价值。

关于"成长论",前文已言,黑格尔以为"哲学整体"如"有机体",有其孕育、生长、成熟、衰老的历史,在这历史中,"每一种哲学都代表一特定的发展阶段,在它里面只有在它那一阶段范围内的精神的形式和需要才被揭示出来"③。他举"自由"之"成长"为例,认为"人生而自由"的观念,柏拉图不知道,亚里士多德不知道,西塞罗不知道,罗马的立法者同样不知道。只有到基督教的教义里,"个人的人格和精神才第一次被认作有无限的绝对的价值"④。因为只有在基督教的教义里,才正式出现上帝面前人人自由、人人平等之类观念,才正式出现人之自由"不依赖于出身、地位和文化程度"⑤ 等等观念。这是"自由"之"成长"方面的一个很大的进步,但黑格尔认为"仍然还没有达到认自由构成人之所以为人的概念的看法"⑥。也就是说"自由"作为一个"有机体",仍然还

---

① 黑格尔著,贺麟、王太庆译:《哲学史讲演录》第一卷,第38页。
② 同上,第35页。
③ 同上,第51页。
④ 同上。
⑤ 同上,第52页。
⑥ 同上。

有"成长"的空间。

由此,黑格尔又引出了"逻辑与历史一致"的观点。他说:"……历史上的那些哲学系统的次序,与理念里的那些概念规定的逻辑推演的次序是相同的。我认为:如果我们能够对哲学史里面出现的各个系统的基本概念,完全剥掉它们的外在形态和特殊应用,我们就可以得到理念自身发展的各个不同的阶段的逻辑概念了。反之,如果掌握了逻辑的进程,我们亦可以从它里面的各主要环节得到历史现象的进程。"①一方面是"理念里的发展",另一方面是"时间里的发展",一方面是"概念发展的次序",另一方面是"历史里面的时间次序",分属两个系列,但"大体上两者的次序是同一的"②。这是黑格尔的大胆假设。不管这个假设能不能得到证明,是不是已经得到证明,它对西方思想与中国思想的影响,都是极其深刻的。这一点已经得到证明。

以上就是黑著"哲学史"批评各家哲学所采用的"整体优先"格式的主要内容。黑格尔本人曾将这些内容,概括为"四项基本原则",分别为:(1)全部哲学史是一有必然性的、有次序的进程,这进程本身是合理性的,为理念所规定的;(2)每一哲学曾经是,而且仍是必然的,因之没有任何哲学曾经消灭,所有各派哲学作为全体的诸环节肯定地保存在哲学里;(3)每一"原则"都曾在一定时间内成为主导原则,当整个世界观均据此唯一"原则"来解释时,此"原则"就可名曰"哲学系统";(4)哲学史是一种"历史",但哲学史的内容是"理性的科学成果",是"真理",因而是"永恒的"、"不能消灭的"③。此"四项基本原则",均以"整体优先"为立足点,均是"整体优先"格式的派生原则。《哲学史讲演录》曾被

---

① 黑格尔著,贺麟、王太庆译:《哲学史讲演录》第一卷,第34页。
② 同上。
③ 同上,第40—43页。

恩格斯称为"最天才的著作之一"①,恐怕就是指这个"整体优先"的批评格式而言。

比较起来,罗著"哲学史"则采取了完全不同的批评格式。它采用了哪种批评格式呢?著者以为就是"环境优先"或"影响优先"的格式,亦就是优先考虑一个哲学系统所处的"环境"及其所产生的"影响":"影响"越大,地位越高;"影响"越小,地位越低;无有"影响",则在"哲学史"中便没有地位。罗著《西方哲学史》的副标题,就叫"及其与从古代到现代的政治、社会情况的联系",这句话就是为了强调上述"环境优先"或"影响优先"之批评格式而写的,是一种重申。这个格式和黑著"哲学史"的批评格式比较起来,有几个根本的区别:(1)哲学与环境的关系在黑著"哲学史"中被称为"外在关系",而在罗著"哲学史"中则成为内在的、根本的关系;(2)黑著"哲学史"以为有一个"哲学整体"存在于各个个别的哲学系统之外,而成为各个个别的哲学系统之鹄的,而罗著"哲学史"则认为这个独立于各哲学系统的"哲学整体"是不存在的;(3)依黑格尔的"成长论"原则,哲学系统之地位的高低一般随时间增长而增长,直至黑格尔本人而达最高,而依罗著"哲学史"之"影响优先"原则,则哲学系统之地位会依"影响"大小而分高低,不在乎时间先后;等等。总之"环境优先"或"影响优先"之格式与"整体优先"之格式,有根本的区别。

罗素在《西方哲学史》之"美国版序言"中说:"目前已经有不少部哲学史了,我的目的并不是要仅仅在它们之中再加上一部。我的目的是要揭示,哲学乃是社会生活与政治生活的一个组成部分:它并不是卓越的个人所做出的孤立的思考,而是曾经有各种体系盛行过的各种社会性格的产物与成因。这一目的就要求我们对于一般历史的叙述,比通

---

① 《马克思恩格斯选集》第4卷,人民出版社1995年版,第494页。

常哲学史家所做的为多。"①"环境"来源于上一时期的"影响","影响"又造成下一时期的"环境",在前一截它是"产物",在后一截它是"成因","哲学史"要讲述的,就是这样的一个由"产物"而"成因"、又由"成因"而"产物"的环环相扣的链条。各哲学系统就是这链条上大小不等的各个"节点","影响"大则其为"大节点","影响"小则其为"小节点",无"影响"则其不为"节点"。

以这样的格式去品评各家哲学,则罗著"哲学史"以为"它给予一个哲学家的地位,往往不就是他的哲学的优异性所应得的地位"②,换言之,有些哲学系统虽很优良,但因其"影响"不大,故在罗著"哲学史"中不能得很高的地位。如斯宾诺莎的哲学系统,在哲学品质上要比洛克"更伟大",只因"他的影响却小得多",故罗著"哲学史"在处理上"就要比处理洛克简略得多"③。这样的处理就跟黑著"哲学史"之处理斯宾诺莎,完全不同。又如卢梭和拜伦,罗著"哲学史"虽明确承认他们"在学术的意义上完全不是什么哲学家",但因他们"如此深远地影响了哲学思潮的气质,以至于如果忽略了他们,便不可能理解哲学的发展"④,所以还是要详加论述。还有一些它称之为"纯粹的行动家"的人,如亚力山大大帝、查理曼甚至拿破仑等,罗著"哲学史"都要论述,只因他们"对于哲学的影响之大",是很多哲学家都比不上的⑤。

总之罗著"哲学史"重在研究"影响",如斯巴达对于卢梭之"影响"、柏拉图对于13世纪以前基督教哲学之"影响"、景教对于阿拉伯人及从而对于阿奎那哲学之"影响"、圣安布洛斯对于自由主义政治哲学之"影

---

① 罗素著,何兆武、李约瑟译:《西方哲学史》上卷,商务印书馆1963年版,第5页。
② 同上。
③ 同上。
④ 同上。
⑤ 同上。

270

响"①等等,研究这些"影响",成为罗著"哲学史"的主线与特色。但我们看黑著"哲学史",却不是这样的。该书在"导言"之"这部哲学史的论述方法"一节坦言:"至于一种学说传播的历史,所遭遇的命运,以及那些只讲授别人的学说的人,以及如何从一个一定的原则发挥出整个的世界观的详情,我都略过了。"② 它要"略过"的,正好就是罗著"哲学史"欲加"详论"的。

罗素在《西方哲学史》之"英国版序言"中又强调,"我总是试图把每一个哲学家显示为他的环境的产物,显示为一个以笼统而广泛的形式,具体地并集中地表现了以他作为其中一个成员的社会所共有的思想与感情的人"③,换言之,主张哲学家既是果,也是因,"他们是他们时代的社会环境和政治制度的结果,他们(……)也可能是塑造后来时代的政治制度信仰的原因"④。我们看黑著"哲学史",就不是这样讲的。它有明确之言曰:"人们惯常说,我们必须考察政治局势和宗教等,因为它们对于哲学有很大的影响,而哲学亦同样对于政治、宗教有影响。如果我们满足于像'很大影响'这类的范畴,那么我们就是把两者放在一种外在的关系里面,并且以承认两者各自独立为出发点。"⑤ 它明确反对以"很大影响"、"互相影响"或"相互作用"等说法为考察的格式,认为"必须用另一种范畴来考察"⑥。这"另一个范畴"当然就是所谓"一个精神",就是所谓"哲学整体"。

罗素在《西方哲学史》之"绪论"中又强调,要了解一个时代或一个民族,必先了解它的哲学;而要了解它的哲学,必先自己就是哲学家。

---

① 罗素著,何兆武、李约瑟译:《西方哲学史》上卷,第6页。
② 黑格尔著,贺麟、王太庆译:《哲学史讲演录》第一卷,第113页。
③ 罗素著,何兆武、李约瑟译:《西方哲学史》上卷,第8页。
④ 同上,第8—9页。
⑤ 黑格尔著,贺麟、王太庆译:《哲学史讲演录》第一卷,第53页。
⑥ 同上。

他以为这里有一种"互为因果的关系":"人们生活的环境在决定他们的哲学上起着很大作用,然而反过来他们的哲学又在决定他们的环境上起着很大的作用。这种贯穿着许多世纪的交互作用就是本书的主题。"① 此处明确以"环境与哲学之关系"为主题。而我们看黑著"哲学史",却不是这样讲的。它以为我们诚然是要考察"一种哲学与它的历史环境有什么样的关系",但"另一方面,也是主要的一方面,我们必须研究哲学史所特有的内容,当我们即已区分开一切与它有密切关系的东西之后,唯有这种特有的内容才是我们应该集中注意力去从事研究的"②。此处是明确反对以"环境与哲学之关系"为"哲学史"的主题,因为它以为这是"外在的"而非"内在的联系",这是"纯历史的联系"而非"实质的联系"③。

以上是黑格尔《哲学史讲演录》与罗素《西方哲学史》在"批评格式"方面的对比。通过这个对比,我们可略知创建"西方哲学批评史"的方式。著者以为"西方哲学批评史"研究的重点,就是各批评家品评各家哲学之"格式"以及众"格式"间之同异、得失、高下、利弊,等等。把这些东西弄清楚了,一门"堂而皇之"的"西方哲学批评史",也就可以建立起来了。

三、"西方哲学批评史"之位置安排

目前"西方哲学史史料学"、"西方哲学史方法论"等学科还没有建立,所以暂时无须探讨"西方哲学批评史"与这些学科的关系及其位置安排。

---

① 罗素著,何兆武、李约瑟译:《西方哲学史》上卷,第12页。
② 黑格尔著,贺麟、王太庆译:《哲学史讲演录》第一卷,第52页。
③ 同上。

唯一要探讨的是"西方哲学批评史"与"西方哲学史"的关系。可能存在一种诘难,就是以为有一个"扩大的""西方哲学史"就够了,用不着另行创建一门"西方哲学批评史"。此话不能说全无道理。但一个"扩大的""西方哲学史",什么时候才能出现呢？就算它现在已经出现了,它能覆盖以上所说的哪些内容吗？它能涵盖"黑格尔《哲学史讲演录》与罗素《西方哲学史》之批评格式的对比"这样一个主题吗？如果它能涵盖,则这部"扩大的""西方哲学史"也无非就是"西方哲学史"与"西方哲学批评史"的一个混合。

众多已有的"哲学史"著述,是一部"西方哲学史"无法涵盖的。换言之,"西方哲学史"乃是"西方哲学批评史"的对象之一,这乃是不能以"西方哲学史"(不管它是"扩大的",还是"微缩的")取"西方哲学批评史"而代之的根本理由。另外还有一个理由,就是"中国人的西方哲学观",也是"西方哲学史"覆盖不到的。中国人"解读"西方哲学,从明末算起,已有四百余年的历史,其中经验教训颇多,没有"西方哲学批评史",则根本无从做全面的总结。中国人对"进化论"与"进化哲学"的"解读",有很多"断章取义"、"六经注我"的地方,已有的"西方哲学史"却一直没有予以关注。对"康德哲学"的"解读",歧义纷纭,王国维有解读、郑昕有解读,张东荪有解读,等等,这些"解读"之间的利弊得失,已有的"西方哲学史"也没有抽出篇幅进行总结。还有关于"实在论"之"解读",关于"唯物辩证法"之"解读",关于"实用主义"之"解读",关于"维也纳学派"之"解读"等等,均是"版本"众多,一部"西方哲学史"实在是难以涵盖。这些内容只能或入"西方哲学批评史",或入"中国哲学批评史",总之无法放在"西方哲学史"中。

若用一句话来表达"西方哲学批评史"在"西方哲学"领域中之位置安排,则可曰："西方哲学批评史"在"西方哲学"中之地位,等同于"西方文论"或"西方文学批评史"在"西方文学"中之地位。这就是结论。

主要参考文献
（以引用先后为序）

顾颉刚:《汉代学术史略》,亚细亚书局 1938 年版。

张岱年:《中国哲学史方法论发凡》,中华书局 1983 年版。

杨东莼:《中国学术史讲话》,北新书局 1932 年版。

季羡林、吴亨根等:《禅与东方文化》,商务印书馆国际有限公司 1996 年版。

张西平:《明清间入华传教士对亚里士多德哲学的介绍》,《江海学刊》 2001 年第 6 期。

梁启超著,朱维铮校注:《梁启超论清学史二种》,复旦大学出版社 1985 年版。

冯友兰:《中国哲学史史料学初稿》,上海人民出版社 1962 年版。

张岱年:《中国哲学史史料学》,三联书店 1982 年版。

陈鼓应:《庄子今注今译》,中华书局 1983 年版。

《庄子》,《诸子集成》本,上海书店 1986 年影印本。

《墨子》,《诸子集成》本。

《孟子》,《诸子集成》本。

《列子》,《诸子集成》本。

《荀子》,《诸子集成》本。

《韩非子》,《诸子集成》本。

陈鼓应:《老子注译及评价》,中华书局 1984 年版。

《礼记》,《十三经注疏》本。

《吕氏春秋》,《诸子集成》本。

《淮南子》,《诸子集成》本。

司马谈:《论六家之要指》,《史记·太史公自序》,中华书局1959年版。

《盐铁论》,《诸子集成》本。

《扬子法言》,《诸子集成》本。

班固:《汉书》,中华书局1962年版。

周谷城、潘富恩主编:《中国学术名著提要·哲学卷》,复旦大学出版社1992年版。

陈立:《白虎通疏证》,中华书局1994年版。

任继愈主编:《中国哲学史》,人民出版社1979年版。

冯友兰:《中国哲学简史》,北京大学出版社1985年版。

冯友兰:《中国哲学史》(上、下),中华书局1961年版。

萧子显:《南齐书》,中华书局1972年版。

谢镇之:《与顾道士析夷夏论》,《弘明集》卷六,上海古籍出版社1991年影印本。

朱昭之:《难顾道士夷夏论》,《弘明集》卷七。

朱广之:《疑夷夏论咨顾道士》,《弘明集》卷七。

释慧通:《驳顾道士夷夏论》,《弘明集》卷七。

释僧愍:《戎华论析顾道士夷夏论》,《弘明集》卷七。

明僧绍:《正二教论》,《弘明集》卷六。

刘勰:《灭惑论》,《弘明集》卷八。

王充:《论衡》,《诸子集成》本。

钱穆:《国学概论》,商务印书馆1997年版。

牟子:《理惑论》,《弘明集》卷一,上海古籍出版社1991年影印本。

《论语》,《诸子集成》本。

苏舆:《春秋繁露义证》,中华书局1992年版。

徐幹:《中论》(2卷),扫叶山房石印本,1925年。

葛洪:《抱朴子》,《诸子集成》本。

刘劭:《人物志》(3卷),《四部丛刊》本,商务印书馆1929年版。

钱穆:《略述刘劭〈人物志〉》(1961年在香港大学的讲演),见《人物志》之"附录",长春出版社2001年版。

汤用彤:《读〈人物志〉》,《汤用彤选集》,天津人民出版社1995年版。

慧远:《沙门不敬王者论》,《弘明集》卷五,上海古籍出版社1991年影印本。

僧祐辑:《弘明集》(14卷),《四部丛刊》本,商务印书馆1929年版。

法琳:《辨正论》(8卷),南京礼部祠祭清吏司,1412—1417年。

彦悰纂录:《集沙门不应拜俗等事》(6卷),《大正藏》,第52卷第207册。

道宣辑:《广弘明集》(30集),《四部丛刊》本,商务印书馆1929年版。

道宣:《集古今佛道论衡》(4卷),《大正藏》,第52卷第207册。

智昇:《续集古今佛道论衡》(1卷),《大正藏》,第52卷第207册。

道世:《法苑珠林》(100卷),《大正藏》,第53卷第210—212册。

湛然述:《金刚錍》(1卷),《大正藏》,第46卷第184册。

李翱:《复性书》,见《李文公集》(18卷),《四部丛刊》本,商务印书馆1919年版。

颜之推:《颜氏家训·归心》,《诸子集成》本。

宗密述:《原人论》(1卷),《大正藏》第45卷第179册。

李贽:《焚书续焚书》,中华书局1975年版。

何晏:《论语集解》,《十三经注疏》本。

阮籍:《大人先生传》、《通易论》,见《阮籍集》,上海古籍出版社1978年版。

嵇康:《释私论》,见《嵇康集校注》,人民文学出版社1962年版。

郭象:《庄子注》,《四部丛刊》本,商务印书馆1936年版。

司马承祯:《坐忘论》,《正统道藏》本。

无名氏:《无能子》,见《无能子校注》,中华书局1981年版。

孙盛:《老子疑问反讯》,《广弘明集》本。

何承天:《达性论》,《弘明集》本。

何承天:《报应问》,《广弘明集》本。

范缜:《神灭论》,《弘明集》本。

王通:《文中子》,《四部丛刊》本。

韩愈:《原人》、《原道》,见《韩昌黎集》,《四部丛刊》本。

石介:《徂徕集》,中华书局1984年版。

孙复:《春秋尊王发微》,《四库全书》本。

吴立民主编:《禅宗宗派源流》,中国社会科学出版社1998年版。

任继愈主编:《宗教词典》,上海辞书出版社1981年版。

吴立民:《中国的茶禅文化与中国佛教的茶道》,《法音》2000年第9期。

刘墨:《禅学与艺境》,河北教育出版社2002年版。

(日)福光永司:《冈仓天心与道教》,见《日本学者论中国哲学史》,中华书局1986年版。

道原纂:《景德传灯录》(30卷),《大正藏》,第51卷第202册。

冯学成:《棒唱截流——禅林奇韵》,四川人民出版社1995年版。

紫柏真可:《紫柏尊者全集》(30卷),文物出版社,1989年印制。

圜悟克勤评唱:《碧岩录》(10卷),《大正藏》,第48卷第189册。

严北溟:《中国佛教哲学简史》,上海人民出版社1985年版。

杨维中:《由"不立文学"到文字禅——论文字禅的起因》,《禅学研究》第三辑,江苏古籍出版社1998年版。

印顺:《中国禅宗史》,上海书店1992年版。

鉴安:《试论唐末以后的禅风——读〈碧岩录〉》,见张曼涛主编《禅学论文集》,台北:大乘文化出版社1976年版。

王志远:《唐宋之际"三教合一"的思潮》,见文史知识编辑室编《佛教与中国文化》,中华书局1988年版。

净善重集:《禅林宝训》(4卷),《大正藏》,第48卷第192册。

林科棠:《宋儒与佛教》,《万有文库》第一集,商务印书馆1930年版。

释志磐:《佛祖统纪》(54卷),《大正藏》第49卷第194册。

宗杲述:《大慧普觉禅师语录》卷第二十一,《大正藏》第47卷。

颜元:《朱子语类评》,见《颜元集》,中华书局1987年版。

张栻:《南轩文集》(44卷),赣邑洗墨池藏版,1849年重刊。

朱熹:《朱子大全》(100卷),《四部备要》本,中华书局1936年版。

朱熹:《朱子语类》,《四库全书》本。

赖永海:《佛道诗禅——中国佛教文化论》,中国青年出版社1990年版。

李作勋:《论朱熹的排佛思想》,《禅学研究》第三辑,江苏古籍出版社1998年版。

王夫之:《读四书大全说》(上、下),中华书局1975年版。

钱穆:《黄梨洲的明儒学案·全谢山的宋元学案》,《文艺复兴》第三十期。

黄宗羲、全祖望:《宋元学案》,中华书局1986年版。

杜松柏:《宋代理学与禅宗之关系》,见《知止斋禅学论文集》,台北:文史哲出版社1994年版。

朱熹:《伊洛渊源录》,《丛书集成初编》本,商务印书馆1936年版。

周汝登:《圣学宗传》,鸿宝斋书局1931年版。

张廷玉等:《明史》,中华书局1974年版。

谷方:《中国哲学人物辞典》,书海出版社1990年版。

孙奇逢:《理学宗传》,浙江书局1880年版。

黄宗羲:《明儒学案》(上、下),中华书局1985年版。

钱穆:《中国史学名著》,三联书店2000年版。

韦政通:《中国哲学辞典大全》,世界图书出版公司1989年版。

王守仁:《王文成公全书》,《万有文库》本,商务印书馆1933年版。

钱穆:《中国文化史导论》,商务印书馆1994年版。

何兆武:《中西文化交流史论》,中国青年出版社2001年版。

(法)孙璋:《性理真诠》,上海慈母堂1889年版。

(意)艾儒略:《三山论学纪》,土山湾印书馆1923年版。

(意)利玛窦:《天主实义》,土山湾印书馆1923年版。

(德)汤若望:《主制群征》,新会陈垣跋,1919年版。

(意)毕方济:《灵言蠡勺》,新会陈垣跋,1919年版。

徐光启:《徐光启著译集》(10册),上海市文物保管委员会编辑,上海古籍出版社1983年版。

梁启超:《清代学术概论》,《万有文库》本,商务印书馆1930年版。

胡适:《胡适文存》,亚东图书馆1921年版。

钱穆:《国学概论》,商务印书馆1997年版。

五加伦:《五四时期吴虞文化观的反思》,《四川大学学报》1990年第2期。

吴虞:《吴虞集》,四川人民出版社1985年版。

吴虞:《吴虞日记》(上、下),四川人民出版社1984年版。

吴虞:《吴虞文录》,亚东图书馆1921年版。

谢无量:《中国哲学史》,中华书局,1916年9月印刷。

胡适:《中国哲学史大纲》,商务印书馆1919年版。

张东荪:《思想与社会》,商务印书馆1946年版。

张东荪:《新哲学论丛》,商务印书馆1929年版。

冯友兰:《新理学》,商务印书馆1939年版。

张东荪:《知识与文化》,商务印书馆1946年版。

张东荪:《理性与民主》,商务印书馆1946年版。

李振霞:《中国现代哲学史纲要》,红旗出版社1986年版。

蔡元培:《蔡元培选集》,中华书局1959年版。

郭湛波:《近五十年中国思想史》,人文书店1936年版。

贺麟:《当代中国哲学》,台北:宗青图书出版公司1978年版。

贺麟:《近代唯心论简释》,独立出版社1942年版。

熊十力:《体用论》,中华书局1994年版。

张汝伦:《近代中国形而上学的困境》,陈明主编《原道》第三辑,中国广播电视出版社1996年版。

张东荪:《中国哲学史上佛教思想之地位》,《燕京学报》第三十八期,1950年6月。

熊十力:《新唯识论》(语体文本),中华书局1985年版。

金岳霖:《知识论》,商务印书馆1983年版。

梁启超:《饮冰室合集》,中华书局1989年版。

康有为:《大同书》,中华书局,1935年4月发行。

严复译:《天演论》,《万有文库》本,商务印书馆1933年版。

张东荪:《新创化论》,《东方杂志》第二十五卷第一号,1928年2月10日。

张世英等:《康德的〈纯粹理性批判〉》,北京大学出版社1987年版。

张东荪:《认识论的多元论》,《大陆杂志》第一卷第三、四、五期,1932年。

胡适、蔡元培、王云五编:《张菊生先生七十生日纪念论文集·多元认识论重述》,商务印书馆1937年版。

张东荪:《科学与哲学》,商务印书馆1924年版。

张东荪编:《唯物辩证法论战》(上卷),北平民友书局1934年版。

陈伯达:《腐败哲学的没落——为批判张东荪编的〈唯物辩证法论战〉而作》,《读书生活》第四卷第一、二期,1936年。

张东荪:《哲学》,世界书局1931年版。

金岳霖:《冯友兰中国哲学史审查报告》,见冯友兰《中国哲学史》"附录",神州国光社1931年版。

(英)李约瑟:《评冯友兰〈中国哲学史〉》,载王中江、高秀昌编《冯友兰学记》,三联书店1995年版。

黄瑞祺:《曼海姆——从意识形态论到知识社会学诠释学》,台北:巨流图书公司2000年版。

汤用彤:《汤用彤学术论文集》,中华书局1983年版。

张东荪:《关于宋明理学之性质·再答熊十力先生》,《文哲月刊》第一卷第六期,1936年。

张岱年:《中国哲学大纲》,中国社会科学出版社1982年版。

蔡仲德:《冯友兰先生年谱初编》,河南人民出版社1994年版。

张东荪:《公孙龙的辩学》,《燕京学报》第三十七期,1950年。

张东荪:《朱子的形而上学》,《中大学报》第三卷第一、二合期,1945年。

金岳霖:《简论不相容的逻辑系统》,载《金岳霖学术论文选》,中国社会科学出版社1990年版。

张东荪:《思想言语与文化》,《社会学界》第十卷,1938年。

牟宗三:《中国哲学的特质》,上海古籍出版社1997年版。

(德)黑格尔著,贺麟、王太庆译:《哲学史讲演录》第一卷,商务印书馆1959年新1版。

(英)罗素著,何兆武、李约瑟译:《西方哲学史》上卷,商务印书馆1963年版。

(美)梯利著,葛力译:《西方哲学史》,商务印书馆1995年版。

(德)文德尔班著,罗达仁译:《哲学史教程》,商务印书馆,上卷,1987年版;下卷,1993年版。

后　记

　　此书主体部分之撰写，起于 2003 年 6 月，迄于 2003 年 8 月，整个暑假没有休息一天。此后三年多时间里，就是不断地增补与修改。书稿在出版社与著者之间往返四次，可说是四易其稿。

　　朱绛君也因此仔细地读过拙稿至少四遍，每遍都发现新问题，提出新建议。这样的一丝不苟、精益求精、尽职尽责，是著者不曾见到的。著者的举棋不定或粗心大意，耗去了朱君许多宝贵光阴，这是不能不向朱君致歉的。著者感谢朱君，同时以能结识朱君，为人生之大幸。

　　吾妻小云以瘦弱之肩，担起家事、工作两副重担，腾出许多时间让著者来写这些"无用"之书，著者一直心存感激。得识朱君，有杨美艳女士为"媒"，著者特别感谢她。著者的博士导师汤一介教授给本书提出批评意见，硕士导师王守昌教授为本书作序，著者也真诚地感谢他们。

　　著者相信佛教所说的"因缘"，一切取决于缘聚缘散、缘起缘灭。此书能出版，不正因得了某种特定"因缘"？！刚好就有那么多热心而无私的"同志"，偶然中聚到一起，从而成就了这段"故事"。著者感激这样的"同志"，也感激种种"因缘"背后看不见、摸不着的那份"命运"。

　　此书是一种新的尝试，缺点、错误肯定不少，祈望方家批评指正！

张耀南
2006 年 10 月 22 日凌晨 3：30 于北京西城利玛窦墓南